First Class

ファーストクラスで世界一周

たかせ藍沙 著

Round the World

ファーストクラスなんて夢の夢だと思っていた。
ほんの少し前までの私は。

ところが、ある日「ファーストクラスに乗ってみたい！」
という気持ちが湧いて、どんどんつのっていった。
そして、世界一周航空券なら手が届く運賃と知ったとき、
夢はみるみる現実味を帯びていった。

旅程に入れたのは、ずっと見たかった絶景、
体験したかった冒険、味わいたかった料理、
泊まりたかったホテルなど。

まずは、南米のアマゾン川で泳ぎ、
マチュピチュ遺跡に上り、ウユニ塩湖で夜明けを迎えた。
アフリカでは、ゾウの背に乗り、ライオンと目が合い、
ナミブ砂漠の赤い砂丘に魅了された。
中東ではラクダで砂漠に繰り出し、鷹匠に心奪われ、
パラグライダーでリゾートにチェックイン。

機影が虹に包まれるブロッケン現象。
これを窓から見ることができると幸運
を呼ぶとか。皆さんの旅にも幸運を！

14時間のファーストクラスフライトを楽しみつつ、
アラビア半島から一気に南太平洋へ。
オーストラリアの大サンゴ礁を遊び尽くし、
香港のラクジュアリーホテルにロールスロイスで乗りつけ、
ボロブドゥール遺跡の夜明けに感涙した。

夢のような旅先を繋いだのはファーストクラス。
チェックインカウンターから降機まで、
そのすべてが驚きの連続だった。

旅の途中で何度も
「これは夢じゃないかしら」と疑った。でもそれは現実。
誰にでも手が届くところにある夢なのだ。

帰国後の私の夢は、この旅のノウハウを書籍化すること。
そして、たくさんの皆さんに
「ファーストクラスで世界一周」を楽しんでいただくこと。
どうぞ、よい旅を！

夢はかなう!

Make Dreams Come True!

南米のボリビアにあるウユニ塩湖では、車は雲の上を走っていくかのようだ。世界一周を決めたときに最初に決めた行き先のひとつ。

Magnificent View

ペルーのマチュピチュ遺跡。「天空都市」と称されるにふさわしい山の上にある。薄い酸素に息を切らせながら上って出会える絶景だ。

世界でもっとも美しい砂漠と言われるナミブ砂漠はずっと行きたかった場所のひとつ。赤い砂が創ったドラマチックな風景が広がる。

Beautiful Nature

アマゾン川で、現地の少年が漕ぐカヌーは水面を滑るように静かに進む。川の水は周囲の木から溶け出した樹液で黒く染まっている。

南アフリカでは、保護されたアフリカゾウの背に乗って散策。キリンと同じくらいの目線でサバンナを遠くまで見渡すことができた。

Unforgettable Moment

インドネシアのジョグジャカルタにあるボロブドゥール遺跡で夜が明けてきた。地平線から差し込む朝日は、神々しいほど美しかった。

チリのパタゴニア地方の自然公園で、馬に乗って少年の後についていく。強烈な日差しのなか、草原から森へと歩を進めた。

中東のオマーンでは、パラグライダーに乗ってリゾートホテルにチェックイン！ 高度500mで鳥になったかのような爽快感を満喫！

食事は旅の楽しみのひとつ。アブダビのリゾートでは、ロバート・デ・ニーロ似のシェフが美味しいイタリアンランチを作ってくれた。

砂漠は、日が傾くと陰影が際立って美しくなる。
アブダビでは、砂と夕日が織りなす絶景を追って、
ラクダの背に乗って砂漠へ。

People in the Sky

オーストラリアのヘイマン島の、格好いい女性ヘリコプター操縦士。さっそうと空からグレートバリアリーフを案内してくれた。

ナミビアの小型機のパイロット。首都のウイントフックからナミブ砂漠最寄りの空港まで、副操縦席に乗せてくれた。

カタール航空では、小さな陶器の容器にアラビアンコーヒーを淹れてくれる。CAさんは揺れる機内でもこぼさずに配ってくれる達人だ。

シャンパンを持ってきてくれたキャセイパシフィックのCAさん。蘭の生花が飾られたシートは快適で、短いフライトなのが残念だった。

カンタス航空の14時間のフライトで担当してくれたCAさん。デザートを全種類持ってきてくれたりして楽しい時間にしてくれた。

南米のラタム航空のCAさんは、キュートな笑顔がステキだった。短いフライトだったが、心に残ったCAさんのひとり。

C O N T E N T S

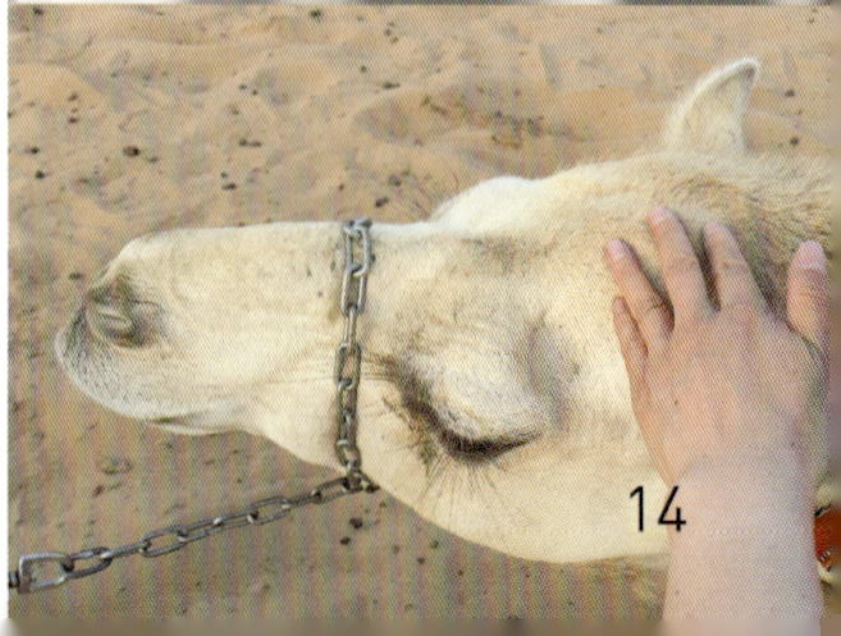

chapter 2

ファーストクラスのベールの内側 …………………… 71

chapter 3

旅のルート作り …………………… 119

chapter 4
世界一周航空券の 選び方、買い方 …………………… 163

chapter 5
貯まったマイルが招く 数々の特典 ……………………… 187

Column

※本書掲載のデータは 2017 年 12 月～ 2018 年 6 月現在の情報、第 1 章は 2015 ～ 2016 年の CREA WEB 掲載記事に加筆したものです。その後、変更となっている可能性があることをご了承ください。また、「ワンワールド アライアンス」、「キャセイパシフィック航空」は、通称の「ワンワールド」、「キャセイパシフィック」と表記しています。

Round the World

chapter

1

ファーストクラスで世界一周してきた！

憧れのファーストクラスに乗り込み世界一周旅行へ。旅したのは、南米、アフリカをはじめとする 10 カ国 12 カ所。世界一周だからこそ、目的地は地球の裏側をメインとした。初めてファーストクラスで旅してわかったこともたくさんあった。まずは、ファーストクラスに乗って行く世界一周旅行の実際をとくとご覧あれ。

TO New York

初ファーストクラスはJALニューヨーク便

CAさんの爽やかな笑顔は、朝食のもうひとつのご馳走!

日本から南米へ憧れのロングフライト

初めてのファーストクラスはニューヨーク便を選んだ。最初の目的地が南米なのでロサンゼルス経由が近いのだけれど、ファーストクラスに少しでも長く乗るため、わざわざ遠回りのニューヨーク経由を選んだのだった。飛行時間は12時間55分。

座席は8席。「JALスイート」と名付けられた半個室のシートだ。左右の窓側に1席ずつ、中央に2席の4席が2列という配置。この日のフライトの乗客は4人で、全員が窓側に座り、中央の席が空席となった。私は撮影機材もあるので機内持ち込みの手荷物が多い。するとCAさんが、カメラバッグを隣の席に置いてシートベルトをしてくれた。いつも手荒に扱っているバッグのなんとうれしそうなこと(のように見えた)!

シートに座るとすぐに飲み物を勧められた。離陸前のウエルカムシャンパンは少しに留めた。なぜなら希少なシャンパン「サロン」は上空で栓が抜かれるから。JALは、手に入りづらい「サロン」を機内で提供する世界で唯一の航空会社なのだ。安定飛行に入り、ふかふかのタオルのおしぼりとともに運ばれてきた「サロン」の、まろやかな口当たりと芳醇な香りに気分はすっかりセレブ。「ああ、ファーストクラスに乗っているのね!」と感慨深かった。

ファーストクラスのタグは高級感がある。

メニューは前夜にオーダー。選んだのはオニオングラタンスープとオマール海老のサンドイッチ。

食事の前に、希少な高級シャンパン「サロン」とアミューズをいただく。

窓の数で幅を測ると、4つ半がひとり分のスペース。

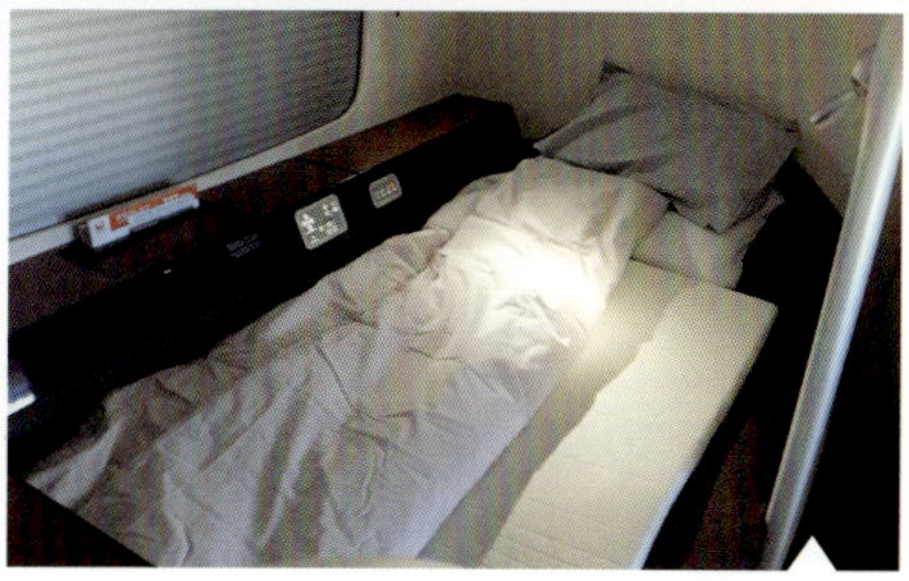

まるでベッドルーム! 隣の空席をベッドメイクしてくださった。

細やかな心遣いで 短く感じた13時間弱

搭乗前から楽しみにしていた「日本料理 龍吟」の和食やアメニティなどの詳細は次の章に詳しくレポートするのでここでは機内の出来事を。

飛行機は順調に滑走路を離れ空へ。始まったばかりの長旅に思いを馳せていると、CAさんが「ロエベ」のアメニティポーチをくださった。そしてスウェット素材のウェアを手に「お着替えになりますか?」と。ファーストクラスではリラックスするためのウェアが配られ、使用後は持ち帰ることもできるのだ。

着替えを済ませたところで食事が始まる。高級レストランならドレスアップして食事する場面かもしれないが、ファーストクラスの機内ではリラックスして食事を楽しんでいい。

食事が終わり、トイレで歯を磨くなどしている間にベッドメイクがなされる。隣の席が空いている場合は、座っているシートはそのままに、隣の席をベッドにしてくれることも。

そろそろ休もうかと思ったとき、CAさんが「今、オーロラが見えております」と知らせに来てくれた(機内アナウンスではない)。「本当に!?」と窓の外を見ると鮮やかなグリーンの光がゆらゆらしている。美しい天体ショーでうれしい寝不足をしてしまったのだった。CAさん、知らせてくださってありがとう!

ニューヨークのアメリカン航空のラウンジ。いくつかの部屋に分かれている。

ニューヨークから南米ペルーの首都リマへ

ニューヨークで長時間の乗り継ぎ

　ニューヨークからは、南米ペルーのリマ行きのラタム航空（取材時はラン航空）に乗り継ぐ。ラタム航空のシートはビジネスクラスにダウングレード。取材当時はラタム航空にはファーストクラスの設定がなかったからだ。すべてのフライトにファーストクラスがあるとは限らないので、1回でも多く乗るためにルート選びにかなりの時間をかけたが、この区間にはファーストクラスがなかったのだ。

　ニューヨークに着いたのは朝10時。そして次のフライトは22時45分。ニューヨークでのトランジットは10時間45分もある。時間的にはマンハッタンに行くこともできるが、仕事で寝不足も溜まっていたので、ラウンジでシャワーを浴び、休むことにした。ところが、JALと同じワンワールドに加盟しているアメリカン航空のラウンジはそこそこ広いものの、仮眠室がなかった。

　受付で「どこか静かに休めるところはないかしら?」と尋ねると、ベッドではないがゆっくり休める場所があると、オットマンつきのリクライニングチェアがあるスペースを教えてくれた。ファーストクラスの寝心地とはいかないけれど、足を伸ばして休むことができた。

　ラタム航空の搭乗待合室に行くと、英語がまったく聞こえてこない。そこはもう、スペイン語圏の南米！　気持ちが一気に南米モードに吸い込まれていった。

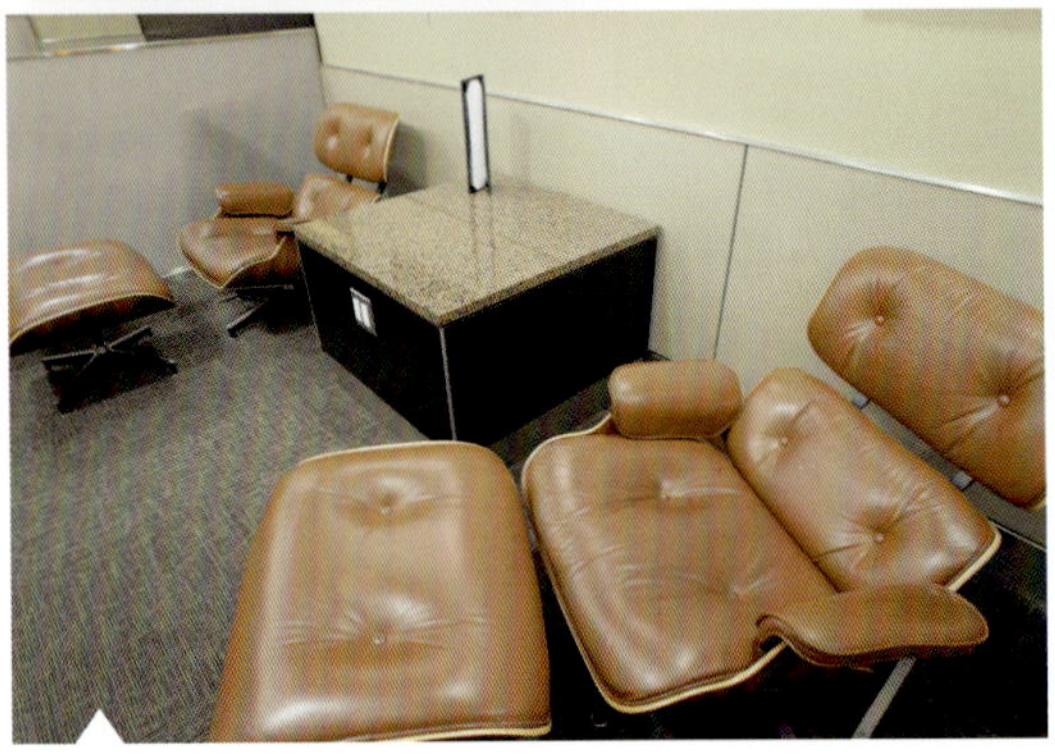

こちらが受付で教えてもらった、ラウンジ内でもっとも快適なイス。

フライトと車を乗り継ぎ世界最大のジャングルへ

　ラテンアメリカ最大規模のラタム航空は、数々の賞を受賞している航空会社。ビジネスクラスとはいえ、シートはフルフラットになるし、牛肉を大量に食べる南米ならではの大きなステーキの機内食もおいしい。これから始まる南米での冒険がますます楽しみになってきた。

　ペルーの首都リマで、今度はラタム航空の国内線に乗り換えてアマゾンの玄関口となるイキトスへ向かった。ここまでニューヨーク経由でロングフライト2本という強行軍だっファーストクラスがないので、ビジネスクラスの最前列の席を選んだ。

ビジネスクラスとはいえ、フルフラットで寝具も快適！　ぐっすり眠れた。

南米はお肉の国なので夕食はビーフを選んだ。脂身が少ないのに柔らかく、さっぱりしていて食べやすい。

たものの、ＪＡＬのファーストクラスはもちろん、ラタム航空のビジネスクラスもフルフラットのシートでぐっすり眠ることができ、疲れはほとんどなかった。リマからイキトスまでのフライトは1時間55分だ。

　イキトス空港の到着ロビーには「アクア・エクスペディションズ」と書かれたカウンターがあった。彼らが、ここからアマゾンクルーズ船「アリア・アマゾン」までのすべてをケアしてくれる。船着き場までは約1時間30分。車内ではネイチャーガイドのリカルドさんが、雨季と乾季では水位が13ｍも違うことや、イキトスの漁業では南米で一番大きなラングフィッシュやナマズが捕れることなどを教えてくれた。最初の目的地、アマゾンへはあと少しだ。

イキトスの空港が近づくと、ジャングルと深く蛇行する川が見えてきた。

イキトスへはラタム航空の国内線で。わくわくしながらタラップを降りた。

TO The Amazon

最後の秘境で、憧れのラグジュアリークルーズ

アマゾン川をスイスイと進む「アリア・アマゾン」。白いテントの部分はジャグジーつきのデッキ。

ここでは毎日が驚きと感動の連続

コンセプトは「極上の快適さの中で秘境を冒険する」。ガラパゴス諸島でクルーズの仕事をしていたズガロ氏がアマゾン川でクルーズ船を就航させたのは2008年のこと。秘境のラグジュアリークルーズは旅行業界で大きな話題となった。当時から「いつか私も！」とずっと願ってきたので、今回の旅でどうしても乗船を叶えたかったのだ。

乗船したのは、2011年に就航した「アリア・アマゾン」。船内には、1階と2階を合わせて16室のスイート（客室キャビン）があり、24人のクルーとスタッフが乗務している。船そのものも素晴らしいが、小さな船で出かける毎日2回の「冒険」がこの上なく楽しいのだ。

空港から船に着いたのはどっぷり日が暮れた夜だった。乗客を乗せると船はゆっくりと動き出した。夕食の後はスライドを見ながらのブリーフィングと緊急避難訓練。それらが終わると、わくわくしながら休んだ。

翌朝は夜明けとともに目が覚めた。「朝がこんなに待ち遠しいなんて！」。朝食を済ませ、4隻の小型ボートに分乗してネイチャーガイドとともに川面へと繰り出す。さっそく出会ったのはピンクのイルカ！　アマゾンカワイルカというアマゾン川の固有種で、くち先が長く淡いピンク色をしている。1、2頭ではなく、ボートの右にも左にも。こんなに簡単に見ることができるとは！

2階のダイニング。アマゾンの食材を使い、昼はビュッフェ、夜はフルコース。

目の前にはアマゾン川！毎日の冒険が待ち遠しくて、夜明けとともに目が覚めた。

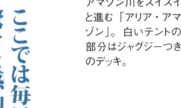

2時間ほどのジャングルウォークのハイライトはこの大木！記念撮影を楽しんだ。

1日2回のツアーはボートや徒歩で。ネイチャーガイドが、ナマケモノやサル、鳥などを見つけて教えてくれる。

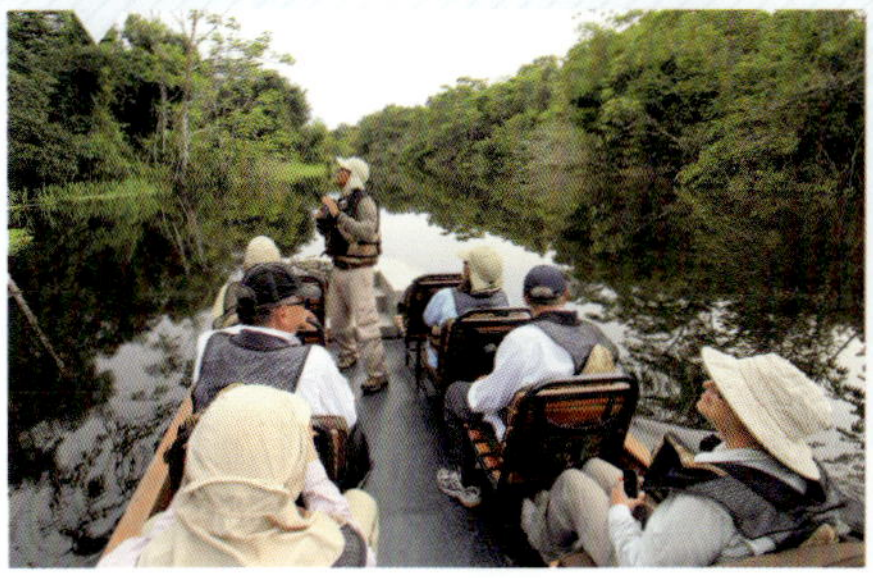

ネイチャーガイドのローランドさんがピラニアを釣り上げた！

このあたりの水は樹液が溶け出して茶褐色。肌がしっとりすべすべになった。

アマゾン川で泳ぎ ピラニアを釣る

ピラニアを釣りに出かけた日もあった。水草が水面を覆う浅瀬で、肉のかけらを針につけて糸を垂らすだけ。アタリはあるもののすぐに餌を取られてしまうこと1時間。ついにネイチャーガイドが釣り上げた！歯を見せてもらうと、小さな身体に似合わず大きくて鋭い。なんて勇ましい顔つきだこと。夜にはワニを捕まえに行き、50㎝ほどの子ワニを捕まえた（もちろんすぐにリリース）。

2時間ほどジャングルの中を歩くツアーもあった。ジャングルといっても、遊歩道のようになっていて、急な斜面には階段も手すりもあった。このときはガイドの他に地元の男の子が同行。ガイドが説明をしている間に、ブッシュの中から爪の大きさほどのカエルを見つけてきたり、大きなタランチュラ（！）を葉に載せて現れたり。

もっとも思い出深い経験となったのがアマゾン川で泳いだこと。「ピラニアは大丈夫なの?」と思うかもしれない。私も思った。なぜなら、この日、近くの浅瀬でピラニアを釣ったばかりだったから。他のゲストが水に入るのを見届けてから、おそるおそる泳いだのだった。

毎日がエキサイティングすぎて、楽しすぎて、下船が辛かった。

TO
Machu Picchu

天空の街マチュピチュへ 息を切らして上る

雨季にもかかわらず強烈な日差しに照らされて浮かび上がったマチュピチュの遺跡。

車で移動中に出会った地元の少年。裸足で山を歩いていてたくましい！

目の前に広がる インカ文明の名残り

空港でターンテーブルからスーツケースを降ろしたとき、いきなり息切れがした。標高３４００mのクスコで「酸素が足りない！」と身体が反応したのだ。迎えの車に小走りで向かったら、ガイドの方が叫んだ。「走らないでください！」と。が、時すでに遅し。心臓がバクバクして息が荒くなっていた。

そんなクスコから向かったのはマチュピチュ遺跡。14～16世紀頃のインカ文明時代に造られ、20世紀初頭までの約４００年もの間、歴史から忘れ去られていた街だ。

遺跡のゲート前のホテルに着くと、すぐに荷物を置いて出かけた。「いざ、マチュピチュ遺跡へ！」と、勢いよく上り始めた。ところが、あっという間に息が切れる。すれ違う人たちと交わす挨拶も「ぜーぜー、ハロー！　ぜーぜー」となってしまう。何度も休みながら10分ほど上ると、坂道の先に写真でよく見た山が見えた！　もう、息が切れていることも忘れ、遺跡の端の石垣を登った。

「わーっ！」としか声が出なかった。目の前には確かに街があった。あの、大パノラマが広がっていたのだ。山の尾根に沿って段々畑、神殿跡、住居跡などが連なっている。まさに「天空都市」だった。

窓越しにアンデスの風景を眺めながらの食事。往路はランチ、復路はディナーになる。

列車内には2人席と4人席があり、全席にテーブルがついている。

「ベルモンド ハイラム・ビンガム」は、アンデスの山脈を縫い、いくつもの橋を渡りながら走り抜けていく。

アンデスの音楽と風景、甘いカクテルに酔う道程

マチュピチュ遺跡への玄関口となる街がクスコだ。前述の通り、空港で息が切れたのも無理はない。アマゾン川クルーズからペルーの首都リマに戻り、空路でクスコへ。海辺のリマから一気に3400mまで飛んだのだから。マチュピチュに向かう前に、2800mのウルバンバまで移動して1泊した。高地に身体を慣らすためだ。ホテルに着いて車から降りると、「ゆっくり歩いてください」「気分が悪くなったら深呼吸を」と注意を喚起される。

一晩休んで、翌朝、いよいよマチュピチュへ。なんと、ホテルをチェックアウトして数m歩くだけで列車に乗り込めた。前夜宿泊した「ベルモンド ホテル・リオ・サグラド」と、マチュピチュ行きの列車、「ベルモンド ハイラム・ビンガム」は同経営なのだ。

マチュピチュまでは2時間20分。列車の座席はテーブル越しに向かい合って座るという造り。さながら動くレストランといった趣だ。最後尾（復路は最前車両）にはバー、その先には展望デッキがあり、ペルー音楽のライブ演奏を楽しむことができる。私が日本人とわかると「千の風になって」を演奏してくれた。ペルーの楽器に不思議とよくあった。

心地よい音楽と風景とともに、次々とバーから運ばれてくるペルーの名物カクテル「ピスコサワー」を楽しんでいたら、あっという間に食事の時間に。食べ終わる頃には終点のマチュピチュに到着していた。

「ベルモンド ホテル・リオ・サグラド」では、山と川を眺めながらのんびりできる。

TO Uyuni

「天空の鏡」が織りなす ウユニ塩湖の絶景に感動！

水平線まで続く広大な天空の鏡。人も車も、雲も青空も、すべてが湖面に映し出されている。

「天空のレストラン」でランチ。照り返しが強いので、帽子、サングラス、日焼け止めが必須だ。

頭の上も足の下も空 ランチは雲の上で

ウユニ塩湖は日本の四国の半分ほどもある広大な湖で、表面が純白の塩で覆われている。湖面が水で覆われるのは1年のうちのほんの数カ月、12～3月頃の雨季だけ。雨水が湖面に溜まり、広大な鏡が現れるのだ。

ホテルに迎えに来てくれたのは日本人のトシさん。ウユニで長年ガイドをしているスーパーコーディネーターだ。トシさんは、仲間の車と無線で情報交換しながらベストな風景を探してくれる。雨季といっても湖がすべて水で覆われるわけではない。しかも、雨量や風によって水がある場所は常に動いている。

ホテルから四輪駆動車で走ること30分あまり。車が停まると、そこに広がっていたのは360度まっ白な世界だった。空にあるはずの雲が足もとにも広がり、まるでふわふわの雲の上を歩いているかのような錯覚に陥る。時折通り過ぎる車も空の上を走っていくかのよう。

そしてこの日、トシさんが用意してくれたのは特別なランチ。なんと、雲の上に乗っているかのような、まさに「天空のレストラン」だった。サングラスなしでは食べられない眩しいランチだったけれど。

夜になると満天の星が、足もとまでこぼれ落ちて光りまたたく。星を楽しむなら新月を狙いたい。

乾燥した場所に現れる五角形をした塩の結晶。乾季には塩湖のほぼ全域がこのような塩平原となる。

ウユニの絶景を前に寝不足と戦う

ホテルに戻るとしばし昼寝。なぜなら今晩は眠れないから。ウユニ塩湖に滞在したのは雨季の新月を挟んだ4日間。湖面に満天の星が映った写真を撮りたかったのだ。

今回の旅でもっとも予約困難だったのがウユニ塩湖畔にある塩で造られたホテル。雨季は2年先まで予約がいっぱい。しかも、新月の夜となると更に予約が取りづらい。このホテルの空室を見つけたときに、ファーストクラスで世界一周するこの旅の出発日がほぼ決まったとも言える。

夕食後、いよいよ夜のウユニ塩湖へ。夕方まで気になっていた雲は、夜になるとスッキリと晴れて格好の星空撮影日和となった。空一面を覆うこぼれ落ちそうなくらいの無数の星たち。ひときわ輝きを放つ流れ星。それらが湖面に映って足もとまで輝いている。これが見たかった！

さっそく三脚を立てて撮影を始めた。実は前日は現地ガイドのツアーに参加したところ、懐中電灯を使って文字を描いたりしていたら、夜が明けてきてしまって猛省していた。

ここでは、雲の形や水の場所、時間帯によって風景がガラリと変わる。毎日寝不足だったけれど、予想をはるかに上回る一期一会の絶景ばかりを脳裏に焼きつけることができた。

陽が傾くと白とブルーの世界にオレンジ系の色が加わり、表情が一変する。

壁もすべて塩のブロックでできているホテル、「ルナ・サラーダ」の客室。

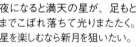

パタゴニアの奇想天外ホテルで仰天

「モンタナ・マジカ・ロッジ」は、窓が見えないくらいモジャモジャしていた。上から水が流れている！

建物の反対側は少しスッキリしていた。火山をイメージして造ったのだという。

客室は壁が傾斜していてかなり狭いが、バスルームにはバスタブもある。

ネットの写真を頼りにジャングルを目指す

今回の旅でもっとも情報が少なく、手配が難しかったのがウィロウィロにあるホテルだった。アンデス山脈のふもと、パタゴニア地方の熱帯雨林のほぼ中央、世界遺産にも登録されている自然保護区の一画だ。

ここに行くと決めたのは、インターネットで何度となく見かけた写真が印象的だったから。円錐形の蟻塚に植物が生えたような奇妙な形をしていた。窓があるのでかろうじて人工物だとわかるけれど、雪に覆われた写真や上部から水がしたたり落ちている写真を見て「いったい、これ何？」と何度も思っていた。

そこがボリビアの隣のチリにあるホテルだと知ったのは旅のルートを検討していたとき。「隣なら行けるかも」と安易に思った。ところが、

「バオバブ」の内部は巨大な吹き抜けになっていて、廊下が螺旋状に続いている。

敷地内を散策できるボードウォークもある。床を貫いて木が生えているので前方に注意が必要だ。

ホームページは見つけたものの、スペイン語でよくわからない（現在は英語もある）し、メールをしても返事が来ない。ウユニから最寄りの空港までは、行きも帰りも途中で1泊する必要がある。空港からは車で3時間もかかる。隣の国ながらかなり遠かった！

　なんとか手配して辿り着いたものの、写真と同じ建物が見えるまでは半信半疑だった。

まるで、おとぎの国に迷い込んだような日々

　チェックインを済ませると、廊下を抜けて案内されたのは螺旋状になった階段をぐるぐる上った先の客室。形状からしてあの建物に間違いなかった。荷物を置いてすぐに外へ。あの建物があった!!　写真よりもかなりモジャモジャしていたけれど。ボルケーノ（火山）をイメージして造られたという「モンタナ・マジカ・ロッジ」だ。

　敷地内には、渡り廊下で繋がっている3棟の客室棟と、貸別荘風のコテージがある。ほかの2棟の客室棟も、やや逆三角形をした「ノーソファガス・ロッジ（通称バオバブ）」、キノコの形をした「レイノ・フンギ・ロッジ」と、どちらもかなりユニーク！

　屋内・屋外のプールやスパもあるし、季節限定のものも含め、40種類以上のアクティビティやオプショナルツアーも用意されている。英語も通じるし、ホテルスタッフの対応も心地いい。到着するまでの不安が嘘のように楽しい滞在となった。

　ウィロウィロは単なるホテルではない。経営は財団だ。地元コミュニティーと協力し、自然環境を保護することを目的としている。この奇想天外ホテルはその私営自然保護区内に造られたのだ。いろいろな意味で、諦めずにルートに入れてよかった！

熱帯雨林の中に佇む「バオバブ」。上にいくほど大きくなっていく不思議な形だ。こちらも上から水が降る。

TO Africa

6フライト乗り継ぐ大移動で大ピンチ

サンチャゴのアッパークラス専用チェックインカウンター。ここなら間に合ったかも。

テムコから首都サンチャゴまでの国内線はスカイ航空。この路線は別途購入。

ブラジルの翼、ラタム航空のビジネスクラスシート。

背筋が凍った事件が一段落し、出発時刻まで余裕ができたのでラウンジへ。シャンパンで心を落ち着かせようと一気飲みしてしまった。

そのフライト、ちょっと待ってー!

パタゴニア地方での取材を終え、次なる目的地へ向かった。目指したのはアフリカのナミビア。ロングフライト2本を含む6フライトで、大西洋を渡り5カ国を乗り継ぐ大移動だ。ウィロウィロからナミビアまで、3泊3日がかりとなる。

まずはチリのテムコから首都サンチャゴへ。この最初のトランジットで事件が起こった。ここでチェックインし直す必要があり、発券カウンターにも用事があった。荷物をピックアップしてから、手前にあった発券カウンターへ。チェックインカウンターは目の前だからと安心していた。

ところがカウンターでは処理ができず、航空会社のオフィスに電話で手続きをすることに。受話器を渡され、本社の担当者と話した。これに予想以上の時間がかかったのだ。

出発時刻までは1時間を切ろうとしていた。電話を誰かに預けようにもカウンター内は無人になってしまった。電話の相手も保留音。時間はどんどん過ぎていく。やっとチェックインカウンターに向かうと、その手前で止められた。「このフライトには間に合わない」と。「ファーストクラスなの!」と言っても表情ひとつ変えない係員。「えーー! この先どうしよう!」と血の気が引いた。

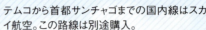

ラタム航空のCAさんは、ラテンのノリでとってもフレンドリーだった。

機内安全ビデオはアニメーションだった。キャラクターがかわいい！

この先の旅程のすべてが予定変更!?

がっくり肩を落として、再び発券カウンターへ。今度は先ほどの若い男性ではなく、かなりデキそうな年配の女性が座っていた。「乗り遅れたの」と途方に暮れた私がeチケットを手渡すやいなや、彼女は真剣な顔つきでパソコンのキーボードを連打し始めた。その20分ほどの時間が、とてつもなく長く思えた。もし飛べなかったらどうするか、頭の中でぐるぐるとシミュレーションした。

すると、ふいに女性が顔を上げて言った。「サンパウロ経由で手配し直したわ。大丈夫、ロンドンからのフライトには間に合う」。新しいeチケットをプリントする音。しかも、変更手数料も一切不要！「ありがとう!!」。思いっきりハグしたい気持ちだった。ビジネスクラスになってしまったものの、ロンドンのラウンジでゆっくり過ごしたくて、トランジットに余裕があるスケジュールにしていたことが幸いしたのだった。

この後に知ったのだが、ビジネスクラス以上のチェックインカウンターは別のフロアにあって、待たずに手続きができた。ここに来ていれば間に合ったかも？ ともあれ、「結果よければすべてよし！」だ。

サンパウロの夜景が見えてきた。代替のフライトが見つかって本当によかった!!

強運に助けられ 3大陸上空を飛び続けた

アンガスビーフのフィレ肉とオックステールの赤ワイン煮パイ皮包みにボルドーの赤。

「コンコルドルーム」にはテラスのような一角もある。ここにも調度品が置かれていた。

バーカウンターも本格的。シャンパンをゆっくり楽しむ時間がなくて残念だった。

黒を基調としたブリティッシュ・エアウェイズのファーストクラス。

女王様の国のラウンジは凄かった！

ロンドンのヒースロー空港には当初の予定に近い時間に到着することができた。ここでブリティッシュ・エアウェイズに乗り継ぐ。さっそくファーストクラスラウンジ「コンコルドルーム」へ。もっとも楽しみにしていたラウンジのひとつだ。
大きなシャンデリアや、置かれたライオンや馬のオブジェが、まるで英国貴族のお屋敷といった趣。コンシェルジュもいる。まずは事前に予約しておいた15分間の無料マッサージを受け、シャワーとデイベッドがある個室に案内していただく。1泊したいくらい素晴らしいラウンジだった。

そんなラウンジをぎりぎりまで楽しんでから機内へ。南アフリカのヨハネスブルグまでは、総２階建て旅客機Ａ３８０のファーストクラスだ。黒を基調としたシックなインテリアは高級感があり、半個室の座席にはクローゼットや収納用引き出しもあってリビングのように落ち着く。配られたウェアの色も黒だった。さっそく着替えてリラックスした。

18時発のフライトだったのですぐに夕食となった。コースメニューはなく、少しずつ5品楽しむことができる「テイスティングメニュー」とアラカルトからのチョイス。あれこれ楽しみたいので「テイスティング

ヨハネスブルグからは南アフリカ航空でナミビアの首都ウィントフックへ。

メニュー」を選んだ。それぞれに合うワインもお願いして。
11時間が短く感じたフライトだった。いよいよアフリカ大陸、南アフリカのヨハネスブルグに着いた。

アフリカの空を副操縦席で飛ぶ！

ここまで機中2泊し、4フライトの移動。残る2フライトはアフリカ大陸内だ。ヨハネスブルグには早朝に着いたので、そのまま乗り継ぎ、南アフリカ航空でナミビアの首都ウィントフックへ。そこからナミブ砂漠にもっとも近い空港へと飛ぶ。

南アフリカ航空は、今回の世界一周航空券のワンワールドではないので、ここも別途購入。マイルの特典航空券で、とも考えたものの、価格とマイル数を比較したところコスト高だったので、ここは購入してマイルを貯めることにしたのだ。ウィントフックに着くと、宿泊予定のロッジのスタッフが出迎えてくれた。ここから先は、ロッジに手配してもらったプロペラ機となる。

6フライトで大陸を大移動する最後のフライトは10人乗り（パイロット含む）。乗客は2人だけ。見ると操縦席の横にもう1席ある。そこで、「副操縦士席に乗っていい？」と聞いてみた。「もちろん！」とご快諾。副操縦士席は見晴らし抜群だし、目の前では操縦桿が動いていてパイロット気分も満喫できる。ここまでの長旅の疲れが吹き飛ぶ楽しいフライトだった。キャプテン、ありがとう！

そして最後のフライト。10人乗りのプロペラ機に。あと少しでナミブ砂漠だ！

副操縦士席に座らせてもらった。キャプテンは笑顔がステキなナイスガイ。

TO
Namib
Desert

大砂丘群の中央にある道を走ると左右に美景が！
早朝の光が大砂丘の陰影を際立たせる。

ナミブ砂漠で世界一美しい大砂丘に見とれる

世界でもっとも赤く、もっとも高さがある砂丘

この砂漠を見たかった！　モロッコのサハラ砂漠、ブラジルのレンソイスの白砂漠も素晴らしかったけど、どうしても行きたい砂漠があった。それは、ナミブ砂漠。

ナミブ砂漠は約８０００年前にできたといわれる世界最古の砂漠。大西洋に沿って南北約１３００㎞にわたって続く。「世界でもっとも美しい砂漠」と称される理由は、赤い色と３００ｍを越える高さ。その美景をどうしても見たかったのだ。

出発は夜明け前。国立公園のゲートを抜け、大砂丘群へと向かった。地平線を離れたばかりの太陽の光は濃い影を落とし、砂丘の曲線美を際立たせていた。砂漠は波打っているかのような緩やかな曲線を描いている。なんという光景！

途中、多くの人々が巨大な砂丘に登っていく姿を見かけた。高さ約３００ｍの大砂丘「ビッグダディ」だ。すると、ガイドが言った。「今日はあれには登らない。ほかの人が行く前に、もっとステキな場所に行こう！」

そこは、砂丘群の最深部だった。

高さ約300mの「デューン45（通称ビッグダディ）」には大勢の観光客が登っていた。

ドイツ人女性に続く。健脚で追いつけない（笑）。
右側にデッドフレイが見えてきた。

ひび割れた白い沼底からそそり立つ化石のような木々。赤い砂漠と青い空とのコントラストが美しい。

数百年前の風景が残る不思議な沼地跡

砂丘の頂上に登ると、あとは降りるだけ。その下には、デッドフレイがあった。デッドフレイは、５００年前とも９００年前とも言われる遥か昔、気候の変動により沼地が干上がった場所。木々は枯れたものの、砂漠という特殊な環境のために腐ることはなかった。沼地だった当時の頃の姿をそのまま残しているのだ。白くひび割れた粘土質の沼底と、周囲を囲む赤い砂漠、そして、まるで生きているかのような漆黒の木々。この場所でしか見ることができない美景なのだ。

ガイドの思惑通り、私たちが着いたときにはほとんど人はいなかった。「写真を撮るなら急いで！　すぐに大勢の観光客が来るから」と促された。先客はただひとり。大きなビデオカメラのようなものを携えた男性が、熱心に撮影していた。ほどなく、駐車場側からたくさんの人々が歩いてきた。

短い滞在だったが、夜明け前に起き、砂漠を愛でて、動物たちと出会い、星空を眺め、ナミブ砂漠を満喫した2日間だった。もし、次に機会があったらヒンバ族の村も訪ねてみたいと思った。世界で最も人口密度が低い国のひとつ、ナミビアは、冒険心をかき立ててくれる国だった。

ラグジュアリーロッジ「リトル・クララ」の夕食は、テラスで砂漠を遠くに眺めながら。

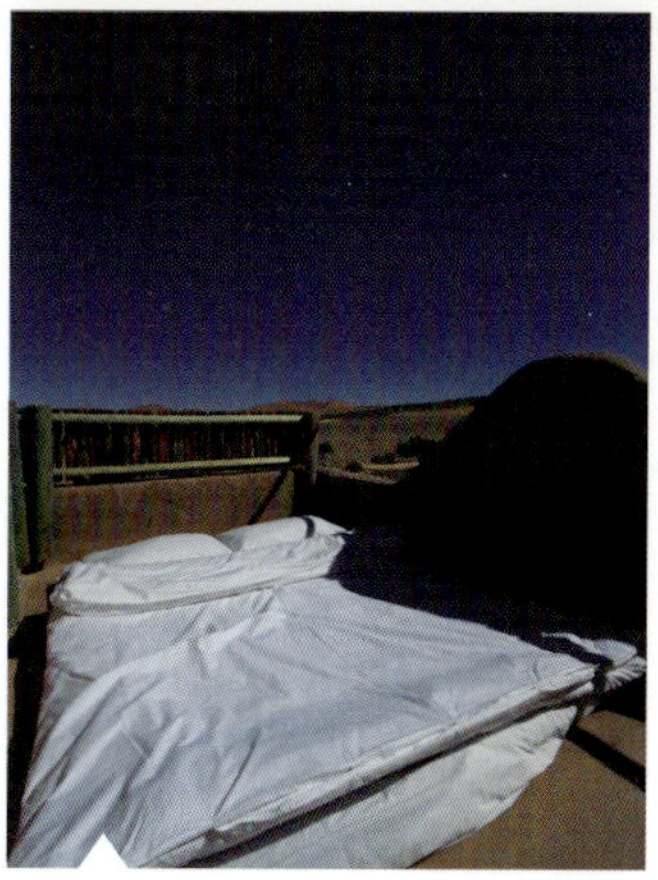

夜は屋内か屋上かベッドを選ぶことができる。満月に近い月明かりが眩しく感じられた。

南アフリカのサバンナで出会った、心やさしいアフリカゾウ

一列になって歩く。「サファリ」というより、「お散歩」という呼び方がしっくりくる。

ゾウと友達になれる動物保護区内のロッジ

南アフリカのヨハネスブルグから北西へ約1時間飛び、フーデスプリットに着いた。そこから次の滞在先「キャンプ・ジャブラニ」までは車で約20分。ゾウの背に乗ってサファリを楽しめることで人気のロッジだ。

メイン棟から徒歩20ｍほどの場所に、ゾウに乗るためのやぐらがある。そこにゾウたちがのっしのっしとやってきて、そのうちの1頭が近づいてきた。ロッジ名にもなっている「ジャブラニ」だ。「ジャブラニ」とは、「喜ぶ」を意味するという。そこで鯉の餌を大きくしたような餌を渡された。ジャブラニの鼻先に差し出すと、器用に鼻でつまんで口に入れる。なんてやさしい眼差し！　背中に乗る前から感動してしまった。そして背中に乗せてもらって、いざ、出発！

水辺に近づいたところでサンセット。夕陽をバックに歩くゾウのシルエットが美しい！

「キャンプ・ジャブラニ」のメイン棟。池のほとりにあり、時折、動物やカメが現れる。

ジャブラニの鼻に触らせてもらった！よく動くのでやわらかいと思ったら意外と堅かった（笑）。

ゾウの背に乗り のっしのっしとお散歩

ゾウ使いのフォスターの後に私が乗ると、ジャブラニはゆっくりと歩き始めた。思ったよりも高くて見晴らしは抜群だ。少し歩いたところでキリンと遭遇した。通常なら見上げてしまうキリンも目線が同じだ。サバンナの風景も違って見える。エンジンの音がしないので、ほかの動物たちは振り向くことすらない。

フォスターは、ジンバブエ出身。瀕死の状態で保護されたジャブラニと一緒にジンバブエからやってきたという。でも、ジャブラニ担当というわけではない。ゾウ使いとゾウの組み合わせは毎日変わるそうだ。ひとりのゾウ使いに慣れてしまうと、もし、ゾウ使いがロッジを辞めたときに、他の誰にも心を許さなくなってしまうからだ。そんな話を聞いていたら、ジャブラニが鼻で餌を催促してきた。「お腹が空いてるのね」というと、「彼はいつもお腹が空いているんだよ」と。ジャブラニは、人間でいうとティーンエイジャー。まだ彼女もいないのだとか。早く見つかるといいな。

1時間ほど歩いたところでゾウから降りる。そこにはカナッペと飲み物が用意されていた。夕陽を眺めながら贅沢な時間を過ごした後は、四輪駆動車でロッジへと戻る。四輪駆動車でのサファリもエキサイティングだけれど、ゾウの背で自然に寄り添うようなステキ体験だった。

食いしん坊のジャブラニが頭の上で鼻をトントンと上下させて餌をねだった。器用に口に運んでいく。

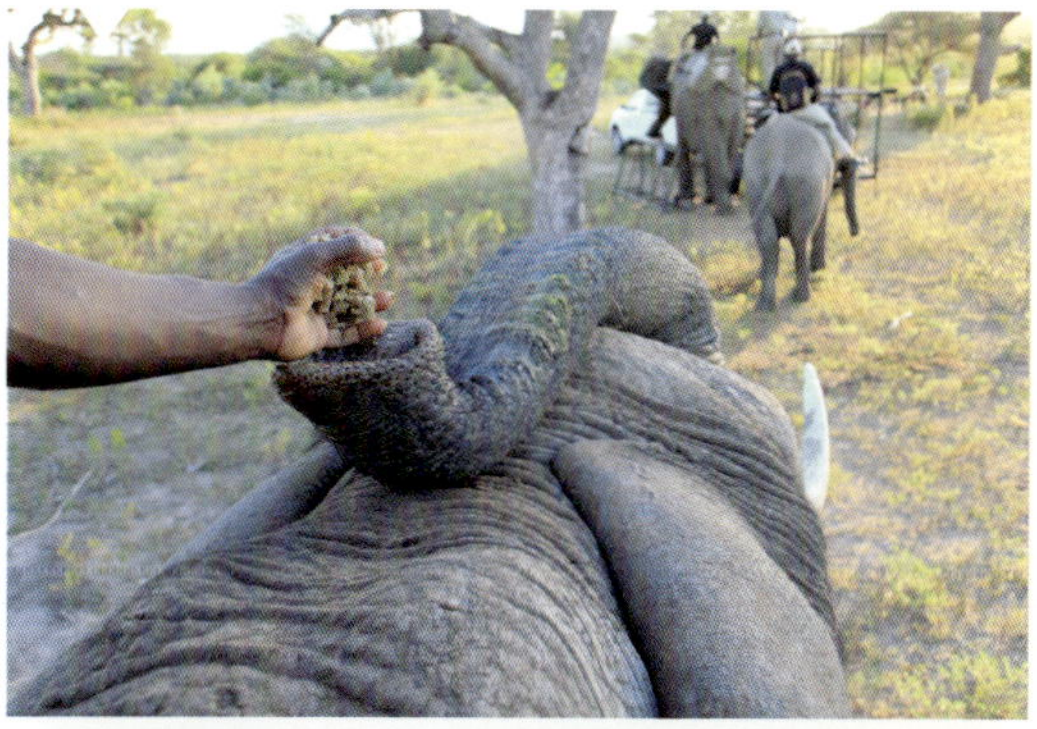

近くにある「絶滅危惧種センター」では、5歳の雄のチーターにおそるおそる触って記念撮影！

TO African Savanna

憧れのラグジュアリーロッジで優雅なサファリを楽しむ

車から降りてキリンの親子に近づいたらポーズを決めてくれた。キリンを背に記念撮影も。

セレブリティたちのアフリカンサファリ

同じ南アフリカで、ロッジを移動してサファリを続けた。ここでは、朝夕2回のサファリが組まれている。朝は6時前には四輪駆動車で出かける。まだほの暗い中、しばらく走ると、目の前に雄ライオンが！　ときどきこちらに視線を向けるものの、車が併走しても気にしない様子。さすが、百獣の王は風格が違う！

キリンの親子にも出会った。すると、「シンギタ」のネイチャーガイドのアンディさんが「車から降りてキリンを見に行こう」と。「え？　大丈夫なの!?」と驚いていると、彼女はライフルを手にした（万一の際に空砲で動物を追い払うため）。「私から離れないでね」という彼女の後にぴったりついて歩いた。たくさんのライオンを見た後だけに、ドキドキしながら。

朝日を浴びる雄ライオンに遭遇！　車のすぐ前を横切って悠然と歩き去った。

サファリの途中、ネイチャーガイドが軽食を用意してくれた。なんと、シャンパンも！

ワインセラーでのテイスティング。約2万本が揃う。
テーブル下の石はパワーストーンなのだとか。

客室には、広々としたサバンナを望む眺めのいい
ウッドデッキとプライベートプールがある。

数々の受賞歴をもつ憧れのロッジ

南アフリカにはずっと滞在したいと憧れていたロッジがあった。それが「シンギタ」だ。旅行雑誌「コンデナスト・トラベラー」の読者投票で、毎年上位に名を連ねる「シンギタ」だ。私が出会ったゲストも、アメリカとパリに住むカップルや、世界各地のワイナリーを巡るアメリカ人ご夫妻など、驚くような経歴の方ばかり。

「シンギタ」は、南アフリカ、タンザニア、ジンバブエの3カ国に、12のロッジとキャンプを展開している。「シンギタ」とは「奇跡の場所」という意味をもつ。私が滞在したのは「シンギタ・ボルダーズ・ロッジ」。サンド川を見下ろす高台にあり、川と対岸のサバンナを望むことができる。

客室は12棟のみ。ベッドルームとリビングルームが、プライベートプールつきのウッドテラスを囲むように続いていて、その中央には暖炉もある。テラス側は全面が窓になっているので室内のすべてがサバンナビュー。世界のセレブリティたちに愛される理由を実感する滞在となった。

中庭でBBQディナーが催された。食用として飼育された
クードゥーやインパラなどの肉も並ぶ。

TO Middle East

石油の国のエアラインでアフリカ大陸からアラビア半島へ

ビジネスクラスの座席は1-2-1の配置。それぞれ通路とは逆の方向を向くスタッカード式だ。

真上から見るとダイヤモンドの形をしているユニークなシート。フルフラットになる。

中東系エアラインは桁違いに凄かった

次の目的地はアラブ首長国連邦のアブダビ。アライアンス「ワンワールド」に加盟しているのは中東系エアラインのひとつ、カタール航空だ。ヨハネスブルグから、カタールのドーハを経由してアブダビへ飛ぶ。

最初のフライトは約8時間30分のロングフライト。このフライトにはファーストクラスがないので、ビジネスクラスとなる。とはいえ、最新鋭のB787（通称ドリームライナー）なのでかなり快適。

そして、ビジネスクラスなのに機内用ウェアが配られた。共布の袋に入っていて持ち帰りやすい。アイマスクなどのアメニティもお揃いの小さなポーチに入っている。コスメはフェラガモのポーチがもうひとつ配られた。ほぼファーストクラス並み！

ドーハから先はファーストクラス。トランジットのラウンジも楽しみにしていたのに、改装中ということで、やむなくビジネスクラスラウンジへ。しかし、中に入って驚いた。とてつもなく広いのだ！　ふたつのレストラン、シャワー、半個室の仮眠室などがあり、端から端までは見えないくらい広い。長時間のトランジットも、食事をして仮眠したらあっという間だった。

ラウンジの入り口を入って左側を眺めると、端が見えないほど広い！

この部分が貸し切り状態だった！　まるでプライベートジェット気分！

アブダビの空港ターミナル。SF映画の宇宙船のよう。この丸い建物から放射状に搭乗口が延びる。

アラビアンコーヒー。コーヒーに、スパイスやローズウォーターが入っている。

ファーストクラスがプライベートジェット？

ドーハからアブダビへのフライトはたったの1時間だけれどこの区間はファーストクラス。なんと、ファーストクラスの搭乗客はひとりだけだった。私だけのために、CAさんがふたり。エコノミークラスとはカーテンで仕切られているので視界には誰もいない。気分はまるでプライベートジェット！「お好きな座席にどうぞ」と勧められて困った(笑)。

離陸前にはデーツ（ナツメヤシの実）とアラビアンコーヒーのサービス。離陸してシートベルトサインが消えると食事となる。立ち上がってあちこち写真を撮る私に、食事を持って現れたCAさんが、思わず「ノット・ディス・タイミング！（今はやめてー！）」と。このフライト、上空の水平飛行はわずか20分足らず。トレーにあれこれ載った機内食は、早く食べないと間に合わない。

急いで座席に戻って無事に食べ終えることができた。いよいよ初めての中東。ドラマチックなデザインのターミナルに、胸が高鳴った。

砂漠に抱かれるように佇む 魅惑のアラビアンラグジュアリー

空を朱に染め夕陽が沈んでいく。メインプールはまるで砂漠のオアシスのよう。

360度砂に囲まれた美しきオアシス

車を降りるとアラブの弦楽器ウードの音色が聞こえてきた。エントランス正面の窓越しに砂漠が見える。まるで導かれるようにテラスに出ると、眼下には客室棟とプール、そこから波打つように続く砂の海、少し離れた場所に砂に埋もれるように並ぶ客室棟。「なんてステキな景色なの!」。リゾートに着いた途端に魅了されてしまった。

「アナンタラ・カスール・アル・サラブ・デザート・リゾート」はアラビア半島のルブアルハリ砂漠の只中にある。「アナンタラ」は、タイのバンコク、ホアヒン、サムイ島、そしてモルディブと滞在したけれど、どこも民族色の濃いデザインが秀逸だった。ここも、ひときわ美しいアラビアンリゾートなのだった。

ロビーラウンジでは、アラビア音楽と窓越しに望む砂漠がドラマチック!

ほとんどの客室が砂漠に面していて、インテリアは伝統的なアラブ様式。

ラクダは4頭ずつひもで繫がれて、ラクダ使いに引かれて1 列になって砂漠を歩く。

ラクダで砂漠に繰り出し 鷹匠に見惚れる

夜明けとともにまだ薄暗いロビーへ。砂漠の朝は早い。アクティビティは涼しい時間帯に催されるからだ。この日はファルコンショーに参加した。四輪駆動車で砂漠へと向かうと、小高い丘の上で白い民族衣装を着たふたりの鷹匠と4羽の隼が待っていた。隼は鷹の一種。鋭い眼差しと鋭利なくちばしは空の王者の風格だ。

ショーが始まると隼が空に放たれた！ 鷹匠がひもの先についた疑似餌を巧みに操り、疑似餌めがけて飛んでくる隼を素早くかわす。隼は旋回して再び疑似餌を狙う。エンジン音のような「ザッザッザッ！」という音を立てて頭上をかすめて飛ぶ隼たち。スリルたっぷりのショーだった。

夕方はラクダに乗った。「やっぱり砂漠はラクダよね！」と思ったから。ラクダの背に乗り、いくつかの砂丘を越えると太陽が地平線に近づいてきた。砂丘の陰影が濃くなり砂漠が美しさを増したところでひと休み。リゾートのプール越しの夕陽も美しかったけれど、砂漠の只中で眺める夕陽も格別。千夜一夜物語が聞こえてきそうな絶景だった。

ポールに固定されたひもが解かれ、目隠しが外され、ファルコンショーが始まる。

冬のみオープンで天候にも左右されるけれど、野外レストランの「アル・ファラジ」はオススメだ。

パラグライダーで空飛ぶチェックインに大興奮！

陸路移動して隣国のオマーンへ

前泊のリゾートの車でドバイ国際空港へ。ここで次のリゾートの車に乗り換え約2時間、国境を越えてオマーンの「シックスセンシズジギーベイ」へ向かった。

このリゾートを選んだ最大の理由は、パラグライダーでチェックインできること。ビーチに面したリゾートの背後は切り立った山。そこを車で越えるか、海から船で入るか、パラグライダーで飛ぶか、選べるのだ。

荷物は車でそのままリゾートへ。私は、ヘルメットをかぶりハーネスを装着。私のハーネスは座れるようになっていた。「これなら楽だわ」と思った瞬間に身体が宙に浮いた。「えっ！」風に乗って一気に空へ！　遥か下にリゾートが見えてきた。さらに岩山の上へ。海のブルーが際立って美しく見える。そして、旋回しながら徐々に高度を下げてビーチへ。

こんなに楽しいとは思わなかった！　ジギーベイに行くなら、迷わず「パラグライダーチェックイン」を選ぶべし！

パラグライダーで空からチェックイン！
風に乗って一気に上昇していく。

1.6kmという白砂のロングビーチに面したリゾート。
入り江内には村もある。

オマーンの民家を模した客室には中庭があり、プライベートプールとカバナがある。

「センスオブザエッジ」のテラス席。できれば到着前に予約したい。

メインレストラン「スパイスマーケット」ではアラビア料理を楽しめるのでお勧めだ。

荒涼とした岩山と海が格好の遊び場となる

入り江全体の地形を最大限に生かすアイデアにあふれていて、ローカル村訪問からロッククライミングまで、さまざまなアクティビティを楽しむことができる。たとえば、パラグライダーで空に飛び出した崖っぷち。そこには、展望台ばりに眺めのいいレストラン「センスオブザエッジ」があったりするのだ。

82棟の客室棟は、石を積み上げた壁、小枝を組んだ柵など、オマーンの伝統的建築スタイルで造られている。もっとも小さな客室でも247㎡という広さ。ベッドルームの安眠環境は、医療のプロとともに3年の歳月を費やして完成させたという。全室にプライベートプール、カバナがあり、プライバシーを保つための柵は、開け放すと心地よい風が抜けるようになっている。

各客室にはバトラーサービスがあり、ほどよい距離を保ちながらサポートしてくれる。アクティビティの予約や、バスタブにお湯を張ってくれたり、夜になるとプールの縁にろうそくを灯しておいてくれたり。

チェックインのサプライズだけでなく、心地よい滞在が心に残るリゾートだ。

橋を渡る涼しげなエントランスのレストラン「サマーハウス」。人気のテラス席は早めの予約を。

ファーストクラスで遠回りしてエミレーツ航空の豪華ラウンジへ

ファーストクラス専用の受付はこの広さ！
カンタス航空のカウンターは向かって右端。

レストランは2カ所にあり、料理も飲み物も種類豊富。

車で1時間の距離をファーストクラスで飛ぶ

ドバイからはカンタス航空のファーストクラスでシドニーへ飛ぶ。でも、フライトのチェックインをしたのはアブダビ国際空港。遠回りしてアブダビからカタール航空のファーストクラスに乗ってドーハ経由でドバイへ行くことにしたのだ。理由は、1回でも多くファーストクラスに乗るためと、長時間のトランジットを確保するため。あの、エミレーツ航空ファーストクラスラウンジを堪能したかったからだ。

世界一周航空券は、16回まで飛ぶことができる。回数が余っていたので、短距離でもファーストクラスの設定がある中東で利用することにした。カンタス航空のファーストクラス搭乗客が、航空アライアンスに加盟していないエミレーツ航空のラウンジを使うことができることは、出発前にあらかじめ調べておいた。

朝食は、エミレーツ航空のA380型機を眺めながら。フォアグラのミルフィーユとレバノン式ミートボール。そして、モエ・エ・シャンドンで朝シャン！

エミレーツ航空の噂の豪華ラウンジへ！

　エミレーツ航空のラウンジはとてつもなく広い。ターミナルの3階すべてがラウンジなのだ。ラウンジ内にゲート番号が書かれた通路が並び、そこを降りると搭乗口という造りだ。

　ボーディングパスを見せて受付から中へ。すると、免税店がある。「あれ？　また免税店街に戻ってしまったのかしら？」と、思わず受付に戻って確認してしまった（笑）。ラウンジ内に専用の免税店があるのだ！

　夜だったので、軽く食事を取り、無料のマッサージでリラックスしてから休むことに。個室の仮眠室がなかったのは意外だったものの、「Quiet Area（静かなエリア）」と書かれた部屋があり、ぐっすり休むことができた。起きたらすぐにシャワーを浴びてリフレッシュ！

　メインレストランは朝食のビュッフェの時間になっていた。夜には人もまばらだったのに、朝はほぼ満席。窓の外には最新鋭の大型機Ａ３８０が見えた。エミレーツ航空のＡ３８０型機は、世界で初めてファーストクラスにシャワーを搭載した機材でもある。今回はワンワールド加盟のカンタス航空のＡ３８０だけれど、「いつかエミレーツ航空にも乗りたい！」と妄想が膨らんだ。

20脚ほどの仮眠用ソファには、毛布と枕、アイマスクが用意されている。

ラウンジからエレベーターで階下に降りると、そこには搭乗口がある。

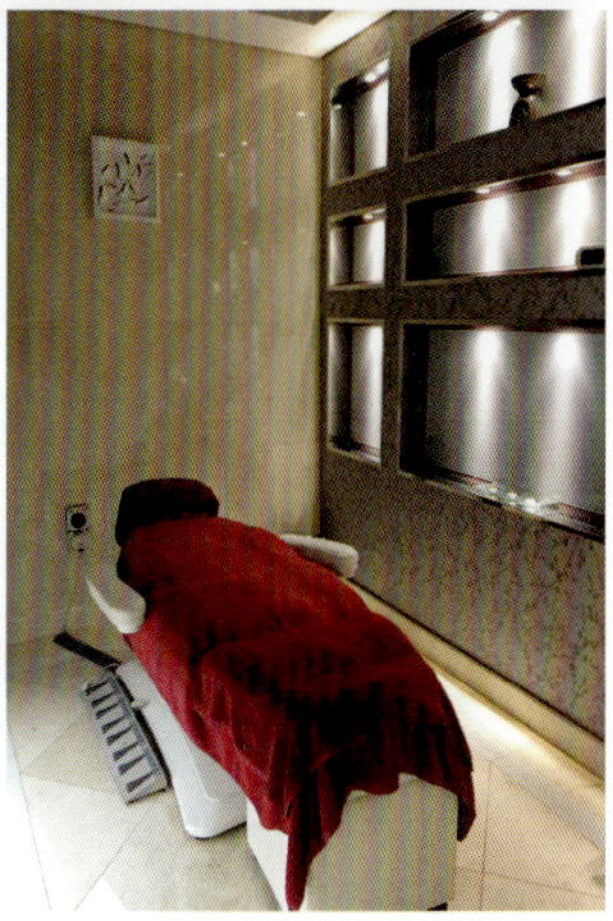

ラウンジの隣にあるスパで15分間の無料マッサージを受けることができる。

14時間が短く感じる最新鋭のファーストクラス

離着陸時にはこの位置。食事や就寝の際には、イスの部分を電動で左方向に回転させる。

最新鋭シートのマッサージで和む

カンタス航空のファーストクラスは、左右の窓側に1席ずつ、中央に1席という並びで、窓側に5列、中央に4列の14席。今回も窓側を選んだ。座席に着くとすぐにおしぼりが配られ、続いてウェルカムドリンク。もちろんここでもシャンパンを。豪華ラウンジから直接移動して、ふたたびシャンパンという贅沢さだ。

シートは少し変わった造り。足もとが意外に狭く、「あれ、まさか、フルフラットにならない?」と思いきや、電動で向きが回転してフルリクライニングするという最新鋭っぷり。シートの高さ、肘置きの高さ、フットレストの長さなど、すべてタッチパネルで微調整ができるうえ、マッサージ機能は各部位ごとに強弱も設定できる。しかも、日本語表示まで!

イケメンCAのブレットさん。きめ細やかでハートフルなサービスをしてくれた。

1回目の食事のメインは仔牛のグリルを選んだ。やわらかくてジューシーで、完食！

「マイプレジャー、ダーリン！」

離陸して配られたのは胸にカンタス航空ロゴのカンガルーのプリントが入ったウェアとアメニティポーチ。

ポーチに入っていたのは、なんと、日本の資生堂の高級ブランドSK-IIのコスメ。これなら機内での保湿は完璧だ。

ドバイのラウンジでの食事を控えめにしておいたので、1回目の食事は早めにいただいて休むことにした。ファーストクラスでの食事は時間も量も自由に決めることができる。前後のシートの方は休んでから食事するらしく、窓のブラインドを落としている。そんな自由が利くのもファーストクラスならではだ。

食前酒はもちろんシャンパン！ メインはオージービーフを選んだ。オニオンスープで胃を温めたところで、前菜盛り合わせ、そしてメインの仔牛のグリルと続く。前菜の前とメインの前にはワインのテイスティングもお願いして、好みのワインを選んでペアリングさせてもらった。時間はたっぷりあるので、2回の食事をゆっくりと楽しむことができた。

14時間も乗ってもファーストクラスだと名残惜しい。CAのブレットさんに「本当に楽しかった！」と言うと、「マイプレジャー（光栄です）、ダーリン！」とハグ。CAさんとハグしたのは初めてだったけれど、そのくらい素晴らしいフライトだったのだ。

2階のラウンジ。長イスの前にはマガジンラックとテレビがある。ここはビジネスクラスと共用だ。

ポーチの中は、アイマスク、歯ブラシ、手鏡、SK-IIの化粧水、乳液、モイスチュアスプレーなど。

ベッドメイク後のシート。進行方向に向かって斜めになることでプライベート感が増した。

オーストラリアの大サンゴ礁を遊び尽くす

ヘリコプターから見たハート型のリーフ。
エメラルドグリーンの色がまるで宝石のよう！

河口に広がる「ホワイトヘブンビーチ」は干潮時に美しさを増す。

砂漠の国から一気にサンゴ礁へ！

ロングフライトで到着したシドニーから国内線フライトとクルーザーを乗り継いでヘイマン島へ。この旅で唯一のアイランドリゾート、「ヘイマン アイランド」に到着した。客室に案内され、窓を開けると目の前にはサンゴ礁の海が広がっていた。「あー、南の島に来たのねー！」と実感する瞬間だ。

ヘイマン島があるのは世界最大のサンゴ礁、オーストラリア大陸の北東に3000㎞近く連なる大サンゴ礁「グレートバリアリーフ」。日本の北海道札幌市から沖縄県那覇市までとほぼ同じ大きさだ。ヘイマン島は、そのやや南寄りにあるウィットサンデー諸島に属する。ハート型のリーフや天国のようなビーチがあることで知られているエリアだ。

段差をつけた低層の客室棟。どの客室にも日当たりのいいベランダがあり、海を望むことができる。

赤いカーテンと赤いキャンドルが印象的なファインダイニング「ファイヤー」。

とびきりエレガントなラグジュアリーリゾート

「ヘイマン アイランド」は、グレートバリアリーフに点在する数多くのアイランドリゾートの中で、もっともラグジュアリーなリゾートのひとつ。オーストラリア国内から新婚旅行で訪れるカップルも多い。

この島を訪れるのは13年ぶりだった。前回は雑誌の巻頭特集を担当したときのこと。表紙の写真もここで撮影された。当時でも充分ラグジュアリーだったが、リゾート建築の第一人者、ケリー・ヒルがインテリアをデザインして改装、2014年に「ワン＆オンリー」のリゾートとして再オープンし、2016年までは同社が経営していた。

島内の手つかずのジャングルで、そのうっそうと繁る緑と2㎞にも及ぶビーチの間に、プールウイング、ヘイマンウイング、ビーチウイングという3つの客室ウイングがある。段々畑のように段差をつけた3階建ての客室棟は、海が見えたり、プールにアクセスできたり、開放的な造りだ。ビーチ沿いにあるヴィラはさらに広くて一軒家の高級別荘のよう。

船やヘリコプターに乗って大サンゴ礁で遊んだ後は、スパや7つのレストランでリゾートを満喫できる。

海沿いのレストラン「アクアズール」では、ホームメイドアイスクリームがオススメだ。

プールサイドのトリートメントルームは、海側のドアを開けると風が入って開放感たっぷり。

※2018年6月現在、サイクロンの被害により休業中。2019年春に再オープン予定。

TO
Asia

世界一周最後の大陸 アジア大陸に帰って来た

シドニー国際空港にはビジネスクラス以上の搭乗客が優先的に手荷物検査と出国審査を通過できる「エクスプレスパス」がある。

カンタス航空のファーストクラスラウンジの入り口。私の搭乗券はビジネスクラスなので入れなかった（涙）。

アジア大陸の香港へ ビジネスクラスで飛ぶ

オーストラリア大陸からアジア大陸までのルート選びはかなり迷った。最後のフライトはJALのマイルを獲得するためにジャカルタ発成田便と決めていたので、残りの区間数をうまくアジアで使い切りたかったのだ。そして、キャセイパシフィックのファーストクラスに乗るために香港を入れたかった。

ヘイマン島からアジアに移動するにあたり、シドニー経由以外のフライトを含めてファーストクラスをかなり探した。が、ワンワールド加盟の航空会社のアジアまでのファーストクラスを見つけることができなかった。

最終的に選んだのは、ヘイマン島からシドニーまで国内線で飛び、そこからカンタス航空のビジネスクラスで香港へ、というルート。事前にシートがフルフラットになることだけは確認しておいた。疲れを残さないために。機材変更がないことを祈りながら。

カンタス航空のビジネスクラスラウンジ。カウンター席の他にソファ席がある。

到着ロビーを出ると、ペニンシュラグリーンのロールスロイスが！安くはないけれど一度は利用したいサービスだ。

カンタス航空 A320 のビジネスクラスのシート。マッサージ機能もついていて、フルフラットになる。

ロールスロイスは優美な音楽とともに走る

香港国際空港では、あらかじめ滞在ホテルにロールスロイスの送迎をお願いしてあった。でも、送迎サービスは車だけではなかった。飛行機の降機口で私の名前を書いたプレートを持った女性が待っていた。

彼女はすぐに私の手荷物を持って先導してくれた。手荷物受取所では私の大きくて重いスーツケースをピックアップしてカートに載せてくれてスイスイと到着ロビーへ。そこでホテル側の送迎スタッフにバトンタッチ。今度はホテルのプレートを持った男性がロールスロイスへと送り届けてくれた。

そんな素敵なVIP仕様の送迎サービス（有料）を用意しているのは、「東洋の貴婦人」と称される老舗ラグジュアリーホテル、「ザ・ペニンシュラ香港」。ずっと泊まりたいと思っていたホテルだった。

空港を出ると、ドライバーが音楽をかけてくれた。どこかエキゾチックなヒーリングミュージックだ。聞くと、ホテル内のスパで使っているCDだという。車が青馬大橋にさしかかると街が見えてきた。静かに走るロールスロイスの窓から見える香港の街、そしてエキゾチックなBGM。日が傾いて空は赤みを帯び、次々と窓の外を横切る吊り橋のワイヤーもあいまって、まるで映画のワンシーンのようにドラマチックだった。「ああ、アジアに帰って来たのね」と目頭が熱くなった。

着陸直前に、カンタス航空 A320 の窓から香港の島々が見えた。

TO Hong Kong

ザ・ペニンシュラ香港で過ごすラグジュアリーな休日

こだわりが詰まったアフタヌーンティー。トレーには、上の段からスイーツ、サンドイッチ、スコーンが載せられている。

「ザ・ペニンシュラ香港」を象徴するページボーイ。あえて自動ドアにはしないのも伝統。ゲストが通るたびに彼がドアを開けてくれる。

香港を代表する老舗ホテルのひとつ、「ザ・ペニンシュラ香港」。威風堂々としている。

ロールスロイスの次は絶景ビューのスイート！

素晴らしいプロローグで迎えられ、興奮気味な私を乗せたペニンシュラグリーンのロールスロイスは、静かに白亜のコロニアル調の建物の車寄せへと滑り込んだ。

レセプションでチェックインを済ませ、案内されたのは19階。なんと、アップグレードされていて、デラックスハーバービュースイートだった！　3方向に窓があるというコーナースイートだ。

ドアを開けて中に入るとリビングルームがあり、ヴィクトリア湾を一望できる大きな窓がある。その奥のベッドルームも同様の絶景ビュー。そしてその奥に続くバスルームまでパノラマビュー！　室内の説明を受けながら奥に進むたびに「なんて素敵なの！」と、驚きの声を上げずにはいられなかった。

デラックスハーバービュースイートのバスルーム。
リビングルームもベッドルームも眺めがいい。

スパにあるリラクゼーション
ルーム。

眺めのいい部屋だと朝食も
ルームサービスにしたくなる。

美しすぎる客室に うれしい悲鳴

2日間の滞在中はホテルから1歩も外に出なかった。初日の午後にはアフタヌーンティーを楽しんだ。毎日行列ができるほどの人気だけれど、滞在ゲストのみ予約ができるのだ。

まずは、ティーマスターからアドバイスをいただきながら、約25種類の紅茶、ハーブティー、コーヒーから好みのものを選ぶ。私は、もっともスタンダードな紅茶を選んだ。

キッチンでは、オーダーが入ってからスコーンをオーブンに入れる。最初に焼きたてのスコーンからというのが美味しくいただくコツだ。通常、スコーンは中段に載せるが、熱で上段のスイーツが溶けないように、ここでは下段に載せられている。サンドイッチの具材のキュウリは2日間かけて青臭さを抜いてマリネしてある。美味しくないわけがない！

スパでは、最新のトリートメントを受けてからリラクゼーションルームでヴィクトリア湾を眺めながらひと休み。食事は、よりどりみどりの9つのレストランから飲茶やアジアご飯などを楽しんだ。

1日のうち半分は部屋で原稿を書いていたのだけれど、その、何とも落ち着かないこと。昼間はもちろん、夕方になると赤く染まる空に香港島のビルが映え、暗くなれば夜景となり、風景が美しすぎるのだ。何度も執筆を中断してカメラを手に取ってしまった。どうしても集中できない、うれしい悲鳴を上げた滞在だった。

私の部屋からの眺め。香港島のビル群がヴィクトリア湾に映り込んでこの美しさ！

TO Bangkok

ファーストクラスで国境をまたいで麺三昧

キャセイパシフィックのファーストクラス専用チェックインカウンター。荷物はていねいにカートで運んでくれる。

ファーストクラスラウンジは人もまばら。大理石の「ザ・ロング・バー」も朝は無人だ。

「ザ・ヌードル・バー」の担担麺、そしてワンタン麺と、ついでに肉まんもプラス。

バスルームには大理石のバスタブ！
空港ラウンジにバスタブがあるなんて！

探しあてたファーストクラス

香港からのフライトは、どうしてもキャセイパシフィックにしたかった。香港のファーストクラスラウンジを使いたかったから。しかも、キャセイパシフィックの「ザ・ウィング」は、改装されて新しくなったばかりだった。そのために、徹底的にフライトを調べた。どこか遠回りしてでもファーストクラスに乗ることができないか。

そして、見つけた！　不定期で、週1便程度、香港からバンコクへのフライトにファーストクラスがあった。そのフライトに合わせて前後の日程も組み直したのだった。

ラウンジを楽しむために早起きし、空港へはかなり早めに到着した。体調は万全に整えてある。まる1日、4カ国を股にかけて食べ歩こうと決めていたからだ。目的は麺だった。

正面にあるオットマンをイスとして使えば、ふたりで向かい合って食事することもできる。

B777-300ERの革張りのシートは1-1-1という余裕の配置、ふたり並んで座れそうなくらい幅が広い。

まずは担担麺から3回の朝食を堪能

次の目的地はインドネシアのジャカルタ。でもその前に、バンコク、クアラルンプールを経由してからジャカルタに行くことにした。世界一周航空券で使用できる16区間のうちあと2区間あったから。それがこの航空券の楽しいところだ。

香港ではチェックインを済ませてラウンジに直行。キャセイパシフィック名物の担担麺を食べるためだ。「ザ・ヌードル・バー」はビジネスクラスラウンジにあった。ファーストクラスの搭乗客は自由に行き来ができる。お願いすればファーストクラスラウンジまで持ってきてくれるが、作りたてを食べたくてお隣のラウンジに行くことにした。濃厚ながらも滑らかでゴマの香り豊かな担担麺を食べて、さらにもう1杯、さっぱり味のワンタン麺で仕上げ。小ぶりの器だったと自分に言い訳しつつどちらも完食した。肉まんも食べたのは内緒（笑）。

次はファーストクラスラウンジに戻ってレストランで朝食（2食目!）。ビュッフェのサラダをつまんでから、アラカルトでオーダーしたオムレツを。ふわふわでとろけそうに美味しかった!

そして機内へ。天然革張りのシートの幅の広さには驚いた。窓側に飾られた蘭の生花の一輪挿しも心和む。シャンパンをいただきつつ、3食目の朝食を選ぶ。チョイスはオムレツか点心。もちろん点心を選んだ。香港の航空会社だもの。蒸したて熱々の点心。点心もさすがの美味しさだったけれど、「このシートでロングフライトに乗りたい!」と心底思った3時間弱のフライトだった。

バンコク、クアラルンプールへと、空飛ぶ食べ歩き

「ザ・ヌードル・バー」のカウンターデザインも羽田空港と同じだが、メニューはタイの麺料理を加えたオリジナル。

ファーストクラスで屋台料理を食べに行く

バンコクでのトランジットは約3時間。次のフライトはファーストクラスがなかったのでビジネスクラス。バンコクではキャセイパシフィックのラウンジに入った。まずは、香港と同様に「ザ・ヌードル・バー」へ直行。タイ名物のパッタイ(きしめんの焼きそば)とフィッシュボールヌードルをダブルでオーダー。グリーンカレーはここでは我慢したけれど、サゴというタピオカを小さくしたような粒を使ったデザートを追加。パッタイは、もともとは屋台の麺料理。香港からファーストクラスに乗って屋台料理を食べに来たわけだ。

クアラルンプール行きの機内食はグリーンチキンカレー。これで5食目。そして、クアラルンプールでは私の大好きな麺が待っている。

羽田空港と同じコンセプトの、バンコクのキャセイパシフィックのラウンジ。窓側にはオットマンつきのイスが並んでいる。

パッタイ(手前)と、フィッシュボールヌードル、そしてサゴココナツプリン。

シートと毛布は、紫を基調とした個性的な配色。

中央の緑がガラス越しに見えて、外光がさんさんと降り注ぐ、南国らしい造りのクアラルンプール国際空港。

マレーシア航空のラウンジは、窓に沿って長く伸びた長方形。ソファタイプのイスとは別に、食事しやすいイスとテーブルの一角もある。

「NÖÖDLES」のカレーラクサ。麺は12種類で、他にお粥やナシレマ（ココナツご飯とサンバル、ピーナツ、卵など）といったメニューもある。

トランジットの理由《わけ》はカレーラクサ！

クアラルンプール経由を選んだ理由は、本場のカレーラクサを食べたかったから。私がこよなく愛する濃厚なココナツカレー味のスープ麺だ。

次のフライトもビジネスクラスだったのでマレーシア航空のビジネスクラスラウンジへ。そこにはカレーラクサがあるに違いないと予想していた。中に入るとラウンジ内の一角で湯気が上がっているのが見えた。いそいそと近寄ると、香りが違う。鍋を見るとスープが白い！「あれ？ カレーラクサじゃないの？」と聞くと、「今日はプラウンミー（エビ麺）です」と。「えーーー!!」。

一瞬あわてたものの、以前行ったことがあるヌードル店を思い出した。急いでラウンジを出てその店へ。「あ〜、これが食べたかったのよ〜」と、この日6食目を完食した。

ジャカルタ行きのフライトに乗った時点ではかなり満腹だったけれど、機内食はスルーできない。食への好奇心は抑えられないもの。さすがに7食目は完食できなかったけれど、デザートのマンゴームースは完食した。早朝から空港と雲の上をぐるぐる巡り、とーっても楽しくて美味しい1日だった！

ボロブドゥール遺跡と芸術のような美景ホテル

東の空が少しずつ明るくなり、メルバブ山とムラピ山の間から太陽が顔を出した！

世界遺産で迎えたご来光に言葉を失う

東の空が少しずつ明るくなってきた。大勢の人々が夜明けを待っている。朝4時にホテルを出て車でボロブドゥール遺跡へ向かい、懐中電灯の明かりを頼りに遺跡に上った。

ボロブドゥール遺跡は、8〜9世紀頃に造られたとされる仏教寺院。一辺が120mの正方形の基壇の上に6層の方形段台があり、その上に3層の円壇、その上にストゥーパ（仏塔）が載っている。煩悩から悟りまでが1460面ものレリーフで綴られていて、回廊を巡りながら上っていくと仏教の経典を学ぶことができる。寺院全体が仏教の世界観を表すマンダラになっているのだ。ユネスコの世界遺産のひとつでもある。

東の空が赤みを増すと、太陽が顔を出した。朝陽に浮かび上がる仏像やストゥーパのなんと神々しいこと！　言葉を失った瞬間だった。

方形段台の上に載っている円壇は3層。大ストゥーパを中心に72基のストゥーパが並ぶ。

レストランスタッフは民族衣装風のユニフォーム。笑顔が輝いていた。

ゆるりと弧を描くレストランでは、ディナータイムにはライティングが芸術的なほどドラマチックになる。

メインプールのプールサイドにある木は、円柱形にカットされた形がユニーク。

客室も石灰石で造られていて、ベッドの周りにも石灰石の角柱がある。

メイン棟はボロブドゥール遺跡にインスピレーションを得たというデザイン。

寺院を模したドラマチックなホテル

旅の最後はインドネシアのジョグジャカルタ。ジャカルタ便の理由は後述するが、周辺ですぐに思い浮かんだのは「アマンジウォ」だった。アマンが経営するリゾートの中でも、ロケーション、建築がひときわドラマチックで、写真を見るたびにいつか行きたいと思っていた。

ジョグジャカルタの空港から車で約1時間、正面エントランス前の坂の中腹でドライバーがふいに車を止めた。そして、「あれがボロブドゥール遺跡です」と、前を指さした。「えっ!?」と見ると、小さな長方形の窓のようなものがある。そこにボロブドゥール遺跡のシルエットが切り取られていた。「なんて感動的なアプローチ!」。建築家の才能に痺れた。

「アマンジウォ」はすべて地元で採れた石灰石で造られている。メイン棟はボロブドゥール遺跡と同様の四角い土台の上に円形の建物。そして屋根の上にはストゥーパを模したドーム型の飾りが載っている。その外側に円を描くように客室棟が並ぶ。メイン棟から斜面を降りていくとプール、その先に水田が広がる。そのすべてが美しく、旅の最後にふさわしい滞在だった。

旅のフィナーレはJALのファーストクラス

ジャカルタのファーストクラスラウンジ。航空会社数社の共有ラウンジだ。

乗り継ぎ地のジャカルタで大混乱！

いよいよ長旅もフィナーレとなり、帰国の途についた。ジョグジャカルタからはジャカルタで乗り継いで日本へ向かう。スルーチェックインができなかったので、ジャカルタで再びチェックインすることになった。

ここでトラブルが発生した。遅延だ。「申し訳ございません！ お急ぎの方は他社便に振り替えを！」。JALのカウンターは大混乱に陥った。選択肢はふたつ。ほぼ同時刻の他社便ビジネスクラスに振り替えるか、時間が読めないファーストクラスを待つか。選んだのはもちろん後者。ファーストクラスが旅の目的だもの。

まずはラウンジのビュッフェであれこれつまんだ。すると「間もなく搭乗を開始します」とのアナウンス。結果的に1時間遅れただけだった。

背もたれ側から見たJALスイート。幅も長さもたっぷりのスペースが確保されている。

希少なシャンパン サロン 2002とアラカルトメニューのキャビア。至福の味！

機内用ウェアに着替えている間に、隣のシートをベッドにしてくれた。

今回も、高級ワインをズラリとテイスティングさせていただき、好みのものを選んだ。

旅の終わりに幸運が舞い降りた

日本出発便以来2回目のＪＡＬファーストクラス。「出発が遅くなり、たいへん申し訳ありません」と、ことさらていねいに迎えられた。8席あるファーストクラスの搭乗客は、1Ａ（ここに座りたかった）の私と、後ろの席の方のみ。他社便に振り替えた方もいたからだ。

夜遅いフライトなので、機内食はコースではなく軽めのアラカルトだけ。残念ではあったけれど、そばと素麺を選んで、寿司盛りとペアになった茶碗蒸しを単独で追加。わがままが言えるのもあと少し。久しぶりの醤油の香りに、心と胃袋が震えた！

ファーストクラスの旅が終わりを告げようとしていた。「もう少しこのままで……」という願いも虚しく私を乗せたフライトは成田に到着した。名残を惜しみながらドアを出ると、すぐ外に地上係員の方が待機していた。「お疲れ様でした。こちらへどうぞ」と。それは、ファーストクラス搭乗客の中でもＶＩＰにだけ提供されるアテンドサービスだった！

「フライトが遅れたので、できる限りのサービスをさせていただきます」とのこと。ＣＡさんから私の手荷物を受け取ると、入国審査以外は同行して、すっかり重くなったスーツケースもカートに載せて駅の改札まで運んでくださった。今回の遅延は私にとってはラッキーで、ことさら思い出深い旅のフィナーレとなったのだった。

2回目の食事は和朝食を選んだ。久しぶりの炊きたてご飯と味噌汁が胃袋と心に浸みた。

空港でスーツケースを預けるとつけてくれるPRIORITY（優先）と書かれたタグ。到着時に優先的に受け取ることができる。

飛行距離6万4083マイルが数々の幸せをもたらす

6大陸を股にかけまぁよく飛んだ!

私のファーストクラスで世界一周のストーリーはお楽しみいただけただろうか。「ファーストクラスに乗りたい!」から始まり、とうとう世界一周してしまった。ここで私の旅の総括を。旅のノウハウについては次章以降を参考にしてほしい。

当初の計画では、旅程は1カ月程度だった。ところが、ルートを検討する過程で行きたい場所が増えてしまって、最終的に2カ月以上の旅となった。

利用したのは「ワンワールド」の「6大陸」という航空券。すべての世界一周航空券の中で、もっとも長い距離を飛ぶことができる航空券だ。私は、利用可能な16区間のうち、ファーストクラスに8回、ビジネスクラスに6回乗った。南米で乗り遅れなければ、ファーストクラスが9回でビジネスが5回だ。合計が16回にならないのは、他の航空会社のフライトを使った部分が「陸路」として1区間とカウントされるから。

総飛行距離は、6万4083マイル。実際には買い足したルートもあるので、さらに数千マイル飛んでいる。成田からニューヨーク経由で南米に入り、南米からロンドン経由で南アフリカに飛び、そこから中東、オーストラリア、アジアでぐるぐる遠回りして、まぁよく飛んだ。

飛行距離に制限がない航空券を選んだので、わざと遠回りしたこともあった。最初の目的地の南米にニューヨーク経由で行ったり、最後にアジア大陸内で逆戻りのフライトに乗ったり。

今回の世界一周で私が手にしたマイルは10万6895マイル。南北にジグザグに飛びながら地球を一周したこと、ファーストクラスのボーナスマイルがついたこと、航空券をJALカードで購入したことなどで、実際の飛行マイル数よりもかなり多くを手にすることができた。

そのマイルを使って、ヨーロッパまで片道ファーストクラス、片道ビジネスクラスで往復して、もう一度旅することができた。ファーストクラスで世界一周して得た、おまけのファーストクラスの旅だった。つまり、ファーストクラスの世界一周航空券は、世界一周半くらいの価値があるということになる。

世界一周航空券はファーストクラスの格安航空券だ!

世界一周航空券は、3つの航空アライアンスがそれぞれ数種類を設定している。航空券の詳細、料金は第4章で詳しく説明するが、シーズン

もう１枚届くのがこちらのカード。ワンワールドの「サファイア」のステイタスが入っている。© JAL

「JAL グローバルクラブ」に入会すると、ロゴ入りクレジットカードが届く。© JAL

を問わず、どの航空会社で購入してもほぼ同額という正規運賃の航空券だ。世界一周航空券には、エコノミークラスも、ビジネスクラスもある。その中でもっとも割安になるのが、実はファーストクラスなのだ。

たとえば、パリまでの往復航空券は、エコノミークラスなら5万円程度から手に入る。ファーストクラスの250万円は50倍だ。世界一周航空券は、エコノミークラスは33万5000円〜、ファーストクラスなら100万3300円〜。つまり、たったの3倍弱なのだ。3倍支払うだけでファーストクラスに乗ることができるのは世界一周航空券しかない。

しかも、最大16回飛ぶことができるので、単純計算で1フライト約6万2700円〜。ファーストクラスがないフライトもあるので、いくつかがビジネスになったとしても驚きの安さなのだ。これはもう、「ファーストクラスの格安航空券」と呼んでしまおうと思う。しかも、正規運賃なので、マイルをもらえて、予約も特典航空券よりも優先される、夢のような航空券なのだ。

次の旅へと続く様々な特典

日本発着便はJAL便にこだわった。理由は、「JALグローバルクラブ」（第5章参照）に入会したかったから。最初のフライトを、ロサンゼルス便ではなくニューヨーク便を選んだのも、ロングフライトを楽しみたいという目的のほかにJAL便のマイルが欲しいという理由があった。アジアからのJAL便はジャカルタ発しかなかったので、最終目的地は最初から決まっていた。

各航空会社は、年間のフライトマイル数が多い顧客に対し、翌年1年間に様々な特典を提供している。中でもJALとANAは、条件を満たせば2年目以降もクレジットカード年会費を支払うだけで特典を継続することができるのだ。それが「JALグローバルクラブ」と「ANAスーパーフライヤーズ」。ビジネスクラスラウンジ利用、優先チェックイン、優先搭乗、機内手荷物重量優遇など、様々な特典が用意されている。

会員資格取得のためには、ショッピングマイルなどを除き、実際に飛んだマイル数が加算される。私の場合、帰国後、すべてのマイルが加算されたことをホームページから確認すると、1000マイル弱足りなかった。で、函館まで天ぷらを食べに行ってクリアしたのだった。

ファーストクラスで世界一周すれば、1回の旅行で会員資格に必要なマイル数にかなり近づくことができる。つまり、世界一周旅行＋貯まったマイルで旅行＋その後の快適な旅という、3つの幸せを手にすることができるのだ。

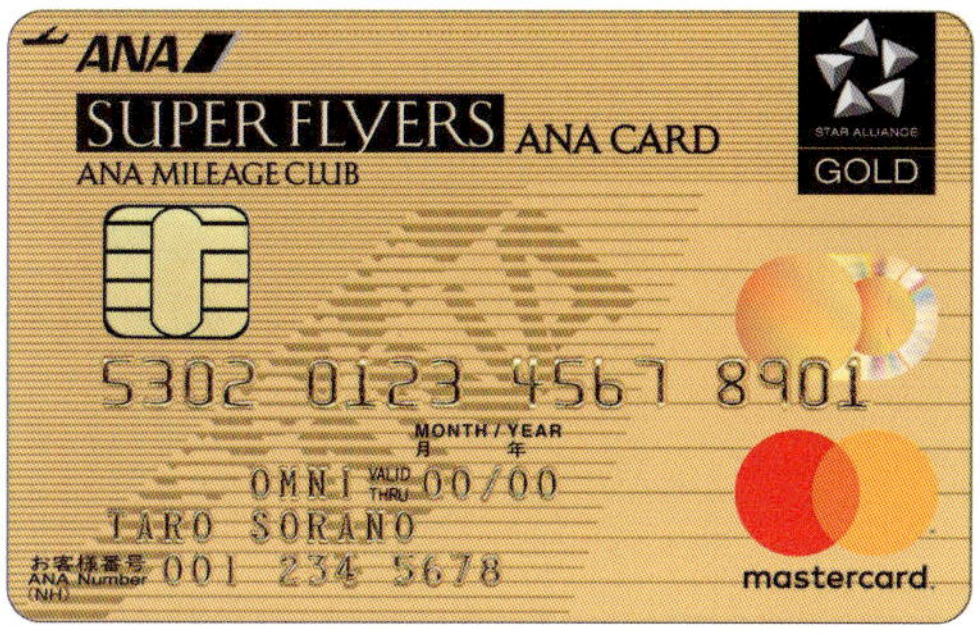

ANA の「スーパーフライヤーズ」のロゴが入ったクレジットカード。© ANA

チェックインカウンターは、ひとつずつ独立していてプライベート感たっぷり。

番外篇 貯まったマイルを一気に使って ANAファーストクラスに乗ってみた

成田空港第1ターミナル南ウイングの一角にある「ANA スイートチェックイン」。

あの、秘密の小部屋でチェックイン！

　『ファーストクラスで世界一周』の書籍化が決まったとき、「ANAのファーストクラスにも乗らなくては！」と思った。日本の2大航空会社のうち、1社しか乗っていなかったからだ。ファーストクラスを語るには不十分だと思った。

　実は、そのために「スターアライアンス」のマイルを貯めてあった。予約したのは最長フライト、約12時間半のニューヨーク便。ただ、往復をファーストクラスにするマイル数が足りなかった。往復ビジネスクラスという選択肢もあったが、私に迷いはなかった。だって、ニューヨークに行きたいのではなく、ファーストクラスに乗りたいのだから。

　出発当日、成田空港ではいつも気になっていた秘密の小部屋へ。成田空港の出発ロビーにある黒いボックス型の小部屋、ANAのファーストクラス専用のチェックインカウンターだ。ドキドキしながら入り口を入ると、すぐにスーツケースを運んでくれた。続いておしぼりが出され、待つことなく手続きが進む。

　あれこれ写真を撮ることが不自然にならないよう、「御社のファーストクラスは初めてなんです！」などと雑談でごまかした。取材とは明かさずに通常のサービスを受けたいと思ったから。これが後でステキ体験をもたらすとは想像もせずに……。

左側にチェックインカウンター、正面にある通路が手荷物検査へと続く。

まずは前菜から。サラダと鰹のたたき、くみ湯葉とずわい蟹、洋梨タルトなどをいただいた。

ANAのロゴが入ったファーストクラスのタグ。これがあると到着空港で優先的に荷物が出てくる。

なんと、ラウンジでサプライズプレートが!

次は空港での最大の楽しみ、ファーストクラス専用の「ANAスイートラウンジ」へ。赤いじゅうたんが敷かれた受付から中に入ると、「たかせ様、どちらのお席がよろしいですか?」などと聞いて先導して、席に案内してくださった。

でも、ゆっくりしてはいられない。限られた時間の中であれこれ食べなくちゃ。さっそくビュッフェカウンターに行くと、オーダーメニューが置かれていた。ANAオリジナルカレーをはじめ、牛丼、海鮮丼、パスタ、グラタン、麺類のメニューがずらり。機内食のことを考えて、オーダーは2品で我慢した。機内食もすこぶる楽しみだから。

食後はラウンジ内をあれこれ散策。そして、搭乗口に行こうとしたとき、何かが運ばれてきた。「チェックインカウンターから、初めてのファーストクラスとの連絡がありましたので」と。なんと、「Welcome to ANA Suite Lounge」と書かれたデザートプレート! これにはびっくり! だって、ここは巷の高級レストランではなく空港のラウンジなのだもの。なんてパーソナルなおもてなしだこと!

満面の笑顔で記念写真を撮ったりしつつ、「搭乗が始まっているから急いでいただかないと」と言う私に、「連絡を入れてありますのでごゆっくりどうぞ」と。搭乗口に着いたのはなんと出発時刻の10分前! 笑顔で迎えられて機内へ。搭乗前から感動的な旅の始まりとなった。

ラウンジのシェフが作ってくださったウェルカムプレート。感激!

TO Another Trip

番外篇 ANAファーストクラスでふたたびニューヨークへ

昨晩と同様、ダイアナ妃も好んだというハーブティーをCAさんの爽やかな笑顔とともにいただく。

いよいよANAのファーストスクエアへ！

　というわけで、出発時刻の10分前に搭乗。なのに、座る前にシートの写真を撮りまくるという傍若無人ぶりを、笑顔で迎えてくださったCAさんたちに感謝しつつ着席した。ANAのシートは、「ANAファーストスクエア」。私が指定したシートは1A、最前列の窓側だ。このシート番号はやっぱり格別。反対側の2列目にもうおひとりの乗客がいらした。どのような方なのか、パーテーションがあるのでお顔も拝見できない。プライバシーが守られているのだ。

　ウェルカムドリンクは、もちろんシャンパン。でも、ここで欲張ってはいけない。高級シャンパン（ANAの場合はクリュッグ）は上空で開栓されるので、離陸前には喉をうるおす程度に留めておくべし。

上空で開栓された高級シャンパン「KRUG（クリュッグ）」。すこぶる美味しくて1杯では終われない。

洋食のコースの前に白ワインをセレクト。恒例のワイン全種類をテイスティング。

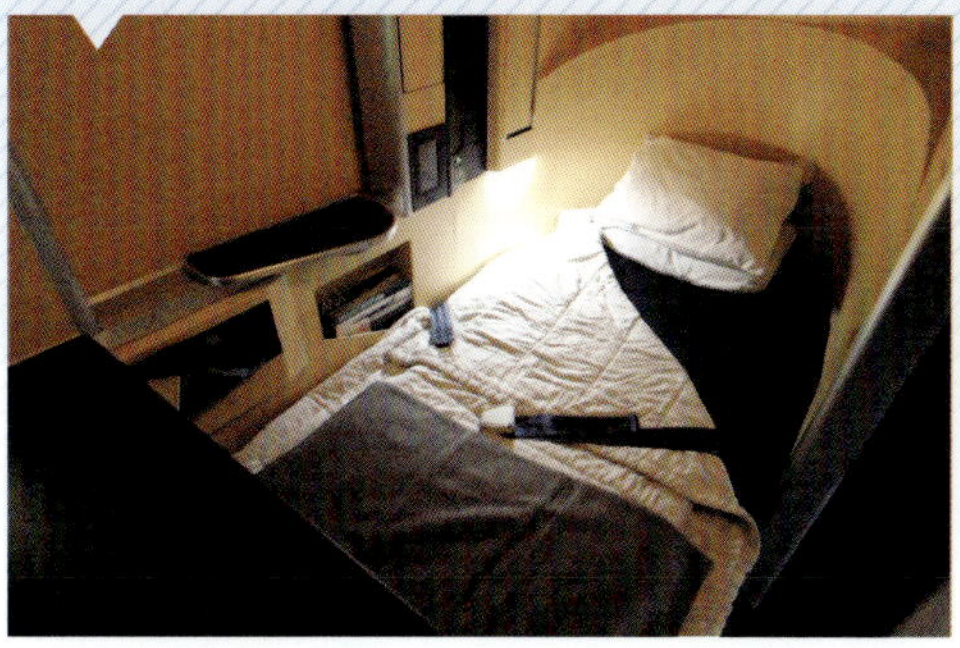

今回も隣のシートをベッドに。寝具は東京西川の最新技術で体圧が分散され、抜群に寝心地がいい。

秋田牛フィレ肉のグリルと巨峰のコンポート。トリュフ入りマッシュポテトも絶品だった！

美味しい機内食は胃袋のキャパを超える？

冷えたシャンパンを片手にメニューを眺めた。キャビアは外せない。その他をどうするか。うずらのフォアグラ詰めが美味しそうだったので、洋食メニューに決めた。でも、和食には松茸のお吸い物が……。ということで、洋食メニューにお吸い物を足していただくことに。

さらに、秋田牛のグリルも捨てがたかった。付け合わせはトリュフ入りマッシュポテトだ。迷ったので、メインを2皿お願いできないか聞いてみた。その結果、世界3大高級食材、キャビア、フォアグラ、トリュフが揃った。こんなわがままを言えるのもファーストクラスならではだ。

デザートの後は、すぐに眠るためにカフェインフリーの飲み物がほしかった。ハーブティーの項目に「ANAオリジナルブレンドmitoco」という記載があった。CAさんが、「このハーブティーは、皇帝ナポレオンやダイアナ妃が好んで飲んでいたものをもとにブレンドしたものです」と。ジャスミンとミントの爽やかなお茶に、ほんのり甘いローズの香り。夜にぴったりだった。

朝食は、京都吉兆の鯛茶漬けとフルーツ、プレーンヨーグルトをいただいた。秋刀魚塩焼きは時間切れだった。着替えを済ませ、昨夜のハーブティーを用意していただいた。外を眺めると高層ビル群が見えてきた。

朝食も白いテーブルクロスで。京都吉兆の鯛茶漬けは自分で出汁を注いで熱々をいただく。

ボックス型のシートは、プライバシーが守られている。

Column

たったの3万円で ファーストクラスを貸切!?

空を飛んでいた本物のジャンボジェット

スウェーデンの首都ストックホルムのアーランダ空港敷地内に、地面に固定されたB747(通称ジャンボジェット)の機体がある。「ジャンボ・ステイ」だ。1976～2002年に実際に飛んでいた本物の機体を使ったホテルである。

客室は飛行機らしさを残し、頭上荷物入れがそのまま使われていたり、車輪格納庫や翼の下のエンジン室も客室に改造されていたり。15室のうちほとんどはトイレとシャワーが共有で、宿泊料金も安い。トランジット時に仮眠に利用する人も多いという。

上：コックピットスイートのベッドルーム。右：まるで動き出しそうなジャンボジェット。車道から機体までの小道には滑走路を模したラインが引いてある。

コックピットがベッドルーム！

本書の読者の皆さんには、2階のコックピットスイートをお勧めしたい。らせん階段を上った2階部分すべてと、機外に造られたベランダが独占できるスイートルームだ。翼の上も歩くことができる。

ベッドルームは、なんとコックピット！　ベッドの幅は狭いし、頭をぶつけそうになるけれど、トイレとシャワーもついていて快適だ。操縦席に座ることもできる。

コックピットの後ろの部分の、現役時代はファーストクラスだったキャビンは、ドアに 'First Class Lounge' と書かれたリビングルームになっている。ファーストクラスのキャビンをすべて独占できるのだ。実際に使われていた座席や配膳用のワゴンなどがそのまま残されている。このスイートは人気が高いので、早めの予約を！

上：コックピットスイートのリビングルーム。下：1階のカフェは宿泊客以外も利用できる。

ジャンボ・ステイ　http://www.jumbostay.com

Inside the Veil

chapter

2

ファーストクラスのベールの内側

初めてファーストクラスに乗ったとき、わくわくする高揚感とともに訪れるのが、ちょっとした緊張感だった。それは、知らない世界に足を踏み入れるときに訪れる感覚。でも、その先に何があるのかわかっていれば、もっとリラックスして楽しむことができるはず。チェックインから機内まで、ファーストクラスのすべてをご説明しよう。

Check-in

待ち時間ほぼゼロのラグジュアリーなチェックインカウンター

上：成田空港のチェックインカウンター。カウンターの向かいにはル・コルビュジエのイスが並ぶ。
下：成田空港のANAスイートチェックイン。黒い壁で囲まれた小部屋のなかにある。

赤いじゅうたんに出迎えられてチェックイン！

空港に着いて、最初に向かうのはチェックインカウンター。ファーストクラスはこの段階からまったく違う。チェックインカウンターの前にはふかふかのじゅうたんが敷いてある。色はたいがい高級感のある赤だ。ファーストクラスの搭乗客とわかると、じゅうたんの手前から荷物を持ってくれるといった手厚いホスピタリティが始まる。

ファーストクラス専用のチェックインカウンターに列ができていることはほぼない。ここでチェックインできるのはファーストクラスの搭乗客と、航空会社のＦＦＰ（フリークエントフライヤープログラム）最上級会員のみだからだ。

日本の空港では、飴が置いてあったり、おしぼりがサービスされたりすることも。手続きはていねいでスムーズに行われるが、万一時間がかかるときにはイスも用意されている。ＪＡＬなら巨匠建築家ル・コルビュジエがデザインしたソファに身を沈めて。ＡＮＡもシックなイタリアの高級ブランド「グランダンゴロ」のソファだ。

ここで、スーツケースには'First Class'と書かれたタグと、'Priority'

右：羽田空港のJALのチェックインカウンター。ファーストクラスには赤いじゅうたんが似合う。
左：羽田空港のANAスイートチェックイン。こちらも鮮やかな赤いじゅうたんでお出迎え。

香港国際空港のキャセイパシフィックのチェックインカウンター。機内預け手荷物はていねいにカートで運んでくれる。

シンガポールのチャンギ国際空港にあるチェックインカウンター。まるで高級サロンのようだ。写真提供：シンガポール航空

と書かれたふたつのタグがつけられる。前者はファーストクラス、後者は優先扱いを示す。これらのタグがついていることにより、到着空港ではいち早く荷物を受け取ることができるのだ。

秘密の部屋だったりソファがあったりして高級感たっぷり

海外の空港のチェックインカウンターは個性豊か。そこは、空港の一角に佇むファーストクラス搭乗客とＦＦＰの上級会員だけが足を踏み入れることができる特別な場所だ。

たとえば、香港のキャセイパシフィックのファーストクラス専用チェックインカウンターには、ベルトコンベアーがない。チェックインされた荷物をカートに載せて、ていねいに運んでいくのだ。

私がここでチェックインした際、旅の荷物が増えていてスーツケースの他にもうひとつ大きなバッグを預ける必要があった。あまり丈夫そうでないバッグを見た空港係員の方は、すぐに頑丈な段ボールにていねいに梱包してくれた。持ち手もついていたので、その先の移動の際にも運びやすく重宝した。ファーストクラスのステッカーが貼られていたのでていねいに扱われたのか、その後５回のフライトでも破損することはなかった。

ミュンヘンのルフトハンザドイツ航空や、シドニーのカンタス航空のチェックインカウンターは、パーテーションで囲われていてプライベート感たっぷり。後者は外からはまったく見えない造りとなっている。

シドニーで私が利用したのはビジネスクラスのチェックインカウンターだった。アジア方面へのファーストクラスがなかったから涙を飲んだのだ。ビジネスクラスも塀で囲われていて、中にはソファがあったので、ファーストクラスはどんなに豪華なのだろうと妄想を膨らませたのだった。

ドーハのカタール航空のチェックインカウンター。こちらも赤いじゅうたん。

シドニーのカンタス航空のチェックインカウンターは、外からはまったく見えない。

成田空港のJALファストセキュリティレーンの入り口。ファーストクラス搭乗客とJALマイレージクラブの上級ステイタス保持者、JALグローバルクラブ会員、ワンワールドエメラルドのみが利用できる。

Priority Lane

専用の通路を通って手荷物検査もまたたく間に通過

成田も羽田も長い列を尻目に秘密の入り口へ

チェックインが終わったら、手荷物検査と出国審査へと向かうことになる。成田、羽田、関空など、日本のハブ空港の手荷物検査には、JALとANAのファーストクラス搭乗客と、それぞれのFFP上級会員専用の優先レーンがある。

成田空港のANAの場合は、ファーストクラス専用ANAスイートチェックインの奥に専用の手荷物検査場があるので迷うことはない。その他の空港で初めて優先レーンを利用するときには、チェックインカウンターで優先レーンの場所を教えてもらって、確認しておくと安心だ。

ファーストクラス専用の手荷物検査場に列はほとんどない。待っている人がいたとしても1、2人。そこには、係員に荷物を開けられて時間がかかってしまうような人もほとんどいない。待ち時間ほぼゼロでスムーズに出国審査へと進むことができるのだ。

ちなみに、その先に続く出国審査は搭乗クラスによる優先はないので並ぶしかない。ここを早く通るには、登録手続きをして自動化ゲートを選ぶという手もある。別途、登録カウンターに行って手続きする必要があるが、すぐに終わるので簡単だ。ただ、窓口が開いているのは昼間のみなので、夜は登録できない。また、パスポートに出国スタンプが押されないことになるので、スタンプがほしい人は通常の列に並ぼう。

秘密の小部屋内（Zカウンター）のANAスイートチェックインの奥から専用の手荷物検査場に繋がっている。

ニューヨークのニューアーク空港の出発ロビーから続く優先レーン。上級クラスの搭乗客はほとんど待つことがなく手荷物検査を終えることができる。

行列不要！世界各地の優先レーン事情

優先レーンはすべての空港にあるというわけではない。国際線が飛んでいても、小さな空港だとそもそもファーストクラスがある機材が飛んでいないことも。とはいえ、ワンワールドは50カ所以上、スターアライアンスは140カ所以上の空港に上級クラス搭乗客のための優先レーンを設けている。スカイチームは、数は公表していないものの同様のサービスを実施していて、成田空港にも優先レーンがある。

これらの優先レーンは、ビジネスクラス以上の搭乗客と各アライアンスに加盟している航空会社のFFP上級会員が利用することができる。

空港によっては、ファーストクラス専用の優先レーンがあったり、チェックインカウンターでチケットをもらった人のみが優先レーンを利用できたり、その空港をハブとしている航空会社の上級クラスの搭乗客に限られていたり。優先レーンの形状も利用条件も様々だ。以前、とあるアジアの空港で、優先レーンがあるにもかかわらずロープが張られて稼働しておらず、一般の列に並んだこともあった。

搭乗待合室から機内へと移動する際には上級クラスの搭乗客から案内される。大型機材なら搭乗口がふたつあり、上級クラスとエコノミークラスが別々のボーディングブリッジということも。バスで移動する際には専用の小型バスが用意されていることもある。待合室での優先搭乗アナウンスを聞き逃さないようにしよう。

また、出発の際だけでなく、トランジットや到着の際にも優先レーンがないか確認したい。

上右：パリのシャルル・ド・ゴール空港の上級クラス優先レーン。上左：シドニーの上級クラス優先レーンは専用通路になっている。左：シンガポールのファーストクラス専用レーンでは入り口で搭乗券を確認する。写真提供：シンガポール航空

Narita Lounge

本格派握り寿司が大人気
成田国際空港 JALファーストクラスラウンジ

ラウンジの受付。ここでファーストクラスの搭乗券、または他クラスの搭乗券と航空会社の上級会員カードを提示する。

座る場所を決めたら まずは 寿司カウンターへ

成田国際空港の「JALファーストクラスラウンジ」は、第2ターミナル本館とサテライトの2カ所にある。このラウンジを利用できるのは、JALを含むワンワールド加盟航空会社のファーストクラス搭乗客と同行者1名。その他のクラスの搭乗客でも、JMB（JALマイレージバンク）の「ダイヤモンド」、「JGCプレミア」、ワンワールドの「エメラルド」保持者でいくつかの条件を満たせば、同行者1名とともに利用可能だ。

ラウンジは2フロアに分かれていて、下の階（3階）は全日オープン、上の階（4階）は曜日限定でオープンしている。

食事のメニューのなかで人気なのは、目の前で板さんが握ってくれる握り寿司。2フロアのうちの下の階にある。寿司カウンターにはひっきりなしに寿司を注文する人がやってくるが、ものすごい早さで握ってくれるので待つことはほとんどない。

同じカウンターの裏手にはこだわりの日本酒コーナーがあり、リーデル社の足つきの日本酒専用グラスも用意されている。握りたての寿司とともにいただきたい。ビュッフェカウンターには、高

上：ワインと日本酒は季節ごとにセレクト。撮影時のシャンパンはロンバール・ブリュット・リファレンスだった。ローラン・ペリエは常備されている。下：寿司ネタは毎週替わる。

季節食材を使った前菜は小分けに盛りつけられていて、自分で取り分ける必要はない。

右：靴磨きはイギリスの高級靴メーカー「ジョン ロブ」とのコラボ。高い技術でていねいに磨いてくれる。
左：ラウンジは2フロアあり、上の階のほうが比較的空いている。

級シャンパンのローラン・ペリエをはじめ、季節ごとに変わるセレクションのワイン、日本酒、そして、前菜、温かい料理、JAL特製オリジナルビーフカレーなどが並ぶ。すべて自由に飲んだり食べたりできるが、酔ってしまうと飛行機に乗せてもらえないことがあるので、アルコールはほどほどに。

注意したいのは、昼過ぎの時間帯は寿司の提供がないということ。理由はこの時間の出発便がないから。早めにチェックインして寿司をたらふく楽しもうと思っても空振りになることがあるので、JALのホームページで提供時間を確認しておこう。

ていねいな靴磨きとマッサージチェアで搭乗前にリラックス

「JALファーストクラスラウンジ」のサービスのひとつに靴磨きがある。ビジネスマンに人気のサービスだが、世界一周に革靴でかけるという人は少ないかも知れない。でも、このために往路は革靴で搭乗するというのも手。機内ではスリッパが用意されていて靴を脱いでくつろぐことができるので、どんな靴を履いていても大丈夫だからだ。上質な革靴は、旅先でのドレスアップ時に活躍するはず。

シャワールームもぜひ利用したい施設のひとつ。通常のハンドシャワーとは別に横の壁から直接シャワーが噴き出すマッサージシャワーがついている。身体を温めながら水圧で身体を緩めることができるというのうれしい機能だ。

ラウンジ内にはマッサージチェアも用意されている。こちらは予約不要だ。待っている人がいなければ繰り返し使っても問題ないので、全身をとことん揉みほぐすことができる。

時間に余裕があれば、シャワールームとマッサージチェアをハシゴしたい。マッサージシャワーで身体を温めてからマッサージチェアで揉みほぐせば、効果が倍増するからだ。身体がすっかり緩んだところで搭乗すれば、機内でのよりよい睡眠を約束してくれるというもの。

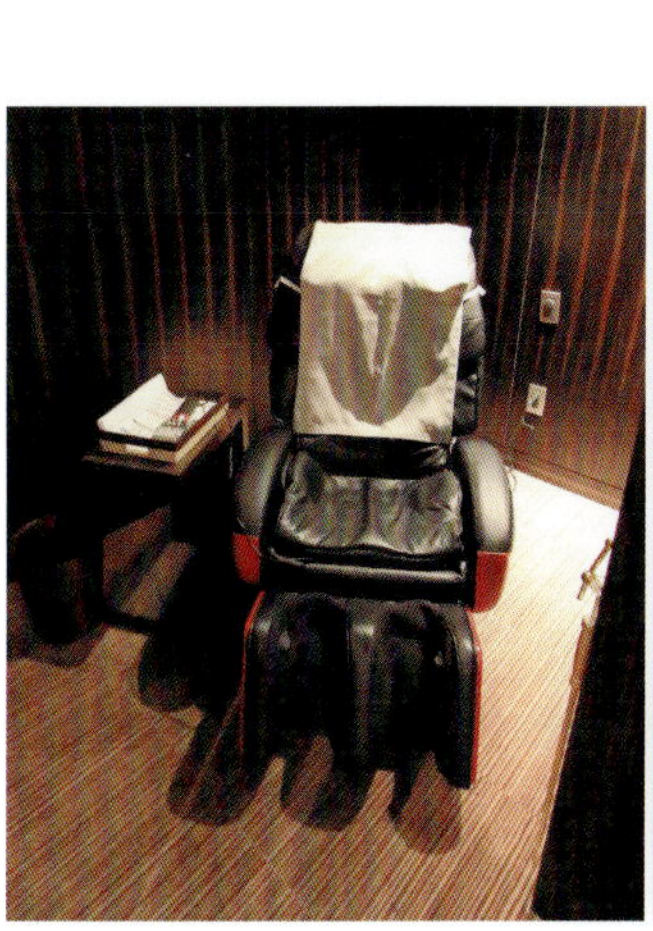

右：シャワールームは黒を基調としたインテリア。ボディソープ、シャンプー、コンディショナー、ヘアドライヤー、歯ブラシが揃う。
左：マッサージチェアは予約不要だ。

Narita Lounge

パーソナルなおもてなしが心地よい 成田国際空港 ANAスイートラウンジ

上：ANAスイートラウンジの受付。赤いじゅうたん敷きのカウンターがファーストクラス専用。下：入るとラウンジスタッフが席に案内してくれる。

お勧めの料理はメニューから選んで注文をする

成田国際空港の「ANAスイートラウンジ」があるのは、第1ターミナル南ウイングの第4・第5サテライト。利用できるのは、ANAを含むスターアライアンス加盟航空会社のファーストクラス搭乗客と同行者1名。その他のクラスの搭乗客でも、ANA「ダイヤモンドサービス」のメンバーで、いくつかの条件を満たせば、同行者1名とともに利用できる。

受付を済ませてラウンジ内に入ると、入り口でラウンジスタッフが待っている。そして、空いている席へと案内してくれるのだ。自分で空席を探す必要はない。窓側か食事に近い席かなど、好みを聞いてくれる。外を行き交う飛行機を眺めたいというのなら窓側だし、あれこれラウンジグルメを食べてみたいなら料理が並ぶカウンターに近い席がいいだろう。座るとおしぼりを持ってきてくれる。

食事のビュッフェはメインの種類が少ないと思うかもしれない。実は、料理が並ぶかたわらにメニューが置かれていて、そこから選んでオーダーすると、席まで運んでくれるのだ。名物のうどんやそばも、ビジネスクラスラウンジでは、自分でカウンターに行ってオーダーし、出来上がったら取りにいくが、ここでは、近くにいるラウンジスタッフにオーダーすれば、席まで持ってきてくれる。

また、記念日など特別な日であることを伝えると、シェフから思わぬサービス（67ページ参照）があることも。必ずとは言えないが、パーソナルなおもてなしを大切にしているからこそのサプライズだ。

上：ビーフバーガーと海鮮丼。サビ抜きにも対応してくれる。取材時のオーダーメニューは麺類を含めて16種類だった。下：前菜、サラダ、デザートなどはビュッフェで。

右：半個室も用意されている。テレビを観ながらくつろぐもよし、落ち着いて仕事をするもよし。左：ラウンジ内は、開放的な窓側席、パーテーションで仕切られた落ち着く席などいくつかのタイプがある。

旅立ち前の緊張を和らげてくれる居心地のよさ

お腹がいっぱいになったら、機内食に備えて少し食休みしたい。ラウンジ内には居心地よく工夫されたスペースがいくつも用意されている。パソコンを使いたい場合はパーテーションで仕切られたデスクへ。仕事がある人はここで集中しよう。また、テレビが設置された半個室のスペースも3室あり、誰にも邪魔されずにリラックスすることができる。

時間に余裕があれば、ロングフライト前にシャワーを浴びておくのもいい。シャンプー、コンディショナー、ボディソープ、シャワーキャップから、メイク落とし、洗顔料、化粧水、乳液、コットン、歯ブラシ、ブラシ、カミソリ、シェービングクリームまでと充実。

シャワールームはビジネスクラスラウンジと共用だが、ANAスイートラウンジ利用者には、追加で資生堂の高級ブランド「ルモンドール」のシャンプー、コンディショナー、ボディソープのミニボトルをくれる。

シャワーを浴びてもまだ時間があったらマッサージチェアがある半個室へ。身体が温まっているので身体を緩めるのに最適のタイミングだ。夜便であれば、これにより機内で心地よく眠りにつくための準備が整う。

シャワールームやマッサージルームから戻ると、最初に座っていた席へと案内される。なんと、利用客がラウンジを出るまでは、同じ席をキープしてくれるのだ。

もちろん、食後に何もせずに、シャンパングラスを傾けながら、搭乗時間まで窓から飛行機を眺めるという過ごし方もある。

右：シャワールームは白とグレーを基調とした明るいインテリア。左：マッサージチェアも半個室。使用中の場合は、ラウンジスタッフに伝えておくと空いたら教えてくれる。

Haneda Lounge

ギャラリーの貴重な展示物は必見！羽田国際空港 JALファーストクラスラウンジ

上：ダイニングルーム。右側に飲食物が並んでいる。下：受付から続くエントランスは飛行機雲をイメージした絵が印象的。屏風のような壁にはサクラが。どちらも日本を代表する左官技能士の挟土秀平氏による作品だ。

日本らしさを生かし部屋から部屋へと雰囲気が変わる

羽田空港の「ＪＡＬファーストクラスラウンジ」の利用条件は成田空港（76ページ参照）と同様。国際線旅客ターミナルの４階にある。「モダンジャパニーズ」というコンセプトのもとに改装し、２０１４年に新装オープンした。

エントランスは、屏風をイメージした壁に、日本伝統の左官の技術でサクラが散りばめられている。ラウンジ内は「ｒｏｏｍ　ｔｏ　ｒｏｏｍ」という空間デザインを採用。いくつかの部屋に分かれていて、それぞれの部屋はインテリアが異なる。好きな部屋を選んでくつろぐことができるのだ。

もっとも広い部屋はダイニングルーム。壁側には料理のビュッフェがあり、時間帯によってはシェフが目の前で鉄板料理を調理してくれる。朝食にはＪＡＬオリジナルのライ麦ガレットを、夕食にはファーストクラスラウンジ限定の上ミスジカットステーキを焼いてくれるのだ。

ビジネスクラス専用の「サクララウンジ」で提供されているＪＡＬ特製オリジナルビーフカレーはここでも人気。でも、ファーストクラスラウンジにしかないメニューも多いので、カレーでお腹がいっぱいにならないようにしたい。

季節の食材を使った各種料理や飲み物のメニューは、ホームページに詳しく載っているので、確認しておこう。事前にメニューがわ

人気のJAL特製オリジナルビーフカレーをはじめ、サラダや点心、寿司など、季節の食材を使った様々な料理を楽しむことができる。

かっていれば、目当てのものを逃さずに楽しむことができる。プリントして持参しておけば安心だ。ちなみに、握り寿司は成田空港だけ、焼きたてのライ麦ガレットと上ミスジカットステーキは羽田空港だけ。それぞれの限定メニューとなっている。

遊び心満載で長居したくなる「レッドスイート」

飛行機雲をイメージしたというエントランス正面の絵の左側がラウンジだ。その左手奥には書家の武田双雲氏が描いた世界地図が飾られている。右手にはダイニングルーム、その先のラウンジを抜けると「RED Suite（レッドスイート）」へと続く。2014年のリニューアルオープンの際に、もっとも話題となった部屋だ。

「レッドスイート」内はいくつかの部屋に分かれている。入って最初の部屋はライブラリールーム。書棚には旅を題材とした書籍が並び、年代物のパイロット帽やフライトバッグがガラスケースのなかに飾られている。実際にパイロットの方々が使われていた品々だ。

正面奥には、イギリスのプレミアムブランド「ジョン ロブ」とのコラボレーションによる靴磨きのサービスが提供されていて、美しい手さばきで靴を磨いてくれる。このためだけに革靴を履いて旅に出たいと思えるほどだ。

ライブラリールームの右手にはバーがあり、ローラン・ペリエのシャンパンと、はせがわ酒店セレクトの日本酒、そしてリーデル社の専用グラスが用意されている。

その反対側には古い旅行バッグや地球儀、操縦機の一部などが飾られているギャラリールームが。眺めていると搭乗時間を忘れてしまいそうな貴重な品ばかりだ。ギャラリールームの奥はプレイルームとなっていて、チェスやサッカーゲームなど、大人が楽しめるゲームがある。

どの部屋も、搭乗時間に遅れないよう注意が必要なラウンジだ。

上：「レッドスイート」は、貴重な品々が飾られていてちょっとした博物館のようだ。中：靴磨きは成田空港と同様にイギリスの「ジョン ロブ」とのコラボ。ていねいに磨き上げてくれる。下：「レッドスイート」では、高級シャンパンのローラン・ペリエと厳選された日本酒が、宝物のように冷やされている。

右：シャワールームは黒を基調としたシックなインテリア。左：「レッドスイート」の奥にあるゲームルーム。

Haneda Lounge

プライベート感ある半個室が充実 羽田国際空港 ANAスイートラウンジ

エントランスの右側にあるオープンスペースのラウンジ。

右：赤いじゅうたんとブルーのライトのコントラストが印象的なエントランス。左：ビジネスコーナー。電源つきのデスクとイスがあり、ガラスの扉を閉めることができる。

個室感覚のブースが多数用意されたくつろぎのラウンジ

羽田空港の「ANAスイートラウンジ」の利用条件も成田空港(78ページ参照)と同様。ラウンジは国際線旅客ターミナルの4階に2カ所ある。細長いターミナルの両端の、110番ゲート付近と114番ゲート付近だ。2014年の国際線ターミナル拡張の際、拡張エリアにも新設された。どちらも利用することができるが、自分のゲートに近いほうを選びたい。

「ANAスイートラウンジ」のインテリアは、黒を基調とした落ち着いた雰囲気。赤いじゅうたんが敷かれたエントランスを入るとコンシェルジュカウンターがある。そこから右にはシックな黒のソファが並ぶラウンジスペースと、その奥にダイニングルームと続く。ここでも成田空港と同様に、パスタやちらし寿司などをメニューから選んでオーダーできる。

エントランスを入って左側には、ほぼ個室のビジネスコーナーが並ぶ。電源つきのデスクとイスがあり、搭乗ギリギリまで仕事をしたいビジネスマンの方に最適のスペースだ。その先には、プライベート感を重視した半個室のようなブースが並ぶ。それぞれにソファタイプのイスとモニター、ヘッドホンが配されていて、くつろぎのスペースとなっている。

この部屋の一番手前の角のブースだけ、他とは違う。なんと、イスがマッサージチェアになっているのだ。ここが空いていたら、まずはマッサージを楽しみたい。窓側にオープンスペースのイスとテーブルもあるので、飛行機を眺めたいなら窓側へ。

シャワールームのアメニティは

エントランスの右側にあるラウンジ。手前角の1カ所のみイスがマッサージチェアになっている。

資生堂。ローズウォーター配合の「フィト&ローズ」のクレンジング、洗顔料、化粧水、乳液と、高級ブランド「ルモンドール」のシャンプー、コンディショナー、ボディソープ、そして歯ブラシやカミソリなど、身だしなみを整えるために必要なものが揃っている。

右：シャワールームには資生堂のアメニティが各種揃っている。左：1脚だけ備えつけられているマッサージチェア。利用したい場合は、ラウンジに入ってすぐに空きを確認しよう。

深夜便のために夜だけオープンするこだわりダイニング

このラウンジの特徴は、終日オープンしているダイニングエリアの他に、ラウンジの反対側の端にもうひとつのレストラン「ダイニング・エイチ（DINING h）」があること。深夜便搭乗客のために、夕食の時間帯だけにオープンする限定レストランだ。

ビュッフェコーナーもあるが、メインディッシュはシェフがオーダーを受けてから調理する。できたての温かい料理をいただくことができるのだ。メニューは旬の新鮮な食材を使うことはもちろん、月ごとに変わるメインディッシュには日本各地の食材を使った限定メニューがあるのも特徴のひとつ。デザートにもメインディッシュと同じ地方をイメージしたパフェを提供するなど工夫されている。

メインディッシュはいくつでもオーダーできるが、限定メニューはひとり1品のみ。数が限定されているので、オープンの時間に「ダイニング・エイチ」へ移動すればどのメニューでも選ぶことができる。オープン時間とメニューはANAのホームページに載っているので、ファーストクラスの深夜便利用が決まったら事前に確認しておきたい。

左：「ダイニング・エイチ」のメニュー例。群馬県赤城山麓牛のロースステーキと和歌山県産足赤えびの衣揚げスパイシークリームソース サラダ仕立て。すき焼きは定番メニューだ。右上：「ダイニング・エイチ」のエントランス。右下：霜降りステーキは口の中でとろけるやわらかさ。

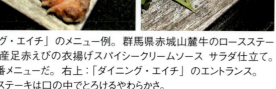

上：チャンギ国際空港ターミナル3にあるシンガポール航空「シルバークリスラウンジ」のファーストクラスセクション。下：「ザ・プライベート・ルーム」のダイニングルームは高級レストランのよう。写真提供：シンガポール航空（2点とも）

World Lounge

本場のマッサージや大型のバスタブもあるアジア・オセアニアの豪華ラウンジ

高級レストラン並みの美食とサービス、そして、本格的なオイルマッサージ

海外のラウンジのなかで、とくに施設が充実しているものをいくつかご紹介しよう。まずはアジアのラウンジから。

シンガポール航空は、ファーストクラスを超えた特別なキャビンクラスである個室タイプの「スイート」というクラスをもつ。ラウンジもひときわ豪華だ。なかでもチャンギ国際空港にある「ザ・プライベート・ルーム」は、ファーストクラスラウンジの一画にあるワンランク上のラウンジ。シンガポール航空のファーストクラス以上の搭乗客だけが利用することができる特別なラウンジだ。

覚えておきたいのは、トランジットの際、乗り継ぎ先のフライトがビジネスクラスだったとしても、ファーストクラスで到着すれば利用できるということ。到着か出発のどちらか片方でもファーストクラスであればOKなのだ。

バンコクのタイ国際航空の「ロイヤルファーストクラスラウンジ」は、タイ国際航空のファーストクラスの搭乗客のみが利用することができる。無料で60分間のフルボディマッサージを受けることができるとあって人気が高い。

右：バンコクのスワンナプーム国際空港にあるタイ国際航空の「ロイヤルファーストクラスラウンジ」のマッサージルーム。左：スペースを贅沢に使っている。写真提供：タイ国際航空（2点とも）

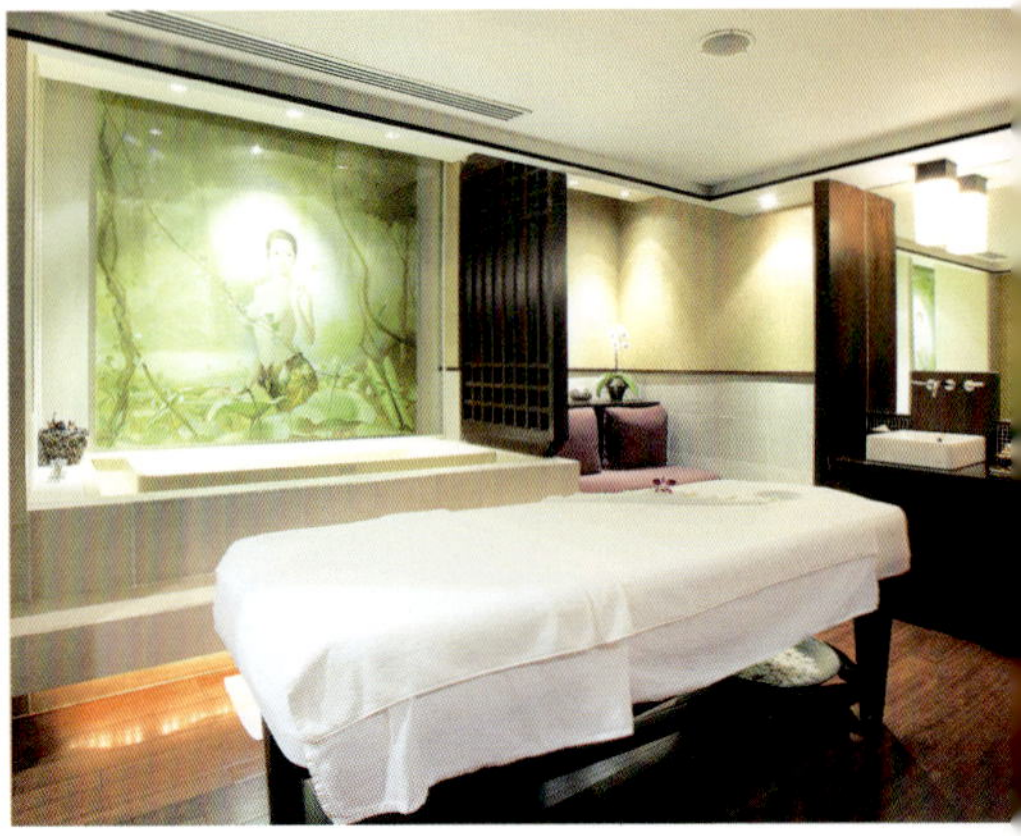

美食を堪能し デイルームで休み マッサージで リラックス

香港国際空港には、キャセイパシフィックのラウンジが、到着ロビーも含めて6カ所ある。そのうちファーストクラス専用ラウンジがあるのは2カ所。ターミナル1の7階1～4番ゲート付近にある「ザ・ウィング」と、ターミナル1の6階63番ゲート付近にある「ザ・ピア」だ。どちらのラウンジも利用することができるが、一部の設備が違うので好きなほうを選んでもいいし、次のフライトまでに時間の余裕があったら、両方はしごするのも楽しい。

それぞれのラウンジにはファーストクラス専用のダイニンググルーム、バー、ビジネスコーナー、シャワールームがある他、「ザ・ウィング」には、フルサイズのバスタブやデイベッドつきの個室「ザ・カバナ」、イタリアの家具メーカーと共同開発したソーラス・チェア、「ザ・シャンパン・バー」などが。2015年6月に新装オープンした「ザ・ピア」には、滑走路を一望でき、調節可能な照明と仮眠用ベッドを備えた個室「デイ・スイート」や、無料のフットマッサージなどがある。

オセアニアなら、シドニーのキングス・フォートスミス国際空港にあるカンタス航空のファーストクラスラウンジに立ち寄りたい。オーストラリアのスター産業デザイナーのデザインが秀逸で、同じくオーストラリアのスターシェフが監修するアラカルトの食事を楽しむことができる。

そして、同じラウンジ内のデイスパでは、オーロラスパの「ASPAR」のコスメを使用した20分間のトリートメントやマッサージを無料で楽しむことができる。

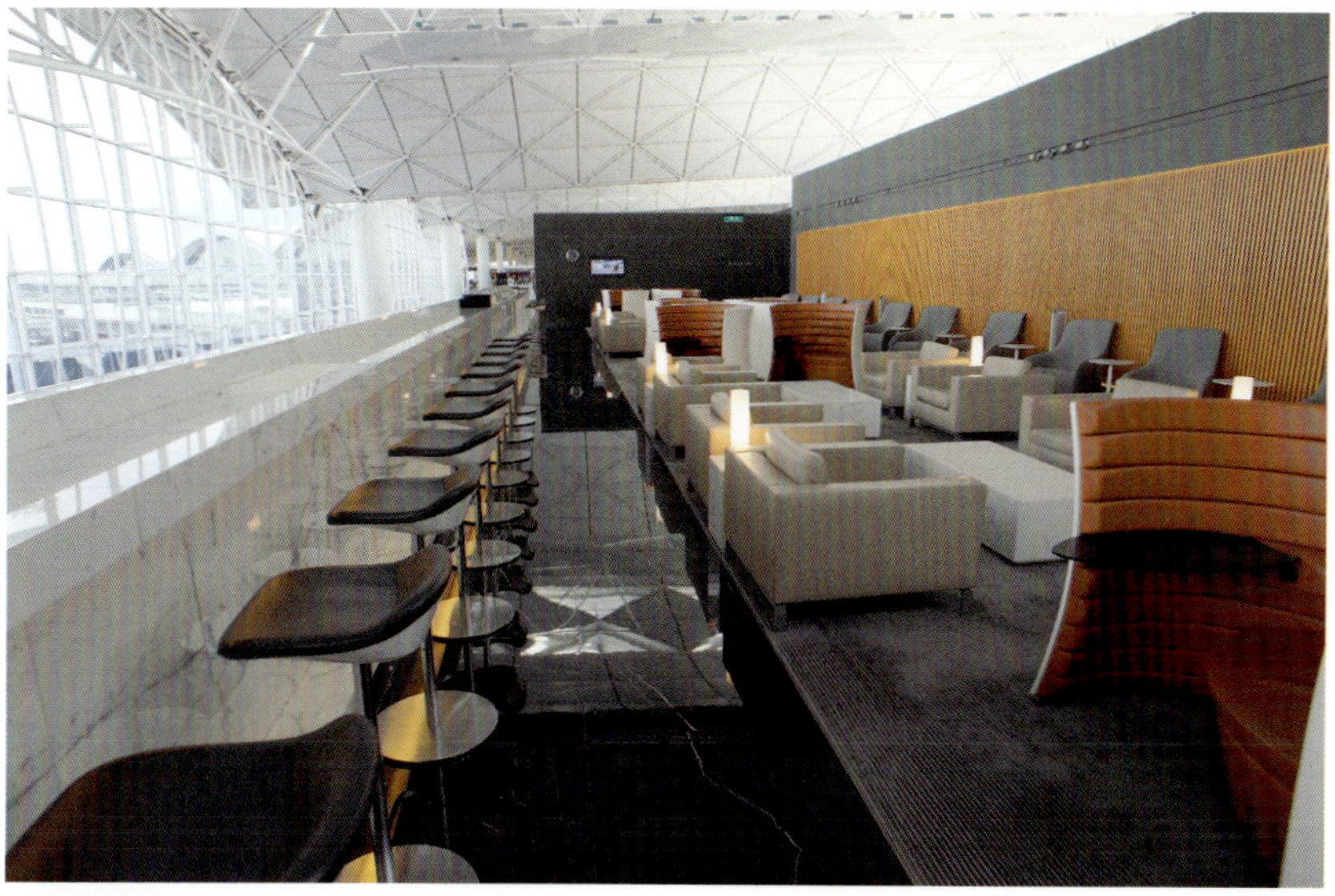

香港国際空港のキャセイパシフィック「ザ・ウィング」ファーストクラスラウンジのバー。

右：シャワールームにはフルサイズのバスタブやデイベッドがある。 左：ザ・シャンパン・バーには常時数種類のシャンパンがあって飲み比べもできる。

左：シドニーのキングス・フォートスミス国際空港にあるカンタス航空のファーストクラスラウンジ。写真提供：カンタス航空　右：ソウルの仁川空港のファーストクラスラウンジ。写真提供：大韓航空

パリのシャルル・ド・ゴール国際空港にあるエールフランス航空の「ラ・プルミエール・ラウンジ」。写真提供：エールフランス航空

World Lounge

驚愕の贅沢空間が広がるヨーロッパ・中東の贅を尽くしたラウンジ

ファッショナブルなインテリアと極上のホスピタリティ

　パリを拠点とするエールフランス航空の、シャルル・ド・ゴール空港にある「ラ・プルミエール・ラウンジ」は、赤とグレーを効果的に配したインテリアが印象的。世界的に知られるスターシェフ、アラン・デュカス氏監修の食事と、30分~2時間もの本格的エステを楽しめるいう豪華さだ。機内まではエールフランス航空の専任クルーがエスコートしてくれる。

　フランクフルト国際空港には、ルフトハンザ ドイツ航空のファーストクラス専用ターミナルがある。同社とスイス インターナショナル エアラインズのファーストクラス搭乗客と、両社の上級会員のみが利用できるラウンジだ。星つきレストランのシェフが監修した食事、デイベッドつきの休憩室やバスルーム（1室のみバスタブつき）、シガーラウンジなどがある。ラウンジから機内までは専用車で。ミュンヘンにもファーストクラス専用ラウンジがある。

　スイス インターナショナル エアラインズは、チューリッヒとジュネーブにファーストクラスラウンジをもつ。利用条件はルフトハンザ ドイツ航空と同様だ。

　ロンドン・ヒースロー空港のブ

上：フランクフルト国際空港あるルフトハンザ ドイツ航空のラウンジ内のシャワールームにはバスタブもある。下：ターミナルがまるごとファーストクラス専用。写真提供：ルフトハンザ ドイツ航空（2点とも）

ロンドン・ヒースロー空港のブリティッシュ・エアウェイズのラウンジ。写真提供：ブリティッシュ・エアウェイズ

リティッシュ・エアウェイズのファーストクラスラウンジ「ザ・コンコルド・ルーム」では、高級スパブランドＥＬＥＭＩＳのマッサージを無料で楽しむことができる。シャワーとデイベッドがある「プライベート・カバナ」は事前予約がマストな完全個室だ。

ドーハのハマド国際空港のカタール航空の「アル・サフワ・ファーストクラスラウンジ」には、中央にアトリウムのような巨大な空間がある。天井から一筋の水がしたたり落ちるオブジェも豪華だ。

アラビア半島に鎮座するのは桁外れの豪華ラウンジ

ドーハにあるカタール航空の「アル・サフワ・ファーストクラスラウンジ」は、２年近くに及ぶ大改装を経て２０１６年に新装オープンした。空港と同様に24時間オープンしている。エントランスには専用の免税店があり、なかに入るとまるでアトリウムのような巨大な空間があって圧倒される。

館内には、２カ所のダイニングやバー、スパ（有料）、ホテルのようなシャワーつき仮眠室、ファミリールーム、ゲームルーム、ビジネスコーナーなどがあり、幼児連れの搭乗客のための授乳室まで、様々な設備が揃う。

ドバイのエミレーツ航空のファーストクラスラウンジがあるのは、エミレーツ航空専用のターミナル３。エミレーツ航空は航空アライアンスに加盟していないが、ＪＡＬのマイルを貯めてエミレーツ航空のファーストクラスに搭乗でき、このラウンジを利用することができる。ターミナル３の１フロア全体がファーストクラスラウンジになっていて、直接エレベーターで搭乗口に降りることができる造り。２カ所のダイニング、シャワールーム、ビジネスルーム、免税店などがあり、仮眠ができるデイベッドも用意されている。

右：カタール航空のメインダイニング。メニューからアラカルトを選んでオーダーするスタイルだ。左：アトリウムの一画には仕事に集中できるデザインのイスが並ぶ。間接照明のライティングも秀逸だ。

右：メインダイニングはプライバシーが確保されるように仕切られている。左：ドバイ国際空港のエミレーツ航空ファーストクラスラウンジのきらびやかな受付。

Enjoy Lounge

限られた時間のなかで豪華ラウンジを効率よく楽しむコツ

上：ドーハのハマド国際空港にあるカタール航空「アル・サフワ・ファーストクラスラウンジ」の受付。ひときわ豪華だ。下：羽田空港の「JAL ファーストクラスラウンジ」のロッカー。

まずはマッサージや個室の空きを確認予約を済ませる

ラウンジの受付で搭乗券の確認を済ませて中に入ったら、まずはコンシェルジュにマッサージやシャワー、仮眠室の空き状況を確認しよう。コンシェルジュがいなければ、ラウンジの受付やシャワールーム、マッサージルームの受付へ。空いていたらすぐに利用の手続きを、使用中なら予約をしておこう。人気のサービスなので順番待ちになっていることもある。これらのサービスが不要という人は予約も不要だ。

手荷物が多い場合は、ラウンジによってはロッカーがあるので預けることもできる。暗証番号を入れると鍵がかかるようになっていることが多いので、番号はくれぐれも忘れないように。

最初に向かいたいのはダイニング。機内食も楽しむためには、ラウンジでの食事は早めに済ませておきたい。長時間のトランジットの場合は時間配分を考えておこう。搭乗まで間を空ければまたお腹が空いて機内食もおいしくいただけるというものだ。ビュッフェかアラカルトかによって所要時間が変わるので、搭乗時間までの時間配分を忘れずに。マッサージやシャワーの前は、アルコールは少し控えめにしておきたい。

キャセイパシフィック名物の担担麺は、隣接するビジネスクラスラウンジのヌードルバーで。

香港のキャセイパシフィック「ザ・ウィング」では新鮮なサラダをビュッフェでたっぷりいただくことができる。

個性豊かなラウンジ内施設を楽しみ尽くそう

食事が終わったら他の施設へ。ファーストクラスラウンジにはバラエティに富んだ設備が用意されている。新聞や雑誌、テレビはもちろん、テレビゲームがあったり、映画を観ることができたりと様々だ。どのラウンジもパソコンを使うためのスペースは充実している。また、無料のWi-Fiがあり、電源もいたるところにある。電源を使いたいならマルチプラグを準備しておこう。

マッサージは、ファーストクラスラウンジといえどもサービスがあるラウンジは少ないので、もし立ち寄ることができたら利用したい。香港のキャセイパシフィックのラウンジ、シンガポールのシンガポール航空のラウンジ、バンコクのタイ国際航空のラウンジ、ドーハのカタール航空のラウンジ、ドバイのエミレーツ航空のラウンジ、パリのエールフランス航空のラウンジなどだ。

たいがいのラウンジは早朝から最終便までだが、中東など24時間稼働している空港ではラウンジも24時間オープンしている。乗り継ぎ便が翌朝のフライトだった場合、仮眠室を確保できればホテルに移動する必要はない。食事もシャワーもあるし快適に過ごすことができる。何より、それらすべてが無料で利用できるのだ。

最後に注意したいのは搭乗時間。大きな空港だとラウンジから搭乗口までの移動に時間がかかることがある。居心地がよいあまり長居しすぎて次のフライトに乗り遅れないように注意しよう。

ロンドン・ヒースロー空港「ザ・コンコルド・ルーム」のスパ。写真提供：ブリティッシュ・エアウェイズ

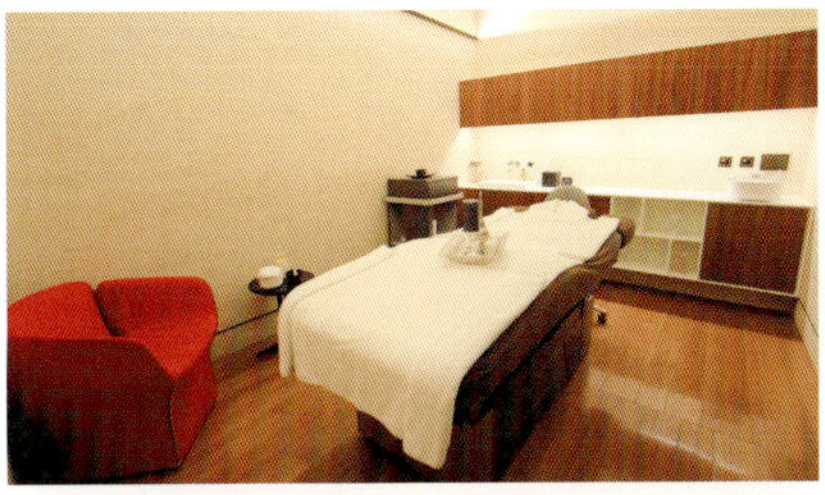

上：カタール航空「アル・サフワ・ファーストクラスラウンジ」のマッサージルーム。中：同ラウンジのゲームルームでは、レーシングカーのミニチュアでゲームを楽しむことができる。下：免税店もあり、品揃えは少ないが、ゆっくり選ぶことができる。

右：カタール航空ラウンジ内にあるビジネスコーナーは、まるで大企業の役員室のよう。左：ロンドンのブリティッシュ・エアウェイズのラウンジ内にある「プライベート・カバナ」。事前にホームページから予約することができる。

JAL ファーストクラスのシート「JAL スイート」はオフ白と茶を基調としたインテリア。じゅうたんには錦絵、カーテンには着物の小紋柄があしらわれている。

Seat Design

木目調の温かみがあるシートで リビングルームのように 寝室のようにくつろぐ

錦絵があしらわれた空の上のスイートルーム

ファーストクラス専用のボーディングブリッジから機内に入ると、深赤に茶を配した錦絵の一種「雲母絵《きららえ》」が描かれたじゅうたんの上に、深茶色のシートが鎮座している。JALのファーストクラスのシートは、「JALスイート」と名付けられたボックス型のシート。収納やテーブルは高級家具のような木目調で、高級感と温かみを兼ね備えたインテリアとなっている。

シートの周囲には、ゆるやかにカーブした穏やかな印象のパーテーションでプライバシーを確保。そのうえで、CAさんとほどよい距離感でサービスを受けることができる。

シートの席数は2列8席で、1列には4席があり、左右の窓側に1席ずつ、中央に2席が並ぶ。通路が広いので、一緒に旅行する人がいる場合は中央の2席を指定すると話がしやすい。

ひとりで静かに過ごしたい場合や、窓の外を眺めたい場合は窓側を指定しよう。「JALスイート」の特徴のひとつは、窓から外がよく見えること。ファーストクラスのシートは、サイズが大きいために、シートベルトをすると窓から離れてしまったり、窓の前にも棚があったりして、外の景色を楽しめないこともある。「JALスイート」なら、窓4つ分ほどの景色を独り占めすることができるのだ。

右：シート幅は、アームレストの内側で 58cm と余裕の広さ。左：足もとは広々としている。正面のモニターは 23 インチ。食事の際には、モニター手前のボードを手前にスライドさせるとテーブルになる。

特別仕様の枕とマットレスで一気に夢の中へ

前述の通り「JALスイート」は窓を広くとっているので、収納は窓の下の高さの、シートとの間に並んでいる。小さなバッグやノートパソコンも収まる収納力だ。コンセントやふたつのコントローラーも、すべて収納ボックスの中にすっきりと収まっている。

液晶モニターがあるコントローラーからは、軽食や免税品の注文もできる。好きなタイミングで、サラダやサンドイッチ、丼もの、麺類などを食べたり、ショッピングを楽しんだりできるのだ。

ファーストクラスの広々としたシートが本領を発揮するのは長距離フライト。2回の食事の間は照明が落とされ、就寝時間となる。短距離フライトだと、小さめのシートでベッドにならないことが多いのだ。長距離フライトならではの心地よい睡眠を楽しみたい。

JALは寝具にもかなりのこだわりをもっている。そのひとつがシートの上に敷くマットレス。JALスカイスイート特別仕様の「エアウィーヴ DUAL MODE」で、片面は硬め、片面は柔らかめとなっているのだ。CAさんが好みを聞いてくれて、ベッドメイクをしてくれる。

枕も特別仕様の「エアウィーヴピローS-LINE」。横向きになっても首、肩に負担をかけない頭の高さに保つことができるという優れものだ。完璧な寝室となった自分だけの空間で、のびのび寝返りをうつこともできる。

上右：収納は窓側に。モニター前のボックスには電源がある。上左：2番目のボックスの蓋には鏡がついていて、液晶モニターがついたコントローラーが収納されている。下右：コントローラーの下にはシートの角度の調整やマッサージ機能を楽しむためのボタンがある。下左：手前のボックスにはネットポケットもあり収納力たっぷり。機内エンターテインメント用のコントローラーはここに。

ベッドメイクすると座席がシックな寝室に早変わり。幅最大84cm、長さ最大199cmでゆったりと休むことができる。

ブルーと白、そして淡い木目調をあしらった「ANA ファースト スクエア」。1列につき、窓側1席、中央2席、窓側1席が2列、計8席だけの限られた空間だ。

Seat Design

高めの壁に守られたボックス型のシートで心地よいプライベート感

手が届く範囲内にすべてが揃う機能的なシート

ANAファーストクラスのシートは「ANA ファースト スクエア」。コーポレートカラーのブルーとオフ白を基調とした爽やかな印象のシートだ。その名の通り高めの壁に囲まれたスクエア型のシェルタイプのシートで、内側には明るい木目調があしらわれていて心和むインテリアとなっている。外側はシャープな直線が印象的なものの、内側のシートは丸みを帯びていてリラックスできるデザインだ。

席数は2列で8席。各列には4席があり、左右の窓側に1席ずつ、中央に2席の4席が2列という配置になっている。通路の幅が広く、各シートを囲んでいる壁か高いので、同行者がいる場合は中央2席を選ぶと話しやすい。プライバシーを確保して自分の時間を楽しみたいなら窓側をお勧めする。

各シートには無駄を削ぎつつ多くの機能が搭載されている。壁面は、通路側が上着などを掛けるためのクローゼットになっていたり、「DO NOT DISTURB」サインが点灯できたり。窓側には、機内で快適に過ごすことができるようにと、読書灯をはじめ、収納や電源、USBジャック、ヘッドホン、コントローラーなど、すべてが手の届く範囲内に配されている。

他にも、大小のテーブルに段差がついて食事の際に飲み物を置きやすくなっているなど（100ページ参照）、限られた空間を有効に使うために、随所に小さな工夫が凝らされているのだ。

右：窓側にコントローラーなどがあり、外が見える窓はふたつのみ。左：足もとは広く、オットマンの下には浅い引き出し、その下にもスペースが。

通路側壁面の後方にはクローゼットがあり、前方には「DO NOT DISTURB」のサインを点灯できる。

上：窓側の壁面には収納やコントローラー、ヘッドホン、USBジャックなど。手もとを照らすライトがふたつある。メガネ収納に便利なボックスも。
中：コントローラーも壁面に収納。扉を開けると内側には鏡がある。
下：携帯を充電できるUSB差し込み口、電源なども窓側に。

日本の最新技術が極上の眠りを約束してくれる

シートのリクライニングや高さの調整などの操作は液晶画面がついたコントローラーで行うことができる。フルフラットにするのもボタンひとつで簡単だ。

でも、自分でベッドメイクする必要はない。１回目の食事が終わり、トイレに行っている間に、ＣＡさんがすべて整えてくれるのだ。もし、８席のうちの４席以下の乗客数であれば、隣のシートをベッドにしてくれることも。

「ＡＮＡファーストスクエア」は、その名の通り直線的で四角いデザインだが、ベッドにしたときにはガラリと印象が変わる。枕の上の壁が丸くなっていて、包み込まれるような安心感があるのだ。

機内での睡眠を重視しているＡＮＡは、寝具にもことさらこだわっている。日本の最新技術が凝縮されていると言っても過言ではない。マットレスは、東京西川の特殊立体構造マットレス「ＡｉＲ®」。その上にテイジンの高機能繊維「ナノフロント®」を使い、東京西川の最新技術で創った超軽量コンフォーターを重ねる。

毛布はオーガニックコットンの通気性と高級カシミアの保温性を兼ね備えた今治産の「テネリータ」。枕は放熱性と吸放湿性に優れ、柔らかいながらも様々な寝姿勢を支える東京西川の「エンジェルフロート®」。別途、羽根枕もリクエストできる。

肌触りにもこだわったというリラックスウェア（１０７ページ参照）に身を包めば、間違いなくぐっすりと眠れるはず。

ベッド幅は最大84cm（アームレスト間は58cm）、長さは最大199cm。内側が丸くなっていてリラックスできるデザインだ。

Seat Design

やさしい色使いの広々シート アジア・オセアニアのファーストクラス

上：最新型シート「コスモスイート2.0」。スライドドアを閉めるとほぼ個室になる。下右：A 380 型機内にある「セレスティアルバー」。利用できるのはファーストクラスとプレステージクラスの搭乗客のみ。写真提供：大韓航空（2 点とも）　下左：キャセイパシフィックの「プライベートスイート」。

距離が短くても ぜひとも乗りたい アジアのフライト

日本からアジアまでは距離が短いが、それでもラウンジ利用も含めファーストクラスには価値がある。ここでご紹介するのは日本発着便に使用されている長距離フライト用のシート。短距離になるとシートがフラットにならないこともある。ただし、経由便（186ページ参照）を利用すれば、日本から短距離だとしても長距離用の機材が使われているので、第3章の地図を参考にしてほしい。

韓国の大韓航空は、コーポレートカラーの水色を使った爽やかな色合い。機材や路線によってシートは5種類もある。そのなかでぜひ乗りたいのは最新型の「コスモスイート2．0」。スライドドアを設置し、最新のテクノロジーを駆使したシートだ。背もたれやフットレストの調整はワンタッチで操作できる。

香港のキャセイパシフィックの「プライベートスイート」は12席。シート幅最大91㎝というゆとりの広さだ。ライトグレーのシートは天然皮革を使って高級感を漂わせている。

A380 型機の「ロイヤルファーストクラス」は、1−2−1の並びが3列、全 12 席となっている。写真提供：タイ国際航空

「スイート」はシートを倒すのではなく上にベッドを載せるので寝心地抜群。写真提供：シンガポール航空

2人で座れそうなくらい幅の広いファーストクラスのシート。写真提供：シンガポール航空

座席の操作はタッチスクリーンコントローラーで。読書灯は5段階調節、個別操作で微調整できるようになっている。寝具は、羽毛布団、枕、クッション、ベッドマットレスに500スレッドカウントの高密度のコットン生地を使用していて肌触りがいい。

タイ国際航空のA380型機の「ロイヤルファーストクラス」は、オフ白とベージュを基調とした配色。横に1－2－1という並びが4列の12席で、トイレにパウダールームがあるなど、キャビン全体がゆったりとしている。

シンガポール航空のファーストクラスはシート幅90㎝という特大サイズ。A380型機には、さらにラグジュアリーな「スイート」がある。スライドドアがあり、レザーと木を使った温もりのあるデザインだ。中央の2席は、就寝時にふたつのベッドを一緒に使ってダブルベッドの個室になる造り。2017年12月からは、1席につき、座席とベッドの両方がある新シート（117ページ参照）を搭載した機材も、順次就航している。

オセアニア拠点の唯一の翼 カンタス航空

世界一周航空券でファーストクラスに搭乗できる航空会社の中で、オセアニアを拠点とする唯一の航空会社が、ワンワールドに加盟するオーストラリアのカンタス航空だ。日本発着便にはファーストクラスはないが、ルートにオーストラリア大陸を入れるなら使いたい。私がドバイからシドニーまで飛んだフライト（48～49ページ参照）がカンタス航空だった。

シートは、横一列に3席しかないという驚きの広さ。窓側に5席ずつ、中央に4席の、全14席だ。各シートは離発着の際には正面を向いていて、リクライニングさせるときには電動で進行方向斜めに回転できるようになっている。

座部の高さ、肘置きの高さ、フットレストの長さなど、説明のアニメーションをモニターを見ながら微調整ができるし、各部位ごとに強弱を設定できるマッサージ機能もある。日本語で操作できるので簡単だ。

カンタス航空のファーストクラス。足を伸ばすときやベッドにするときには座席を回転させる。

カンタス航空のベッドメイキング。通路とは反対側に斜めに向いているので、静かに休むことができる。

Seat Design

個性豊かなデザインが印象的 ヨーロッパ・中東・アメリカのファーストクラス

上：「ラ・プルミエール」のシートはカーテンでプライバシーを確保。下：収納用の引き出しの内側は深紅。写真提供：エールフランス航空（2点とも）

個性的でエレガントなヨーロピアンデザイン

ヨーロッパの航空会社のなかでもとくに個性的なデザインのファーストクラスをもつのが、エールフランス航空。シートは「ラ・プルミエール」と名付けられている。スライドドアはないが、各シートにカーテンがあり、閉めるとプライバシーを確保できる。B777型機は進行方向に向いた4席のみ、A380型機は斜めに配置したヘリンボーン型シートが9席だ。

レザー、スエード、ツイード調の生地、メタリック仕上げ、木目のニュアンスなど、様々な素材を組み合わせたエレガントなデザインで、ライトグレーに差し色として添えた赤が効いている。

ルフトハンザ ドイツ航空のシートは、ドイツらしく人間工学に基づいて座り心地を追究した8席。グレーや茶を基調としたシックなデザインだ。機材によって機能が若干異なる。B747型機とA380型機には個人用の施錠式収納があったり、A380型機には洗面と着替えのスペースがトイレとは別に用意されていたりする。

イギリスのブリティッシュ・エアウェイズの「ファースト・スイート」は、A380型機などほとんどの機材に14席の設定。英国調の落ち着いたデザインと、細部にまで機能性を追究した使いやすい

左：人間工学に基づいて機能的に造られたシート。下：就寝時には長さ206cmに。毛布は温度調整ができる高機能素材。写真提供：ルフトハンザ ドイツ航空

黒を基調とした英国調デザイン。写真提供：ブリティッシュ・エアウェイズ

シートだ。各シートを仕切るパーテーションにハンガーラックつきのクローゼットがあったり、パーソナルライトに英国調のシェードがついたデザインになっていたり。機内で心地よく過ごすための工夫がなされている。

成田に就航していないが、B787－9型機のファーストクラスには、新しく開発された「ヘリンボーン型シートが8席。よりパーソナルなサービスで快適な空の旅を楽しめる。

スイス インターナショナル エアラインズなら、新シートが導入されているB777型機のフライトを選ぼう。木目調を多用した半個室タイプのボックス型で、32インチの大型モニターで機内エンターテインメントを楽しむことができる。旧シートの場合は仕切りが少なく、開放的なキャビンだ。

通路とシートの外壁はシックな黒。パーテーションの高さがあるのでプライバシーが確保されている。

アメリカなら ワンワールドの アメリカン航空

アメリカの航空会社で、ファーストクラスの世界一周航空券で搭乗することができるのは、アメリカン航空のみ。

「フラッグシップ・ファースト」と名付けられたファーストクラスのシートは、横に1－2－1で、通路と逆向きに角度をつけた8席。機内エンターテインメントが17インチのタッチスクリーンモニターで操作できたり、USBポートがついていたり、使い勝手もいい。

寝具、ウェアは、睡眠テクノロジーを専門とするキャスパーと共同開発。写真提供：アメリカン航空

中東なら ワンワールドの カタール航空

豪華さを競っているかのような中東系航空会社の中で、世界一周航空券でファーストクラスに乗ることができる唯一の航空会社が、ワンワールドのカタール航空だ。ファーストクラスがあるルートは限られるが、豪華ラウンジ（87ページ参照）とともに利用したいところ。

コーポレートカラーのバーガンディーを効かせたシートは、機材によって8席または12席。A380型機のシートが他機種に比べて若干大きい。ファーストクラス専用の雑誌や飲み物が置かれたスペースがあったり、トイレ内が広くてイスがついていて着替えやすかったり、キャビン全体が豪華だ。

バーガンディーが映えるA380のシート。写真提供：カタール航空

Dining

JALが創った 空の上の特別なレストランで スターシェフたちの美食をいただく

2018年にJALのファーストクラスで提供されているシャンパンは、ルイ・ロデレール クリスタル 2009。写真提供：JAL

空の上の美食を 最高峰の 星つきシェフが監修

「空の上で、特別なレストランをつくりました」。機内で配られるメニューに書き添えてあった。ＪＡＬは、そのレストランを「スカイオーベルジュＢＥＤＤ（ベッド）」と名付けた。「Ｄ」の文字にはDine（食べる）、Delicious（美味しい）、Dream（夢見ごこち）という意味が込められている。

２０１８年のファーストクラスのメインメニューを監修するのは、日本発のフライトは、「ＳＵＧＡＬＡＢＯ（スガラボ）」の須賀洋介シェフ、「石かわ」の石川秀樹シェフ、「虎白」の小泉瑚佑慈シェフ、パリ発は、「ＰＡＧＥＳ（パージュ）」の手島竜司シェフ、「Ｐａｓｓａｇｅ 53（パッサージュ53）」の佐藤伸一シェフ、ロンドン発などは、「日本料理アカデミーＵＫ」副理事長の林大介シェフ。いずれもミシュランの星をもつなど、そうそうたる顔ぶれだ。

洋食メニューでは、前菜とメイン料理を3種類から選ぶことができる。時間をかけて選びたいなら、事前に選んでおくといい。ＪＡＬのホームページで、搭乗月と行き先を入力すると機内で配られるものと同じメニューを見ることができる。事前予約も可能だ。子供用メニューは要予約。

スターシェフたちのメニューも豪華だけれど、中には、前菜のキャビアを少し残しておき、機内でお米から炊く炊きたてご飯に載せてキャビア丼にしたり、さらにキャビア茶漬けにしたりする人もいるとか。

飲み物は、プロが選んだ国内外の極上ワイン、入手困難な日本酒や本格芋焼酎「森伊蔵」などを楽しむことができる。

和食のコースの一例。ファーストクラスでは料理が素晴らしいだけでなく、器にも趣がある。写真提供：JAL

世界一周で貯まったマイルで乗ったパリ発便の朝食。アラカルトで選んだフルーツ、牛肉丼など。

目移りしてしまうほど バラエティ豊かな アラカルトメニュー

長距離フライトでは機内食は２回用意されている。１回目の食事はコース料理となっていて２回目はやや軽めの内容だ。ファーストクラスでは、その他に充実したアラカルトメニューが用意されている。半端な時間に急にお腹が空いたとき、あるいは、食事を軽く済ませたいときなどに選ぶことができるメニューだ。２回目の機内食はこの中から選ぶこともできる。

ＪＡＬのアラカルトメニューは、お茶漬けやラーメン、うどん、サンドイッチ、ＪＡＬ厳選カレー、フルーツなどが用意されている。お酒をメインでという人には、串盛り合わせや、各種チーズの取り合わせもお勧めだ。

通常のアラカルトメニューの他に、こちらにもシェフが監修する特別メニューがある。２０１７年現在の監修者は、パリを拠点として活躍している料理プロデューサーで出張料理人の狐野扶実子氏。「フミコの和食」と「フミコの洋食」の２種類で、３カ月ごとに変わる。和食は魚とお椀、香の物と機内で炊いたご飯、洋食はメインディッシュとサラダにメゾンカイザーのパンといった構成だ。

メニューの種類が多いので食べ過ぎにご注意あれ。

須賀洋介シェフのデザートの一例。機内とは思えない美しい盛り付けだ。写真提供：JAL

須賀洋介シェフのメインメニューの一例。オマール海老は人気メニューのひとつだ。写真提供：JAL

ワインは赤、白とも、各３～４種類用意されている。迷ったときにはテイスティングしてから選んでもいい。

上：シャンパンは「クリュッグ」。おしぼりとグラスは、食事のテーブルの上にスライドさせたサブテーブルで。下：蛤と海老叩き真丈と松茸のお椀。

Dining

高度1万メートルを知り尽くす ANAシェフチームと 世界の匠が織りなす美食

専属のシェフチームが空の上にフォーカスし極上の機内食を開発

「THE CONNOISSEURS（ザ・コノシュアーズ）」は、ANAファーストクラスのファインダイニング&バー。「コノシュアー」とは、「その道を極めた目利き」を意味する。厳選された食材を使い、世界の食とワイン、酒、コーヒーの匠たちが、芸術のようなコラボレーションで食事の時間を創りあげていることを表現した言葉だ。

ANAには専属のシェフたちがいる。常に高度1万mを目指してオリジナルメニューを開発しているANAシェフチームだ。老舗料亭や一流ホテルなどで腕を磨いてきた、洋食、パティスリー、和食のベテランシェフたちが、機内の高度と湿度を熟慮した上で、最適の状態で提供できる料理を創っているのだ。

たとえば、キャビアには、一般的な刻んだゆで卵やシャンピニオンなどのコンディメント（薬味）ではなく、白身魚などをアレンジした前菜が添えられている。

私がいただいたのは、キャビアと真鯛 ベイビーイエローパプリカのマリネのコンポジション。あまりのおいしさにあっという間に食べてしまって、CAさんが、「次のサラダに載せてもおいしいですよ」と言いにきてくださったときにはすでに食べ終わっていた（笑）。

上：フォアグラを詰めた鴨のローストに芽キャベツのピューレ添え 秩父ワインソース。下：キャビアと真鯛 ベイビーイエローパプリカのマリネのコンポジション。

「京都 吉兆」の鯛茶漬け。まずは胡麻だれで鯛を、次に薬味とともにご飯に載せて。

最後は熱々のお出汁をかけて、3種類の味と香りを楽しめる贅沢な朝食。

充実のアラカルトと受賞歴のある厳選されたワイン

ＡＮＡのアラカルトメニューは、和食、洋食の軽食セットメニューの他に、ＡＮＡオリジナルカレーや、博多の「一風堂」のラーメン、「京都吉兆」の鯛茶漬け、うどん、ハンバーガー、丼、お茶漬け、お酒のお供、スープ、サラダ、チーズ、フルーツなどが用意されている。それらを、小腹が空いたときにいつでもいただくことができる。

メニューには野菜のみで作ったベジタリアンメニューも並ぶ。子供用メニューや宗教、健康のためのスペシャルメニューはあらかじめ予約が必要となっている。

飲み物に関しては、マスター・オブ・ワイン、シニアソムリエ、日本酒評論家が厳選したラインナップ。中でも、ワインセレクションは、世界規模のワインコンペティション「セラーズ・イン・ザ・スカイ・アワード」、「ワインズ・オン・ザ・ウイング２０１７」でメダルを受賞。２０１７年６月から１年間は、２４００銘柄のワインから約半年かけて厳選したラインナップを、食事とのマリアージュも含めて提供している。

また、抹茶、和菓子、あられなど、ちょっとした和のものが用意されているのもうれしい。

夕食時にはワインをテイスティング。こうして飲み比べると違いがよくわかる。

故ダイアナ妃も好んだというブレンドをもとにしたハーブティ。

Dining

世界を巡って航空会社が変わる度に各国料理と極上ワインに舌鼓

キャビアはファーストクラスの人気メニュー。シャンパンとともにいただきたい。ANA のキャビアはアミューズとセットになっている。

アジアならではの炊きたてご飯や事前注文の特別料理

世界一周をするためには、様々な国の航空会社のフライトに乗ることになる。機内食にもお国柄が表現された様々なメニューが並ぶ。ファーストクラスにはアラカルトメニューも豊富に用意されているので、コースメニューに別メニューをプラスしてもOKだ。

もちろん、それぞれの航空会社では、スターシェフとの提携による最高峰のフランス料理などを機内で提供しているし、日系航空会社のフライト以外でも、日本発着便では日本料理が用意されていることが多い。でも、できればその国の料理を楽しみたいというもの。どちらも捨てがたければ、両方いただくことだってできる。

キャセイパシフィックは、できたてのおいしさにこだわっている。機内に炊飯器、トースター、フライパンを搭載していて、伝統的中国料理のメニューを豊富に揃えている。

シンガポール航空は、チリクラブなどのシンガポールを代表する料理の他、世界各国のスターシェフたちの料理を提供している。

タイ国際航空は、タイ料理はもちろん、約20種類ものスペシャルメニューの中から好きな機内食を選ぶことができる。出発の48時間前までにリクエストしよう。

右：キャセイパシフィックの飲茶、ちまきとシュウマイ。左：シンガポール名物のチリクラブ。写真提供：シンガポール航空

メイン料理のロブスターのテルミドール。写真提供：シンガポール航空

航空会社の本国ならではの料理を楽しみたい。写真提供：タイ国際航空

本場のフランス料理、キャビア、トリュフ、アフタヌーンティーも！

エールフランス航空は、3カ月ごとに交替するスターシェフたちと提携した本場のフランス料理を提供している。また、テーブルセッティングにもフランス流のこだわりが。白いテーブルクロスに、ジャン・マリー・マソーが手がけたベルナルド製陶磁器の食器、クリストフル製のテーブルウェアでセッティングしてくれるのだ。

ルフトハンザ ドイツ航空では、洋食メニューもフライト先に合わせた各国料理も、すべてのコース料理はキャビアで始まる。ドイツはキャビアの生産も盛んな国なのだ。

ブリティッシュ・エアウェイズには、英国伝統のアフタヌーンティーのメニューがある。さすがに3段のトレーはないものの、サンドイッチやスコーンに、好みの紅茶を選べる。機内食としてでもいいし、アラカルトとして機内食の合間にいただいてもいい。

スイス インターナショナル エアラインズでは年に4回、2週間だけプレミアムな食材が提供される。たとえば、2月はシーフード、5月はキャビアテイスティング、9月はステーキ、そして11月には白トリュフといった具合だ。これらを狙うなら、期間限定なのでうまくルートを組もう。

いずれの場合も、気になるメニューがあったら、事前に予約しておくことをお勧めする。

上：カンタス航空のデザート3種と食後酒。デザート選びに迷ったら「全部」という選択肢もある。下：ブリティッシュ・エアウェイズでは食後にイギリスの名店「ホテル・ショコラ」のトリュフを。

ブリティッシュ・エアウェイズの朝食。一皿の量の多さにびっくり！

Amenity

旅行後も使い勝手がいい 往路と復路で色が異なる JALのアメニティはミラノの「エトロ」

日本着便の女性用セット。ポーチの他に資生堂のスキンケア製品（左上）が配られる。

上：女性用のコスメは、「クレ・ド・ポー ボーテ」のシートマスク、美容液などが入っている。
下：男性用は「資生堂 メン」のクレンジングフォーム、ローションなど。

イタリア老舗ブランドの高級感があるポーチと資生堂のコスメ

長距離フライトの楽しみのひとつに、機内で配られるアメニティキットがある。他では手に入れることができないプレミアムアイテムだ。とくにファーストクラスのものはデザインも中身も工夫が凝らされている。機内で快適に過ごせるだけでなく、ポーチは帰国後も使えるほどしっかりした作りになっているものも多い。

ＪＡＬのファーストクラスで配られるアメニティキットは、２０１８年春からイタリアのミラノの老舗ファッションブランド「エトロ」とのコラボとなった。ちなみに、私が世界一周した際には「ロエベ」だった。

「エトロ」のポーチは、往路と復路と形が違う。どちらも「エトロ」を象徴するペーズリー柄で高級感があるデザインだ。日本発便のポーチはロゴがパープルでボックス型、日本着便はロゴが赤でマチがついたデザインとなっている。

ポーチの中に入っているのは、ヘアブラシ、歯ブラシ、歯磨き粉、マウスウォッシュ、リップバーム、ハンド&ボディクリーム、オードトワレ、アイマスク、イヤウイスパー、モイスチャーマスク、ティッシュ。特筆すべきは「めぐりズム」。開封すると約20分間蒸気と熱で目の疲れが取れるというすぐれものだ。

さらに、女性には資生堂の高級ブランド「クレ・ド・ポー ボーテ」のシートマスク、拭き取り用ローション、

ブラウンのパイル地スリッパには、同色の靴べらがセットされている。

美容液、柔らかなコットンが、男性には「資生堂 メン」のクレンジングフォーム、ローション、クリームが配られる。

トイレには、アメニティポーチとは別に歯ブラシとマウスウォッシュが置かれている。うっかり歯ブラシを忘れてトイレに入ってしまっても、席まで取りに戻ることなく歯を磨くことができるのだ。細やかな気遣いが行き届いている。

左：リラクシングウェアは袋に収納して持ち帰ることができる。右：トイレにはポーチとは別に歯ブラシやマウスウォッシュなどが配されている。写真提供：JAL（2点とも）

JALオリジナルのスウェットに着替え心地よくリラックス

ファーストクラスの長距離フライトでは、機内でリラックスするためのウエアが配られる。スウェット素材なのでフルフラットにしたシートで熟睡できるし、到着時にはしわのない服で降機できるし、持ち帰りもOKだ。

JALの機内用ウェアは、淡いグレーと濃いグレーのスウェット素材の上下。トップスは胸元にファスナーがついていて、着脱しやすいデザインだ。共布の袋に入った状態で配られる。寒かったらカーディガンもあるが、こちらは貸し出しのみ。

ちなみに私は、日本発便では荷物を増やさないよう持ち帰らなかった。それを最後のフライトでCAさんに話したら、新しいものをもう1セットくださった。搭載数に余裕があれば、このような対応をしてくれることもある。

着替えはトイレで。ファーストクラスのトイレは広いし、素足で乗ることができるボードを設置できるので、更衣室としても快適に利用できる。

日本発便のポーチは左のデザイン、日本着便の場合は右のデザインとなる。

Amenity

集めたくなるカラーバリエーション
旅心をかき立てる
ANAのスーツケース型アメニティ

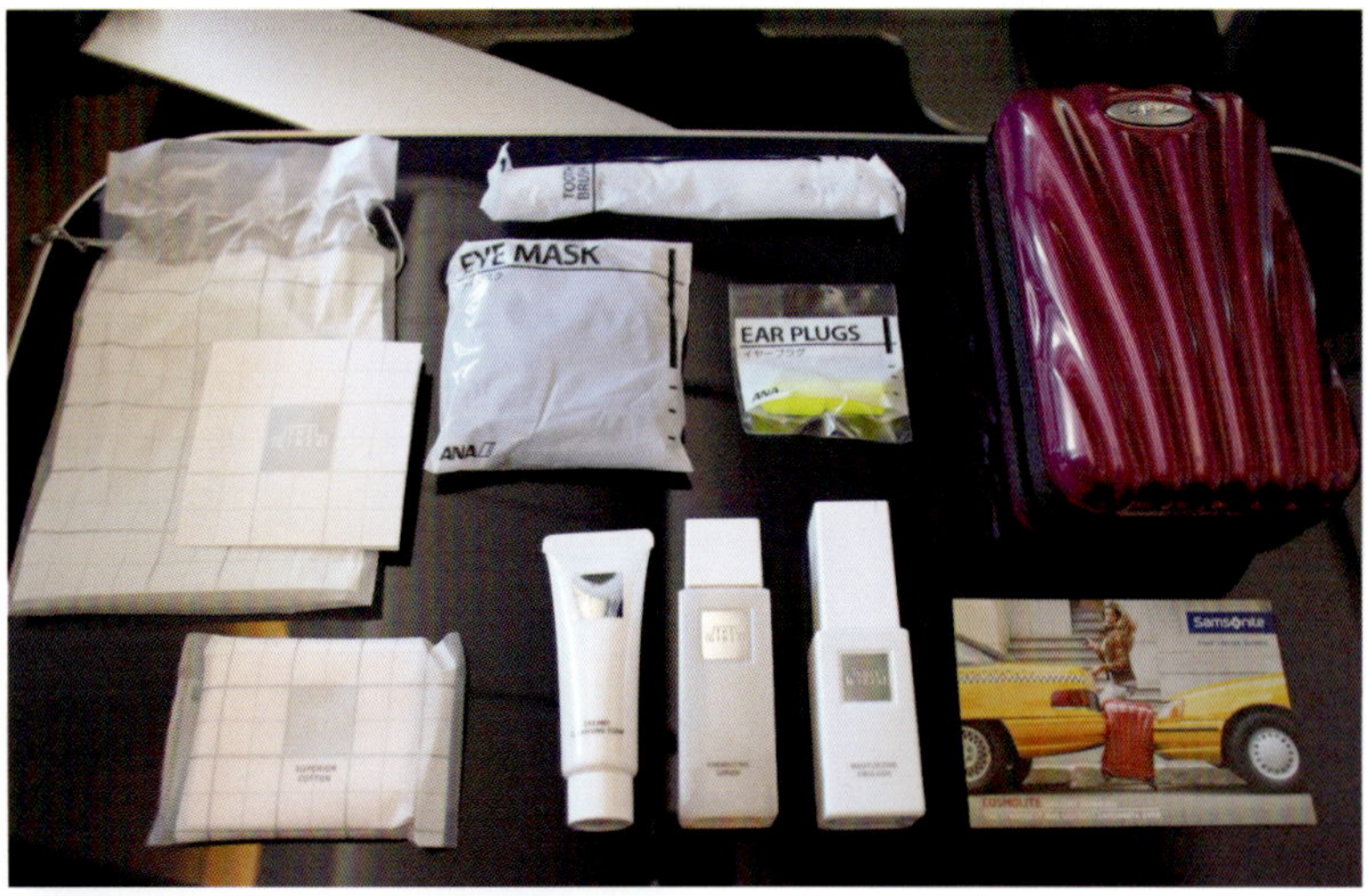

全員に配られるポーチの中身はやや少なめだが、他にも用意されている（107ページ参照）。

私がもらったスーツケース型ポーチはワインカラーだった。

「サムソナイト」のミニスーツケースに資生堂のコスメ

ＡＮＡのアメニティキットは、アメリカ発祥のスーツケースブランド「サムソナイト」とのコラボレーション。同ブランドのスーツケースのなかで最軽量かつ最強の最新ライン、「コスモライト」のスタイリッシュなデザインを模した、小さなスーツケース型ポーチだ。

中に入っているのは、資生堂「ザ・ギンザ コスメティックス」のクリーミークレンジングフォーム（洗顔料）、エナジャイジングローション（化粧水）、モイスチャーライジングエマルジョン（乳液）とコットン、そして、歯ブラシ、歯磨き粉、アイマスク、イヤプラグ。化粧水と乳液は、顔だけでなく乾燥しがちな手の甲や指先にもたっぷり使えるサイズとなっている。

ポーチのカラーバリエーションは豊富だ。このページでご紹介しただけでも5色あるが、サックスブルーをもらったという友人もいた。思わず集めたくなってしまう。色のリクエストをすることは厳しいが、予約の際に、または搭乗してすぐに（他の搭乗客に配る前に）以前もらったものと違う色がほしいとお願いしてみると配慮してくれるかもしれない。時期によって変わることもある。

ポーチの中身が少ないと思うかもしれないが、安心してほしい。他にも様々なアイテムが用意されている。保湿用マスク、マウスウォッシュ、クシ、アロマカード、ポケットティッシュ、フェイス&ボディシート、レッグリフレッシュシート、ソックスなどだ。必要なときにもらうことができる。ちなみに、これらはビジネスクラスと共通だ。

スリッパもコーポレートカラーのブルー。
写真提供：ANA

二重編みで肌ざわりがよく軽くて温かいウェア

ＡＮＡの機内用ウェアは、上は着脱しやすい前開きでグレーに近い淡い杢ブルー、下はやや濃いブルー。共布の袋に入っていて、持ち帰るときにコンパクトに収納することができる。

先染め糸を二重編みにした両面ニット使いで、二重編みならではのしなやかな肌ざわりと軽い着心地が特徴だ。軽いのに温かいが、さらにカーディガンも借りることができる。こちらは機内のみの使用で持ち帰りは不可だ。

スリッパはパイル地で、こちらもＡＮＡのコーポレートカラーのブルー。同色の靴べらとともに配られる。長距離フライトでも蒸れないようにつま先が開いているデザインだ。座席に座ると、すぐにＣＡさんが袋から出して床に置いてくれるのもファーストクラスならでは。

機内用ウェアへの着替えはトイレで。トイレが空いたらＣＡさんが声をかけてくれる。ファーストクラスのトイレは広いし、床の上にはボードを設置できるようになっていて、着替える際に素足になっても快適だ。

ＣＡさんがハンガーを手渡してくれるので、着替えた自分の服をハンガーに掛けてＣＡさんに預けると、しわにならないように保管しておいてくれる。起きてから再び着替えたいときには、ＣＡさんに伝えると、トイレの空きを確認した上で着替えを持ってきてくれるので安心だ。

しわをつけたくないビジネススーツでも、華奢なワンピースやハイヒールでも、どんな服や靴で搭乗しても、くつろいで快適に過ごすことができるのがファーストクラスなのだ。

機内用ウェアは杢ブルーの濃淡の上下。写真提供：ANA

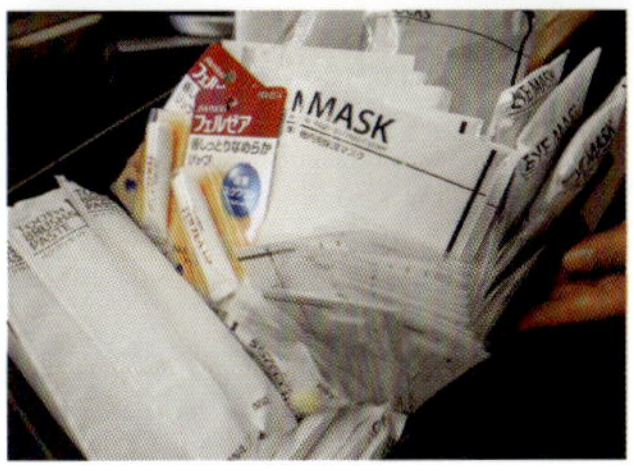

上右：ウェアは共布の袋に入った状態で配られる。写真提供：ANA
上左：寒いときにはカーディガンの貸し出しもある。こちらは持ち帰り不可だ。下：アメニティポーチ以外に、紙マスク、ソックスなどが用意されていて、必要な分だけもらうことができる。

ポーチの色はバリエーション豊富。色違いを集めたくなる。写真提供：ANA

Amenity

ブランドコスメがぎっしり ポーチもウェアも 高級感が漂う

オリジナルポーチの中には高級アロマブランドのコスメ。写真提供:ブリティッシュ・エアウェイズ

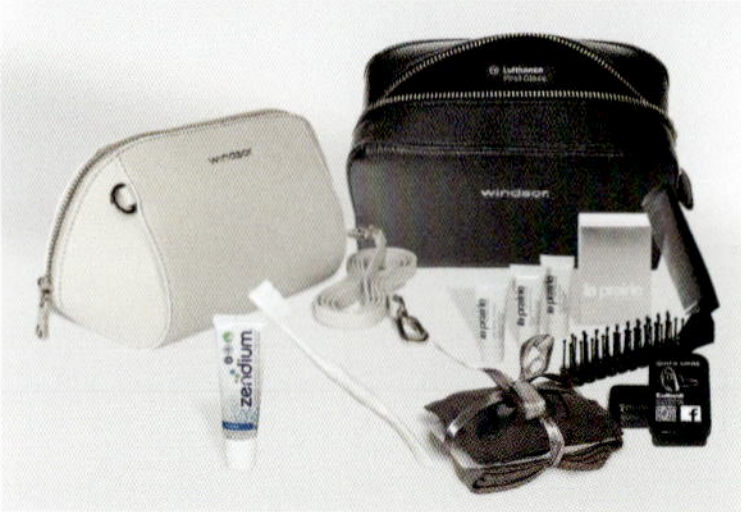

左が女性用、右が男性用。写真提供:ルフトハンザ ドイツ航空

ヨーロッパと中東の豪華アメニティは老舗ブランドが主流

ブリティッシュ・エアウェイズは、英国調のオリジナルポーチ。中には、イギリスの高級アロマブランド「アロマセラピーアソシエイツ」の薔薇の香りがするスキンケア製品が7種類も入っている。

ルフトハンザドイツ航空のアメニティはサステナビリティの文化が根づいているドイツらしいデザイン。使い捨てではなく日常でも使えるよう工夫されている。女性用ポーチは取り外し可能なストラップつき。中には「ラ・プレリー」の高級スキンケア製品などが入っている。

エールフランス航空のファーストクラス「ラ・プルミエール」で配られているのは、本国フランスの高級コスメ「カリタ」が入ったエレガントなキット。これで機内での肌の保湿は安心だ。

ラウンジもシートもとびきり豪華な中東のカタール航空は、アメニティキットも豪華。ミラノの老舗バッグメーカー「ブリックス」とのコラボレーションだ。ミニスーツケース型のポーチに入っていて、ポーチについているタグは、実際にネームタグとして旅行鞄やスーツケースに使えるサイズとなっている。

中に入っているコスメは、イタリア貴族による老舗オリーブオイルメーカー、カステッロ・モンテヴィビアーノ・ヴェッキオ社の「モレキュラー・オリーブ・イノベーション」のスキンケア製品。

ちなみに、カタール航空で機内用ウェアが配られるのはナイトフライトのみ。持ち帰りたければ長距離かつナイトフライトを選ぼう。

イタリアの老舗バッグメーカー「ブリックス」のスーツケース型ポーチ。写真提供:カタール航空

アジアとオセアニアのこだわりアメニティ

　キャセイパシフィックは、男性用、女性用の2種類を用意。女性用のポーチは、往路と復路で提供されるふたつをスナップボタンで1セットに繋げることができるという、ユニークなデザインとなっている。

　大韓航空は、カリフォルニア州ナパのワイン造り名家、モンダヴィが作っているブランド「ダヴィ」とのコラボ。ブドウや緑茶、ローズマリー、ベリー類などをブレンドしたアンチエイジング効果が高いラグジュアリーコスメだ。

　カンタス航空のアメニティキットは、私が世界一周したときには日本の「SK—II」だったが、2017年にオーストラリアの「ASPAR」に変わった。ホテルやカンタス航空のファーストクラスラウンジにも入っているオーロラスパのオリジナル。植物の活性力を生かした、化学物質を一切含まない自然派コスメだ。

　ファーストクラスのアメニティは、ポーチのデザインにこだわったアメニティあり、スキンケア製品に力を入れているアメニティあり、それぞれのお国柄も出ていて楽しい。ポーチの作りもしっかりしているので、帰国後も使いたくなるものばかり。忘れずに持ち帰ろう。

往復路でもらうふたつのポーチを1セットに繋ぐことができるユニークなデザイン。

機内用ウェアは前開き。写真提供：キャセイパシフィック（2点とも）

カリフォルニアのワイナリー、モンダヴィ社製の高級コスメブランド「ダヴィ」のアメニティ。写真提供：大韓航空

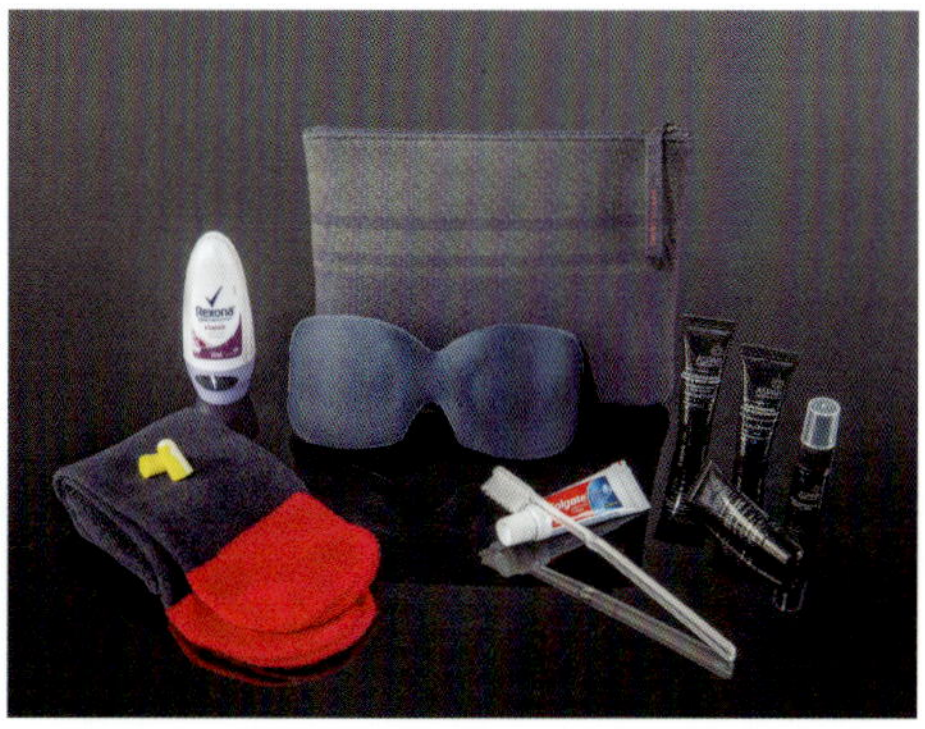

マーティン・グラントがデザインしたアメニティ（女性用）。写真提供：カンタス航空

On Board

機内での過ごし方の流れ ファーストクラスは エンターテインメント！

上：離陸前にタオル地のおしぼりとウェルカムドリンクが配られると、極上のサービスが始まる。左：パーソナルなサービスが心地いい。

他では得られない空の上の贅沢を楽しみ尽くそう

長距離フライトのファーストクラスに搭乗した際の過ごし方を、順を追ってご説明しよう。食事も睡眠も、自分の好きなタイミングにできるし、航空会社によってはサービスに多少の違いはあるものの、一般的な過ごし方の流れがある。そこに、私流の楽しみ方のご提案も加えてご紹介したい。

まずは、ファーストクラスラウンジから機内へ。私の場合は、ラウンジを楽しみすぎて、ギリギリになって機内に駆け込むことが多かった。でも、できれば余裕をもって行動してほしい。ラウンジから搭乗口まで遠いこともあるので、ラウンジに入る前、もしくはラウンジの受付で、ゲートの場所を確認することをお忘れなく。

とはいえ、ゲート手前の搭乗待合室で長時間待つことになるのは避けたい。搭乗が始まる頃に搭乗口に行き、列に並ぶことなく、できれば搭乗待合室のイスに座ることもなく、かつあわてて駆け込むこともないタイミングを見計らおう。

機内に入って手荷物を棚などに収納し終わると、まずはおしぼりを出してくれる。もちろん、紙おしぼりではなく、タオル地の熱々のおしぼりだ。

次に、ウェルカムドリンクを尋ねられる。ここでシャンパンを選ぶ場合に知っておきたいことは、JALやANAなど、シャンパンを複数種類搭載しているフライトの場合、高級シャンパンは離陸後、気圧が安定してから開栓されるということ。ウェルカムシャンパンは喉をうるおす程度にして、高級シャンパンをたっぷり楽しみたい。

着替えて シートを調整して 小さな城を整える

離陸して安定飛行に入ると、機内用ウェアが配られ、着替えるタイミングを尋ねられる。すぐに着替えてもいいし、食事までは服のまま楽しんでもいい。希望したタイミングで、CAさんがトイレに案内してくれる。その前後に機内食をメニューから選ぶ。

機内用ウェアは、サイズが合わなければ他のサイズに交換してくれることも。私は、世界一周中に一度だけ、あまりに大きかったときに換えてもらうことができた。

シートは、リクライニングだけでなく、フットレストの角度もボタンひとつで、あるいはタッチパネルに触れるだけで、自由に変えることができる。

ANAのトイレは床にボードを設置できるようになっていて、着替えの際に素足になっても安心だ。

航空会社によっては、座部そのものの高さを変えることができたり、アームレストの高さも調節できたり、マッサージ機能がついていたり。フルフラットにするときもワンタッチだけれど、ベッドメイキングはCAさんがしてくれるので、触る必要はない。

コントロールスイッチは早めにひととおり確認しておきたい。よくわからなかったらCAさんに聞くか、機能が書かれているシートや、機内誌の後などに記載されている説明書を確認しよう。

ついでに他の機能も確認しておくといい。映画や音楽、ゲームなどの他に、免税品を注文することができたり、アラカルトの機内食を注文することができたり、他のシートと機内電話ができたり。航空会社によって様々な機能が備わっている。ファーストクラスを楽しみ尽くすために、最初に使える機能を把握しておこう。

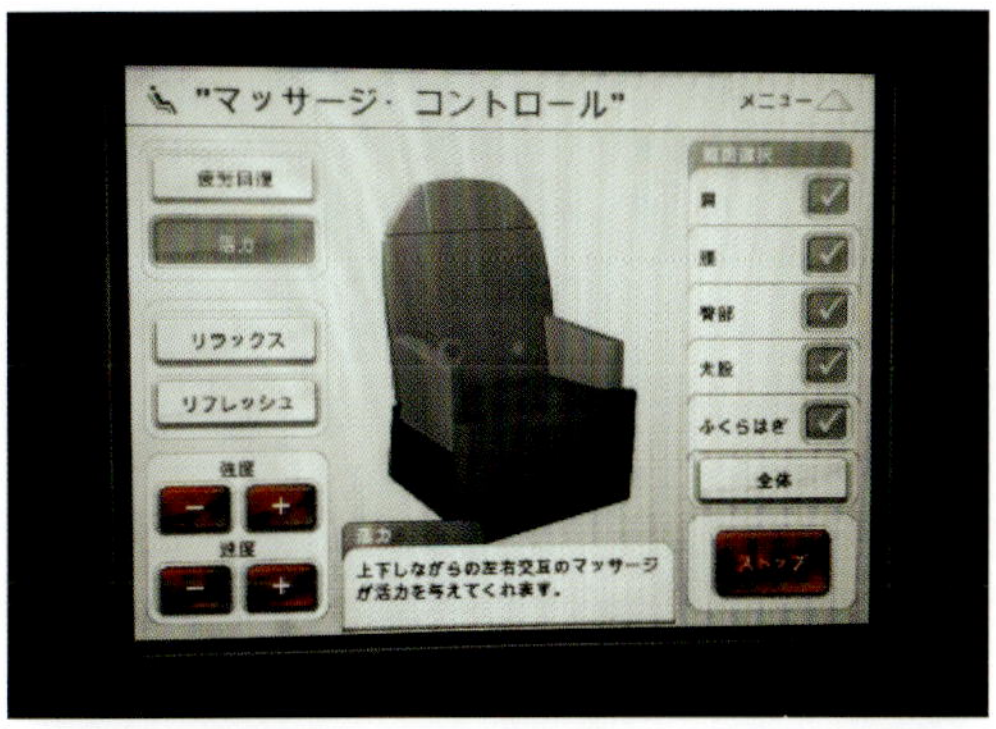

カンタス航空のシートはマッサージ機能つきで、部位ごとに強弱を変えることもできる。

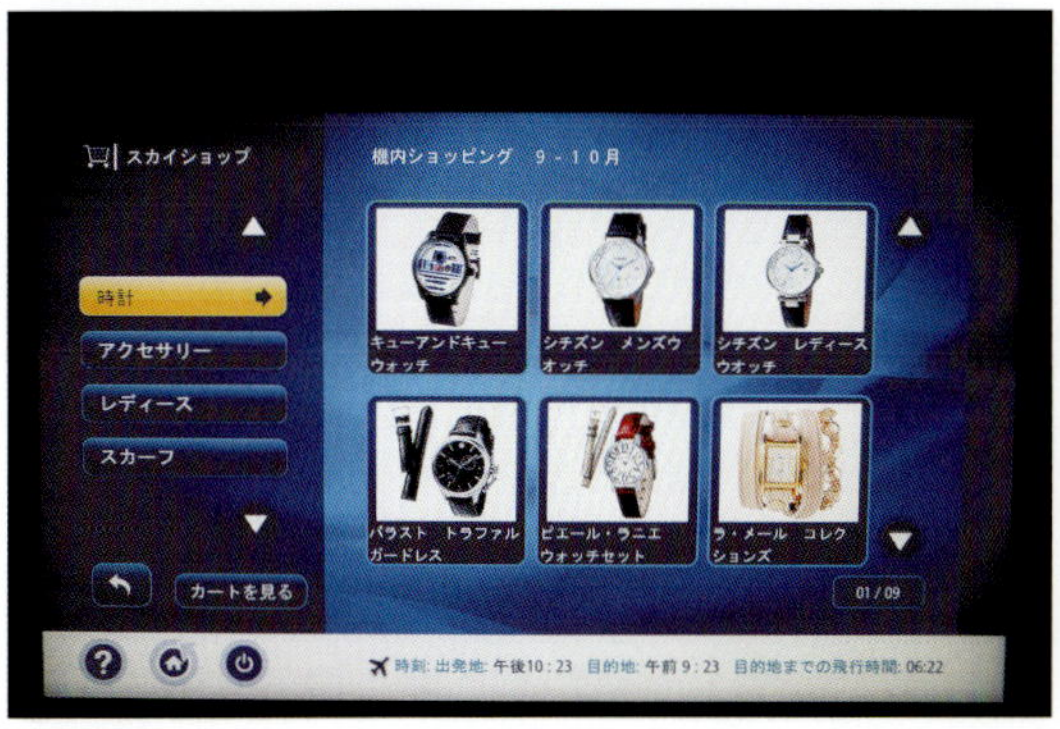

右：手元のコントローラーでアラカルトの食事を注文できる。左：免税品も個人用モニターで選んで注文、CAさんが商品を持ってきてくれたら支払いを済ませる。ともにJAL。

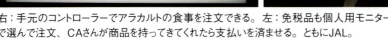

On Board

眠って休むもよし 眠らずに楽しむもよし 魅惑のひとときは自分流で

カンタス航空のアラカルトメニューのサンドイッチとヨーグルト。

食事の時間も 過ごし方も アナタ次第

着替えを終えたタイミングで、飲み物に続き1回目の食事が始まる。長距離フライトでは、たいがい1回目の食事はコース料理で、2回目の食事は軽食だ。フライトの時間帯によっては1回目の食事が軽めの夜食になったり、2回目の食事が卵料理などの朝食メニューになったりする。1回目の食事をお願いするときに、2回目の食事の時間とメニューもお願いしてしまうということもできる。メインの食事については機内食のページを参照してほしい（98～103ページ参照）。

どちらの場合も、お腹が空いていなければアラカルトで軽く済ませることもできる。時間も食事の種類や数も、自由に決めることができるのだ。

1回目の機内食が終わると、ほとんどの搭乗客は横になって休む。なかには、時差調整のために最初に睡眠をとり、食事時間を遅らせる人も。時間を自由に使うことができるのもファーストクラスならではだ。

そのため、メインの照明はどちらにも対応できるよう、早めに落とされ、遅めに点灯される。個別のシートには天井と手元に照明があるので不自由はない。

私は、食後すぐに就寝することはない。映画や音楽などのエンターテインメントもほとんど利用しない。せいぜい映画1本くらいだ。映画は機内でなくても観ることができるし、寝てしまったら記憶に残らない。少しは眠るけれど最小限に留める。なぜなら、ファーストクラスそのものがエンターテインメントだと思っているから。

2回の食事の間にワインを楽しみながら、チーズの盛り合わせやサラダをつまむ。

JALでは、好きなときに手に取れるようにと、トイレの近くにあられなどのスナックが置かれていた。

就寝はもったいない？今しかできない体験を楽しむ

　私がすぐに休まずに何をしているかというと、機内を散策したり、シートの機能をあれこれ使ってみたり、CAさんとおしゃべりしたり。機内にラウンジがあればもちろん見に行くし、そこで他の搭乗客やバーテンダー担当のCAさんと歓談するのも楽しいし、ギャレー（機内食や飲み物の準備をする場所）を見せてもらうこともある。機内でしか見たり聞いたりできないことを楽しんでいるのだ。

高級食材のキャビアは必ずいただきたいメニューのひとつ。

　余談だが、私の友人は、マイルを貯めてファーストクラスに乗ったときに、CAさんに、「少しでも眠っていたら叩き起こしてください」とお願いしたという（笑）。そのくらい楽しみたいほど、ファーストクラスは特別なフライトなのだ。だから、私は、到着後の体調管理と寝具の寝心地の確認のため、短時間だけ眠ることにしている。

　ベッドメイキングは自分でする必要はない。食後、歯を磨くためにトイレに立つと、CAさんがセットしておいてくれる。ファーストクラスの搭乗客が少ない場合、航空会社によっては、隣のシートをベッドにしてくれることも（19ページ参照）。

　2席を使うことができれば、いつでも横になって眠ることができ、いつでも起きることができるという、この上なく快適なフライトになる。横になっていても、ふとお腹が空いたら、いつでも起きてワインを飲んだり、アラカルト料理を食べたりできるという、至福の時間を満喫できるのだ。

　就寝と同様に起床の時間も自由だが、着陸態勢に入る時間は把握しておきたい。朝食を食べ損ねたり、慌てて着替えることになったりするからだ。起きる自信がなければ、CAさんに起こしてくれるようお願いしておこう。寝過ごして残念なことにならないように！

シンガポール航空のスイートは、座席とは別に壁に収納されたベッドを取り出してセッティング。フラットで寝心地がいい。写真提供：シンガポール航空

ベッドはCAさんが用意してくれる。写真提供：キャセイパシフィック

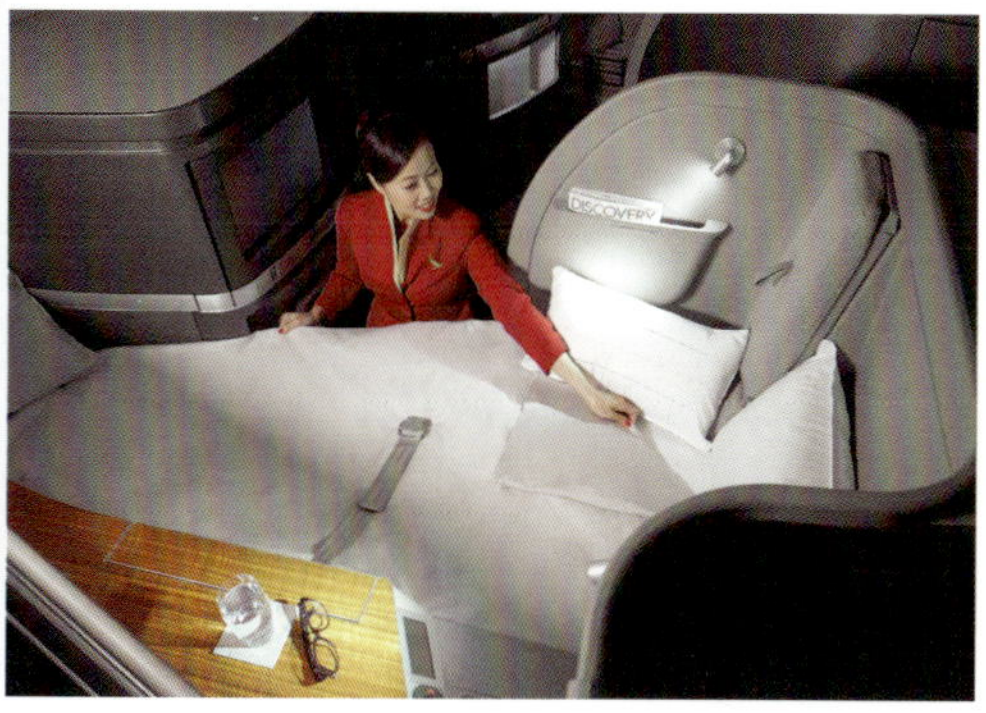

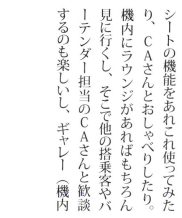

JAL の和朝食。機内で炊いたご飯とともに。

Arrival

降機もトランジットも待たずにスイスイ到着ラウンジも楽しみたい

到着時間から逆算 最後まで慌てず 余裕で降機しよう

2回目の食事は、時間を指定しない場合は、他のクラスと同様に目的地への到着の約2時間前となる。メニューは直前に選ぶこともできるが、できれば1回目の食事の後すぐにCAさんに伝えておきたい。とくに、複数のメニューをいただきたい場合は早めにお願いしておこう。

メニューは、アラカルトからいくつか選ぶこともできるし、セットメニューを選ぶこともできる。セット内容の一部を変えてもOKだ。たとえば、洋食セットのパンをご飯に変えるとか、サラダを追加するとか。素材がなければできないが、可能な限り柔軟に対応してくれる。

また、機内用ウェアから自分の服に着替えるタイミングを食事の前にするか後にするかも、あらかじめ決めておきたい。女性の場合は、着替えの他にメイクなど身支度の時間も考えて早めに行動しよう。

私の場合は、写真をたくさん撮りたいので、食事の前には着替えて身支度しておくことが多い。写真を撮りながら食事していると時間がかかるので、食べ終わったらすぐにシートベルトサインが点灯してしまったりするからだ。

食事の前後に、到着空港によって、入国審査の優先レーンを使うためのカードが配られる。出国時と同様に、「プレミアム・レーン」、「ファスト・トラック」、「エキスプレス・レーン」、「プライオリティ・レーン」など、呼び方は様々。カードがないと入れてくれないことがあるので、なくさないように気をつけよう。

上：キャセイパシフィックのプレミアム・レーンには、社名、目的地、転売禁止が記載されている。
左：アラブ首長国連邦のアブダビ空港到着時に配られるファスト・トラック・カード。

降機後もスイスイ移動 到着ラウンジが 利用できることも

目的地に到着して、ボーディングブリッジやタラップが設置されてドアが開くと、待つことなくすぐに機外に出ることができる。空港ターミナルまでバスで移動する際には、ファーストクラスの搭乗客だけ、もしくはビジネスクラス以上の搭乗客用に別の車が用意されているので、ここでも待ち時間はほぼゼロだ。

乗り継ぎ（トランジット）の場合は、「トランスファー（Transfer）」と書かれた方向に、到着の場合は「アライバル（Arrival）」と書かれた方向に歩いて行こう。乗り継ぎ時間が長い場合はラウンジへ。次のフライトの搭乗券を見せて入室することになる。

到着の場合は入国審査があるが、ここで、優先レーンが設置されている空港では、機内でもらったカードを渡して優先レーンへと進もう。空港によっては到着時、乗り継時のどちらも手荷物検査があることも。この場合も優先レーンがあるか確認しながら進みたい。

空港によっては、到着ロビーに到着ラウンジがある。インドネシアのジャカルタ、香港、カタールのドーハ、ドイツのフランクフルト、アメリカのサンフランシスコなどだ。到着ラウンジの特徴は、シャワールームの数が充実していること。身だしなみを整えて空港を出ることができる。午前中だけということもあるので、事前に利用条件とともに営業時間も確認しておきたい。

国内では唯一、成田空港にANAの到着ラウンジがあり、ANAグループのビジネスクラス以上の国際線到着客と、国内線出発客が利用することができる。

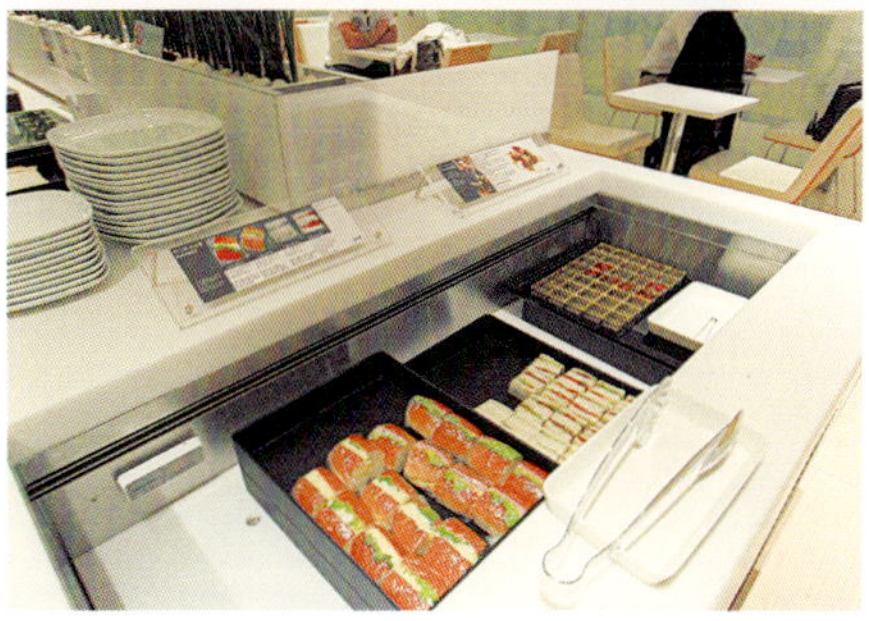

上：成田空港にある国内唯一の到着ラウンジ。写真提供：ANA　下：到着ラウンジには飲み物と軽食が用意されている。

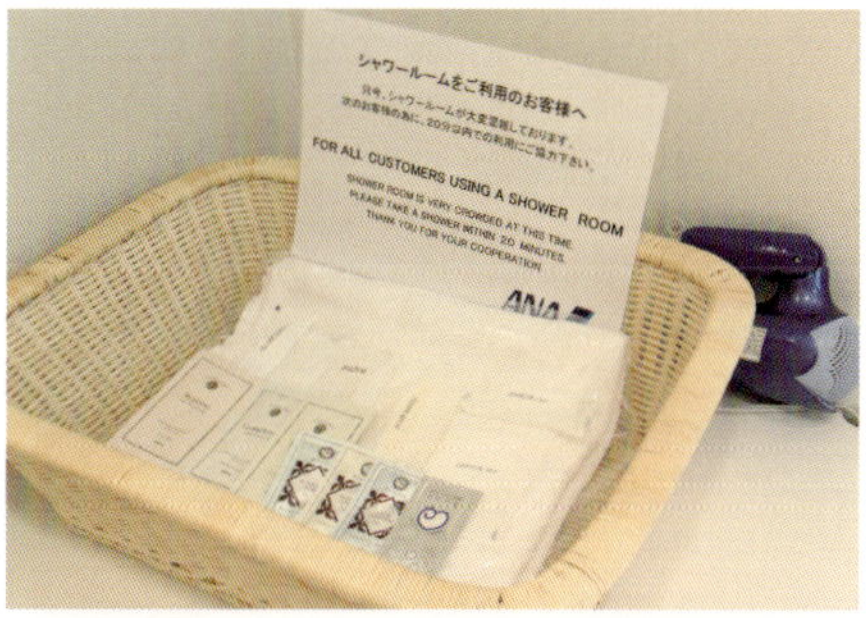

左、下：成田空港のANA到着ラウンジのシャワールームは5室。アメニティ（左）は、シャンプー、コンディショナー、クレンジング、化粧水、乳液、カミソリ、歯ブラシ、ヘアブラシ、シャワーキャップなど。

Column

これが飛行機の座席？究極のファーストクラス！

豪華さを競う中東系エアライン

桁外れにラグジュアリーなフライトを提供しているのが、中東を拠点としている3社。エティハド航空とエミレーツ航空、そしてカタール航空だ。

2018年6月現在、世界でもっとも豪華なキャビンをもつのが、アラブ首長国連邦のアブダビを拠点とするエティハド航空。「ザ・レジデンス」と呼ばれるキャビンクラスは、なんと、ベッドルーム、リビングルーム、シャワールームの3室からなる。まるでホテルのような造りで、機内にいることを忘れてしまいそうなくらい広い。

上：エティハド航空の「ザ・レジデンス」のリビングルーム。テレビのサイズも特大だ。

世界で最初に機内にシャワールームを設置したのは、同じアラブ首長国連邦にあるドバイのエミレーツ航空。2017年12月、B777型機の内装を刷新、順次導入していく。

2017年12月からB777型機に順次搭載されている新ファーストクラスは、ドアが天井までの完全個室。

内装はメルセデス・ベンツを模したデザイン。照明も高級感がある。写真提供:エミレーツ航空（2点とも）

新しいファーストは横に3席で1−1−1が2列の6席。床から天井までドアがあり、完全個室となっている。インテリアは、「メルセデス・ベンツ」にヒントを得たという。鏡を使ってさらに広く見える工夫がなされていたり、室温の調整ができたり、機能面もグレードアップした。

エミレーツ航空はアライアンスに加盟していないので世界一周航空券では搭乗できないが、JALのマイルを貯めれば特典航空券と交換することは可能だ。

中東系の航空会社で、唯一、航空アライアンスに加盟しているのが、カタールのドーハを拠点としている「ワンワールド」のカタール航空。コーポレートカラーのバーガンディーをあしらったエレガントなバーラウンジがある。ファーストクラス設定がある長距離路線は多くはないが、第3章の地図を参考にしてルートに組み入れたいというものだ。

上:ベッドは座席を倒すのではなく、別途セッティングされる。　下：専用のバスルームは、他の搭乗客が利用することはない。写真提供:エティハド航空（3点とも）

カタール航空のバーラウンジ。
カウンターの曲線が優美だ。

トイレもバーデンディー色。後ろのソファの座席部分を持ち上げると便座が現れる。写真提供:カタール航空（2点とも）

アジアの翼もアップグレード!

アジアでもアップグレードが予定されている。「スイート」と名づけられたファーストクラスをもつシンガポール航空だ。2020年までに、すべてのA380型機に刷新した機内装備を導入する予定だ。

新しい「スイート」は、2階部分に6席のみ。革張りの座席とは別にフルフラットのベッドを備えているので、座席をベッドメイキングする必要がない。ベッドは窓側が頭、通路側が足となる。最初の2列はダブルベッドにしてパートナーと一緒に休むことができる造り。

残念ながら、2018年6月現在日本発着のフライトで利用することはできないので、A380型機が飛んでいるルートを探そう。既に新機材が導入されているルートもあるので、最新情報を確認して、新「スイート」に乗ることを目的としてルートを組むというのも手だ。

トイレには座って身だしなみを整えることができる化粧台もある。写真提供：シンガポール航空（2点とも）

シンガポール航空の新しい「スイート」は、座席とベッドが独立していて、ベッドはダブルベッドにもできる。

Column

機内食を事前にオーダーする！

希望の機内食が品切れのことも

ファーストクラスの楽しみのひとつに機内食がある。各社ともミシュラン星つきレストランのスターシェフなど、世界各地の名店のシェフとコラボレーションしたり、高度10,000mを知り尽くした自社の機内食専門シェフが手がけたり。極上の食材を使った最高峰の料理が提供される。

もちろん、機内でメニューを見ながら選ぶのも楽しいが、事前に選んでおくという手もある。以前は搭乗客すべての人数分、全種類のメニューを搭載しているとも言われていたが、メニューの選択肢が大幅に増えたことにより現実的ではなくなった。それぞれのメニューには数に限りがあり、ファーストクラスといえども希望のメニューが品切れになることがあるのだ。

上：ファーストクラスの機内食は、スターシェフが創る極上の美食。写真提供：ANA　右：SUGALABOの須賀洋介シェフによるキャビアのオードブル。キャビアは各社とも人気メニューだ。写真提供：JAL

旅立つ前にゆっくりとメニューを選ぶことができるのもファーストクラスの醍醐味。写真提供：タイ国際航空

ホームページでメニューの確認

そのようなことがないよう、お目当てのシェフの料理や、好みの食材を使った料理がある場合には、事前にオーダーすることをお勧めする。健康上や宗教上などの特別食は全クラス事前オーダーができるが、通常の機内食をオーダーできることはファーストクラスの特徴のひとつだ。アレルギーなどに対応した個別のメニューを用意してくれることすらある。

JALやANAは、ホームページに機内で配られるメニューと同じものが掲載されているし、タイ国際航空は料理を写真で確認してその場でオーダーすることができる。

ホームページから直接オーダーできなくても、予約窓口に電話したり、Eメールを送ったりすれば、対応してくれるはず。まずはホームページを確認しよう。もし、ビジネスクラスのメニューで気になるものがあればメニューに加えてもらうこともある。

好きな料理を確実にいただくために、旅立つ前にひと手間かけよう。

Route Making

chapter

3

旅のルート作り

ファーストクラスはすべてのフライトにあるとは限らない。でも、1フライトでも多く搭乗したいというもの。そのためには、ファーストクラスがどの路線に飛んでいるのか調べる必要がある。この章ではアライアンスごと、エリアごとに、ファーストクラスだけの就航路線図を掲載した。これらの地図を活用して、効率よくファーストクラスに乗ろう!

機内へと向かうボーディングブリッジ。今回の旅では、左側のファーストクラスへ！

TRAVEL PLAN

ファーストクラスにこだわって旅のルートを決めていく

ファーストクラスの世界一周航空券とは

本書のテーマは、世界一周航空券を使って、お得にファーストクラスの旅を楽しむこと。ファーストクラスの世界一周航空券は、ワンワールドとスターアライアンス、ふたつの航空アライアンスが設定している。スカイチームは、ビジネスクラスの世界一周航空券を使って、格安でファーストクラスにアップグレードするスタイルだ。

世界一周航空券は、大きく分けて2種類。訪れる大陸数で運賃が変わるものと、飛行距離で変わるものがある。いずれも西回りか東回りで、後戻りせずに最大16回のフライトに搭乗することができる航空券だ。詳しくは次章でご説明するが、いくつかのルールに従って旅程を組む必要がある。

有効期限は1年で、一度に使わなくても大丈夫。旅の途中から別の航空券を使って帰国し、次の休みに同じ場所まで戻って旅を続ければいい。年末年始やGW、夏休みに分けて使うこともできるのだ。

ファーストクラスは必ずあるとは限らない

実際にファーストクラスの世界一周航空券を使うにあたって注意が必要なのは、すべてのフライトにファーストクラスの設定があるわけではないということ。1本でも多くファーストクラスに乗るためには路線を選ぶ必要がある。本章では、各アライアンス別、ゾーン別の、世界一周航空券で搭乗可能な全ファーストクラス就航路線図を掲載した。

実はこれ、私が旅の計画中にもっともほしかった情報。航空会社によ

って時刻表に記載があるが、たいがいは各フライトを検索して確認したり、予約センターに電話して探してもらったりする必要があった。ファーストクラスの路線を調べてはルートを組み直すという作業を何度も繰り返したのだ。

読者の皆さんにはもっと楽をしてほしいと思い、各航空会社の協力を得て地図にした。ぜひ活用してほしい。

最初に決めるのは絶対に行きたい旅先

旅のルートを選ぶ際には、まず、どうしても行きたい旅先を2～3カ所、最大でもゾーン毎に1カ所は決めよう。

私が最初に決めた旅先は、アフリカのナミブ砂漠と南米のウユニ塩湖だった。理由は以下の3つ。絶景が好きなこと、日本から直接行くと旅費が高いこと、そして、ずっと行きたかったのに機会がなかったこと。どちらも短距離フライトを買い足す必要があったけれど、日本からそれぞれへ何度も往復する旅費に比べたら格安で楽しむことができたのだ。

いくつか選んだ旅先で、アライアンスや航空券の種類、ルートをある程度絞ることができる。これが最初の一歩。

アライアンス選びは小さな理由でもいい

最初に選んだ旅先によっては、特定の航空会社のフライトしか飛んでいないということもある。

たとえば、太平洋上に浮かぶイースター島やガラパゴス諸島に行きたいのであればワンワールド、西部インド洋のマダガスカル島ならスターアライアンス、フィジーやタヒチならスカイチームを選べばいい。

最優先の旅先がヨーロッパや北米、アジアだった場合は、複数のアライアンスが飛んでいるので迷うところ。他の要素を加味したい。

たとえば、マイレージプログラムの特典利用のことを考えるなら、普段からマイルを貯めている航空会社が加盟しているアライアンスを選ぶという選択肢もある。

ファーストクラス体験を重視するのであれば、特別に豪華だったり個性的だったりするファーストクラスに乗ることを目的にするのもいい。他のクラスにはない楽しみ方だ。シンガポール航空の「スイート」に乗るためにはスターアライアンス、エールフランス航空の「ル・プルミエール」を満喫するならスカイチームを選ぶ必要がある。また、2016年にオープンしたカタール航空のとびきり豪華なラウンジを利用したいならワンワールドだ。

南米に行くならぜひともルートに入れたいボリビアのウユニ塩湖。この世のモノとは思えない絶景だ。

アフリカ南部ナミビアのナミブ砂漠は世界でもっとも美しいと称される砂漠。色といい規模といいこちらも必見だ。

ファーストクラスは広い。キャセイパシフィック航空は1列に3席だけという贅沢な空間だ。

大陸制か距離制か航空券の候補を決める

次に決めるのは航空券の種類。行きたい旅先が北米、ヨーロッパ、アジアといった北半球だけなら、飛行距離が短い航空券で回ることができるが、南半球を加えるとぐっと距離が必要になってくる。

私のように、目的地がアフリカと南米の場合、南半球のふたつのゾーンにあるため、大陸数、距離数が多い航空券を選ぶ必要があった。選んだのは大陸制の「６大陸」。正確には「５大陸」のつもりでうっかり、１大陸増やしてしまったのだが、すべての航空券のなかでもっとも長い距離を飛ぶことができる航空券だ。

この章の地図とそこに書き添えた特徴を参考にして、行きたい旅先に飛んでいる航空会社を探し、どの航空券を選べばいいのか検討しよう。

点を線で結びながら次の旅先を足していく

ここからがルート選びの本番。最優先の旅先を決めて、アライアンスを決めたら、次はその点と点の間を線で結んでいく。世界一周航空券は16回（16区間）飛ぶことができるので使い切りたいところだが、回数にこだわらずにルートを選びたい。本書で目指すのはファーストクラス、それも長距離フライトだからだ。

また、中・短距離フライトや国内線フライトにもファーストクラスがあるものの、仕様が違うので注意したい。シートがフルフラットにならなかったり（眠るほどの時間はないので）、アメニティポーチがもらえなかったり。食事の内容もフルコースの時間がなくてワンプレートとなることも（もちろん、他のクラスよりは豪華だけれど）。ファーストクラスの醍醐味を味わいたいなら、たとえ遠回りのルートになったとして

も、1本でも多く長距離フライトを入れたいというものだ。

大陸制はジグザグに飛び距離制なら回数は諦める

ファーストクラスの長距離フライトを、もっと楽しむためにはコツがある。

大陸制の航空券の場合は、大陸から大陸に移動する際に、南北にジグザグに飛べば距離を長く飛ぶことができて、その分長距離フライトを楽しむことができる。

私の旅での変則的な使い方としては、短距離フライトでもファーストクラスがあって、豪華なラウンジを利用できる場合には世界一周航空券を使った（40ページ参照）。また、最後に回数が残っていたので、ビジネスクラスにダウングレードしたものの、アジアで大好きな麺を食べ歩いたりもした（58ページ参照）。これは飛行距離が無制限の大陸制ならではの使い方だ。

距離制の航空券の場合は、長距離フライトを選んでいくとあっという間に制限距離に近づいてしまう。でも、ここでフライト回数があまってもったいないからと回数を増やすのは得策ではない。短距離フライトにはファーストクラスがないことが多いし、何より、その分ファーストクラスで飛ぶ距離が短くなってしまうからだ。もっと回数を飛びたいと思うのなら、飛行距離の設定が長い航空券を選ぼう。

日本発着を日系にして上級ステイタスを目指す

もうひとつ事前に知っておきたいことがある。世界一周航空券は通常の航空券と同様にマイルを獲得することができる。しかも、ファーストクラスなら割増だ。1回の旅行で航空会社の上級会員のステイタスをほぼ獲得できる。すると、翌年1年間は数々の特典を受けることができるのだ。

また、特典を最大限享受するためには、日本発着のフライトをＪＡＬかＡＮＡで、なるべく長距離のフライトを選ぶことをお勧めする。第5章で詳しくご説明するが、日系の航空会社なら、受け取った特典を翌年以降も継続できるのだ。これも頭に入れておきたい。

避けることは難しい運航ダイヤと機材の変更

航空ダイヤは、毎年3月末と10月末に改編がある。本章のファーストクラス就航路線図は、本書発売時点（２０１８年９月）では最新の情報だ。前年からリサーチを進めていたので、校正の際に新ダイヤを調べ直した。本書発行後の最初の改編は、２０１８年10月下旬なので、それ以降は一部変更になると思われる。また、路線が新規に就航したり廃止となったりすることもあるし、急な機材変更で思っていたシートでなくなることもあるかもしれない。

でも、変わることが予想される情報を載せることに迷いはなかった。前述の通り、旅の計画時に私がもっとも必要としていた情報だから。ビジネスで使われるような主要路線はほとんど変わることはないが、10月下旬以降は最新情報も確認しつつ、これらの地図を最大限活用してほしい。

シートに座ったらすぐにウェルカムシャンパン。もちろんソフトドリンクも選ぶことができる。

oneworld

飛行距離無制限の航空券がある唯一のアライアンス、ワンワールド

大陸数か飛行マイル数か選択肢が2種類

ワンワールドの最大の特徴は、3つのアライアンスのなかで唯一、訪問する大陸の数で運賃が決まる世界一周航空券「ワンワールド・エクスプローラー」があること。飛行距離数によって運賃が変わる（距離が制限されている）航空券に比べて、距離に制限がないので、すべての世界一周航空券のなかで、もっとも長距離を飛ぶことができる航空券なのだ。私が実際に使ったのもこの大陸制だった。

「ワンワールド・エクスプローラー」には、3〜6大陸までの4種類がある。下記地図の6つのゾーンに分けられているので、そのなかから訪れたい大陸を選ぶ。

大陸制なら多くの大陸を訪れたい場合に選択肢が広がる。距離制だと最大でも4〜5大陸が限界だが、大陸制であれば「6大陸」という航空券があるからだ。大陸間移動が増え、ファーストクラスの醍醐味でもある長距離フライトに搭乗できる機会も増える。しかも距離を気にする必要はないのだ。

また、距離制では陸路やアライアンス加盟外のフライトで移動した

ワンワールドのゾーン区分

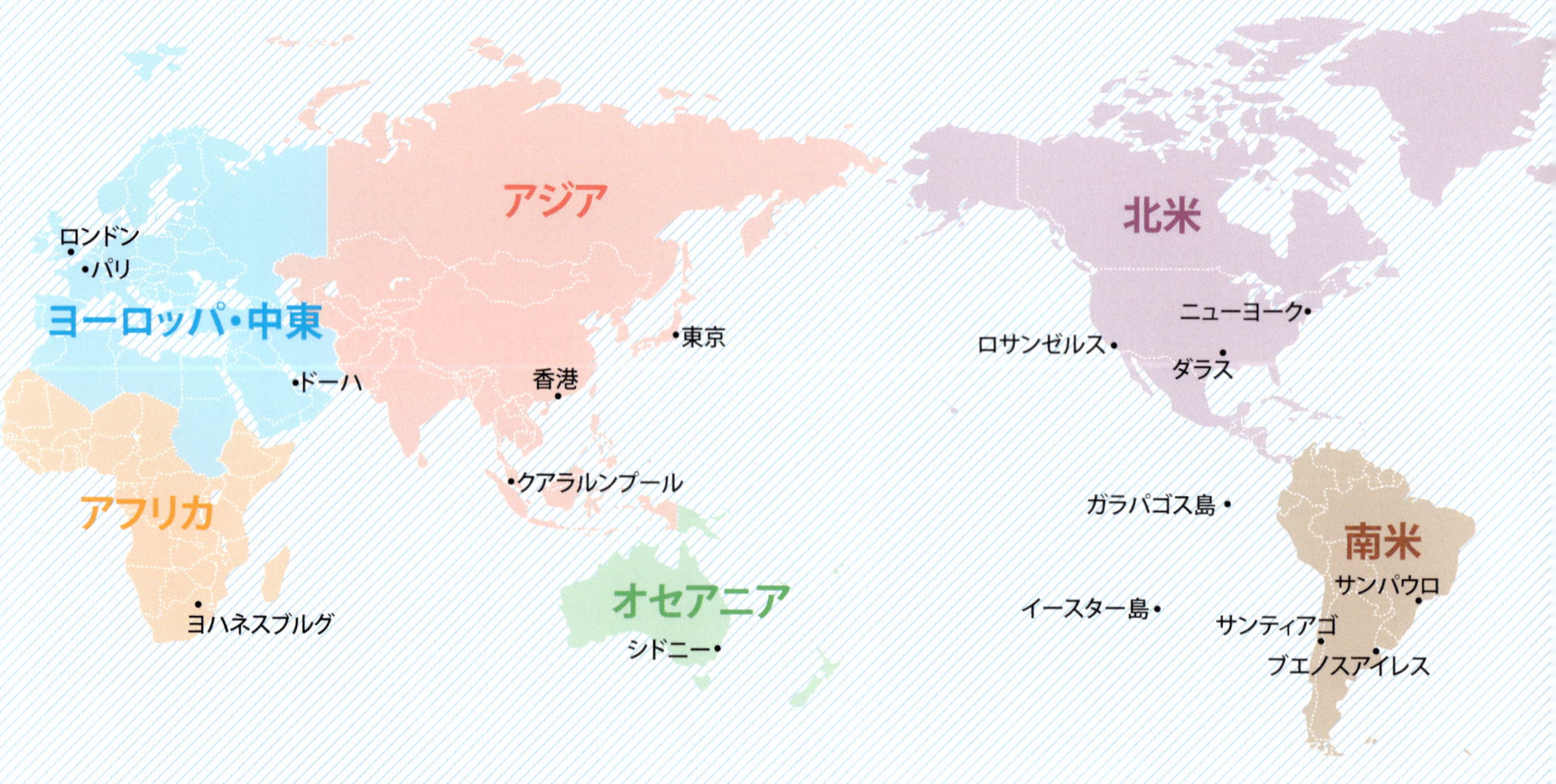

中東のアラブ首長国連邦アブダビのキャメルライド（43ページ）。ドバイからもアクセスしやすい。

区間はマイル数が加算されるが、大陸制は区間数のカウントのみ。よりダイナミックな旅程を組むことができる。旅行後に少しでも多くのマイルをもらうために、南北にジクザグに飛びながら移動して距離を延ばせるのも大陸制だけだ。

ワンワールドには距離制の「グローバル・エクスプローラー」もあるが、こちらは4種類の運賃設定のうちファーストクラスの設定は「3万4000マイル以内」のみ。アライアンス加盟外の航空会社便も利用できるのが特徴だが、それらに長距離のファーストクラス便はない。ファーストクラスで世界一周するなら大陸制がベターだ。

中東と南米が充実 イースター島や ガラパゴス諸島も

1000都市以上に就航しているワンワールドは、全大陸に路線をもつアライアンス。とりわけ他のアライアンスの路線が少ない南米に強いのが特徴だ。というのも、南米最大の航空会社、ラタム航空が加盟しているからだ。

ラタム航空には残念ながらファーストクラスの設定はないが、チリのサンティアゴまでファーストクラスで飛び、そこからラタム航空でイースター島やガラパゴス諸島へ行くことができる。これらの島々へのフライトがあるのはワンワールドだけだ。

また、私のように、ワンワールド加盟外の航空会社のフライトを買い足して、マチュピチュ（24ページ参照）やウユニ塩湖（26ページ参照）をルートに加えるという手もある。この2カ所は、絶景特集ではかならず名前が出てくる観光名所。南米に足を踏み入れたらぜひとも行っておきたい場所だ。

南米までもう一度行くことを考えたら、少し足を延ばすという距離感だろう。

中東では、ドーハ発のカタール航空のファーストクラス就航路線をぜひ選んで欲しい。2016年にオープンしたカタール航空の豪華ラウンジ（88ページ参照）を楽しみつつ、ファーストクラスで移動することができる。

ワンワールドだけが飛んでいるイースター島。チリのサンティアゴから飛ぶことができる。

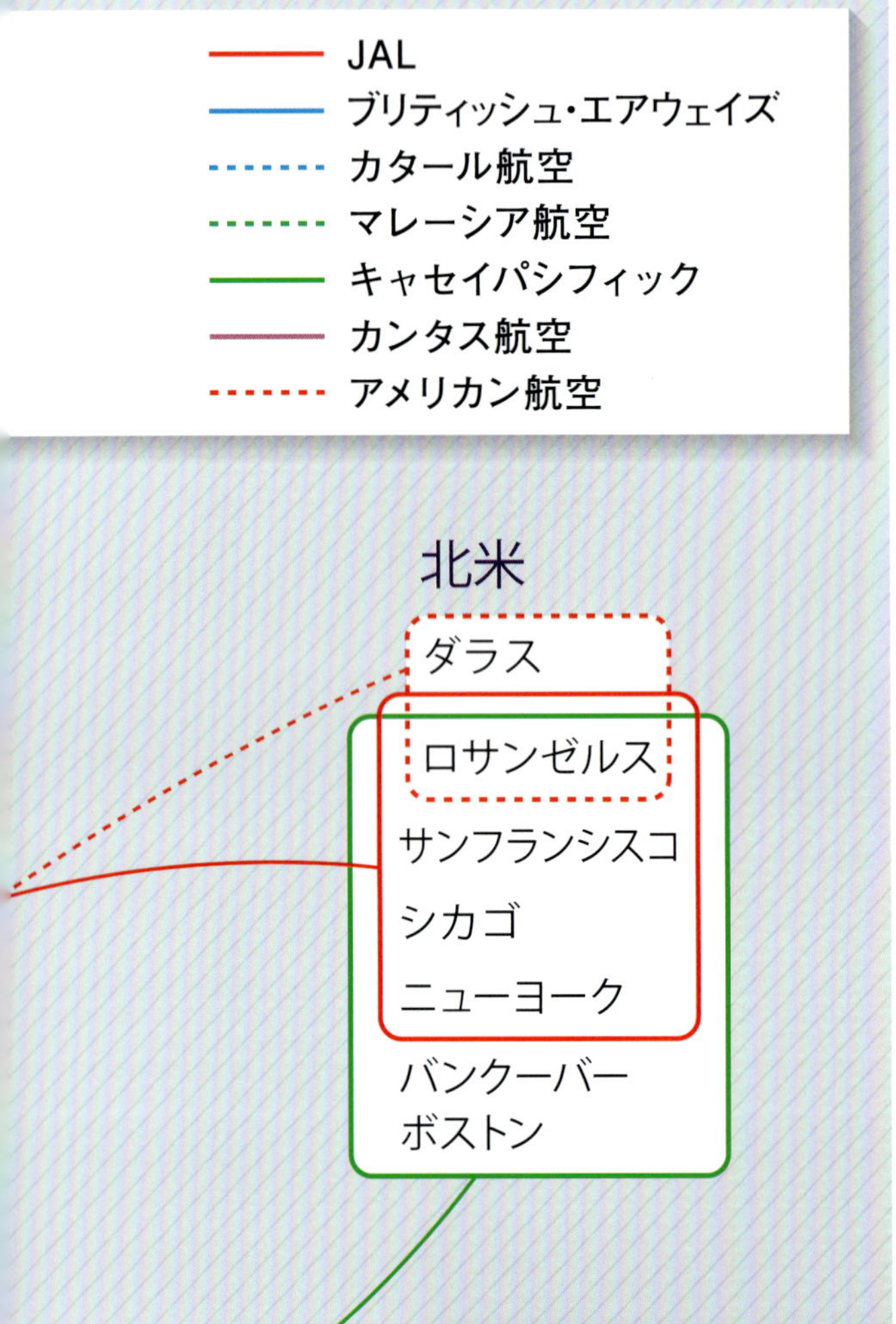

クアラルンプールにあるペトロナスツインタワー。街のランドマークだ。

アジア就航路線

まずはJAL便を選び アジア内は不定期の キャセイパシフィック便で

日本を起点とする世界一周の場合は、アジア大陸は出発か帰着のどちらかで必ず通ることになる。ワンワールドにはJALとキャセイパシフィックが加盟しているが、アジア内のファーストクラス定期運航便は意外と少ない。予約センターに電話して探してもらうと、記載以外の路線が出てくることもある。

第5章でご説明するが、帰国後の特典を考えると日本発着はJALの長距離フライトとしたい。ただ、ロンドン便やアメリカ便を選んでしまうとアジアに立ち寄ることができなくなってしまう。しかし、ダイヤ改編により、私が使ったジャカルタ便（62ページ参照）にファーストクラスが設定される可能性もあるので、要チェックだ。

羽田にはJALのファーストクラス専用ラウンジ(80ページ参照）や、ファーストクラス専用ではないが、外資航空会社初のキャセイパシフィック自社ラウンジがある。香港ではキャセイパシフィックのファーストクラス専用豪華ラウンジ（89ページ参照）を満喫してその先へと飛びたい。キャセイパシフィック便は、ファーストクラスの設定がない日もあるので、予約の際に確認をお忘れなく。

アジアの要となる香港。キャセイパシフィックのファーストクラスラウンジは必訪。

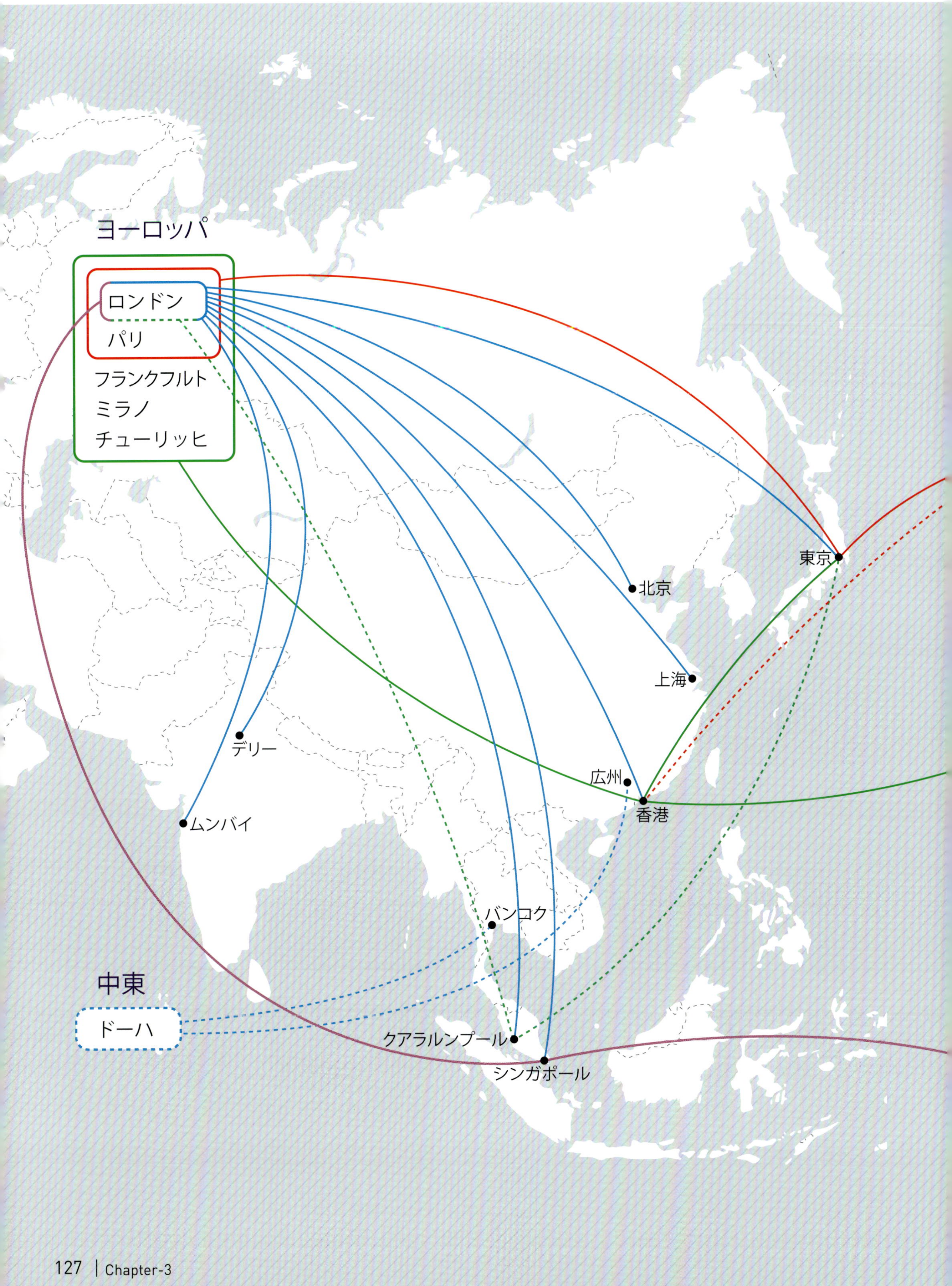
ヨーロッパ
ロンドン
パリ
フランクフルト
ミラノ
チューリッヒ
東京
北京
上海
デリー
広州
香港
ムンバイ
バンコク
中東
ドーハ
クアラルンプール
シンガポール

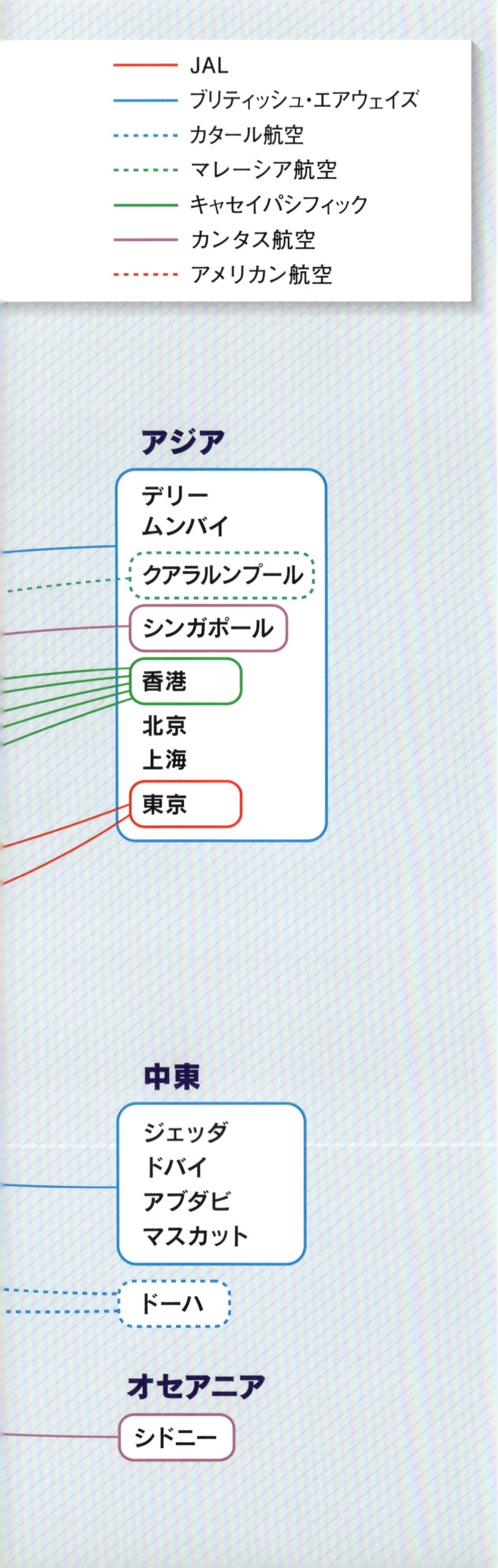

ヨーロッパ就航路線

ブリティッシュ・エアウェイズが拠点とするロンドンをルートの要とする

ファーストクラスで行くことができるヨーロッパの都市は、ロンドン、パリ、フランクフルト、ミラノの4都市。なかでも、ヨーロッパ大陸でワンワールドのキーポイントとなるのはブリティッシュ・エアウェイズの拠点であるロンドンだ。各大陸と路線を結び、とくに北米へのフライトが充実していて選択肢が多いのも特徴となっている。

ヨーロッパ内のフライトは距離が短いこともあり、ファーストクラスの設定はない。格安航空会社のフライトが多数飛んでいるし、鉄道網もしっかりしているので、それらをうまく使って何都市か巡ってから再び世界一周航空券を使って次の大陸に移動することもできる。もちろん、区間数、マイル数があまっていれば世界一周航空券を使ってビジネスクラスで飛べばいい。

ヨーロッパから次の大陸へのファーストクラスの移動は、ロンドン発のフライトがお勧め。ロンドンのヒースロー国際空港にあるブリティッシュ・エアウェイズのファーストクラス専用ラウンジ「ザ・コンコルド・ルーム」(87ページ参照)を利用することができるからだ。スパで無料のマッサージ(15分)を受けてリフレッシュしてから機内へ。

ロンドンのヒースロー空港にあるブリティッシュ・エアウェイズのファーストクラス専用ラウンジ。

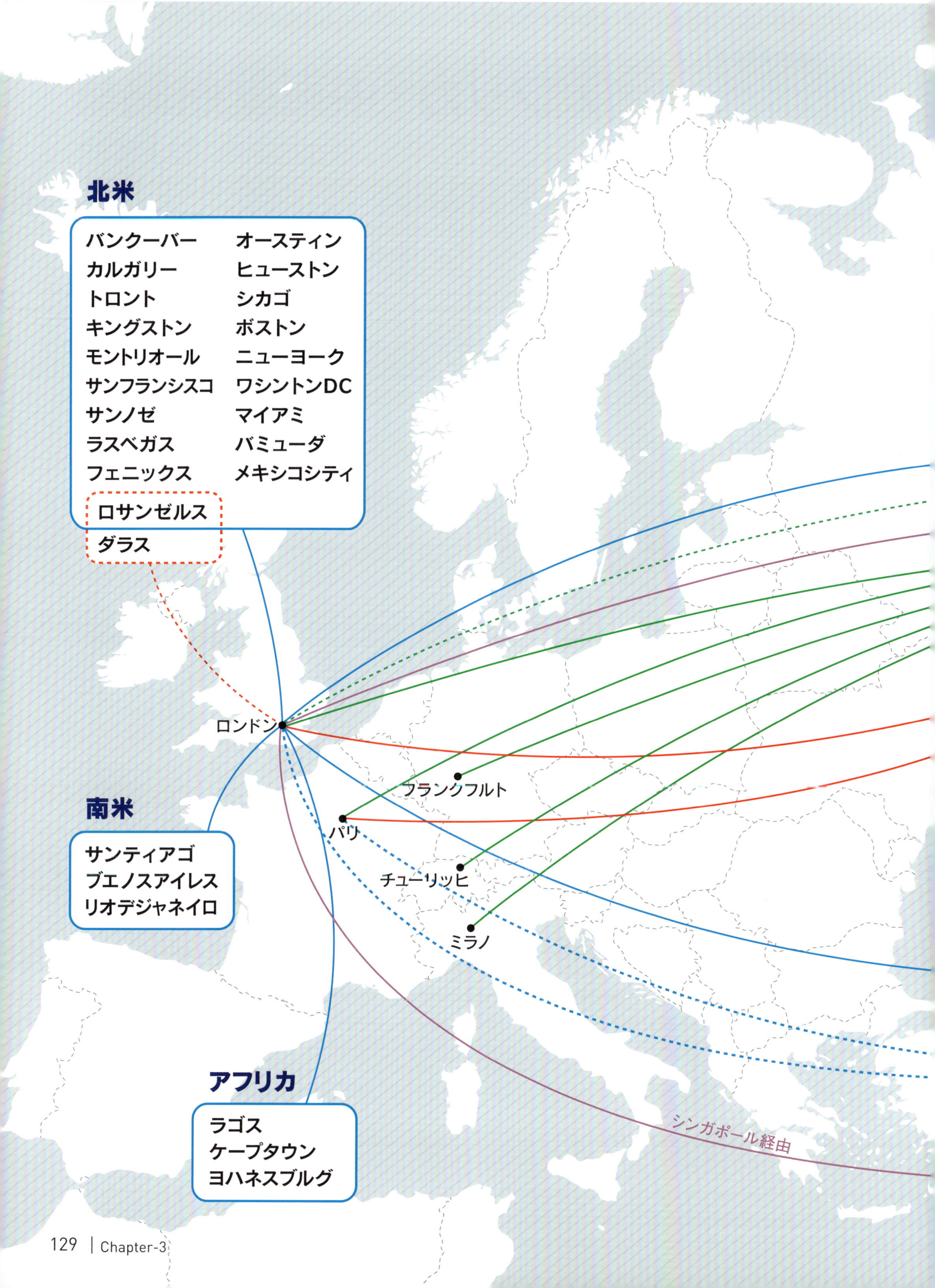
北米
バンクーバー
カルガリー
トロント
キングストン
モントリオール
サンフランシスコ
サンノゼ
ラスベガス
フェニックス
オースティン
ヒューストン
シカゴ
ボストン
ニューヨーク
ワシントンDC
マイアミ
バミューダ
メキシコシティ
ロサンゼルス
ダラス
ロンドン
フランクフルト
パリ
チューリッヒ
ミラノ
南米
サンティアゴ
ブエノスアイレス
リオデジャネイロ
アフリカ
ラゴス
ケープタウン
ヨハネスブルグ
シンガポール経由

アフリカ・中東就航路線

**滞在と経由を使い分けて
ゾーン間の移動を
ファーストクラスで繋ぐ**

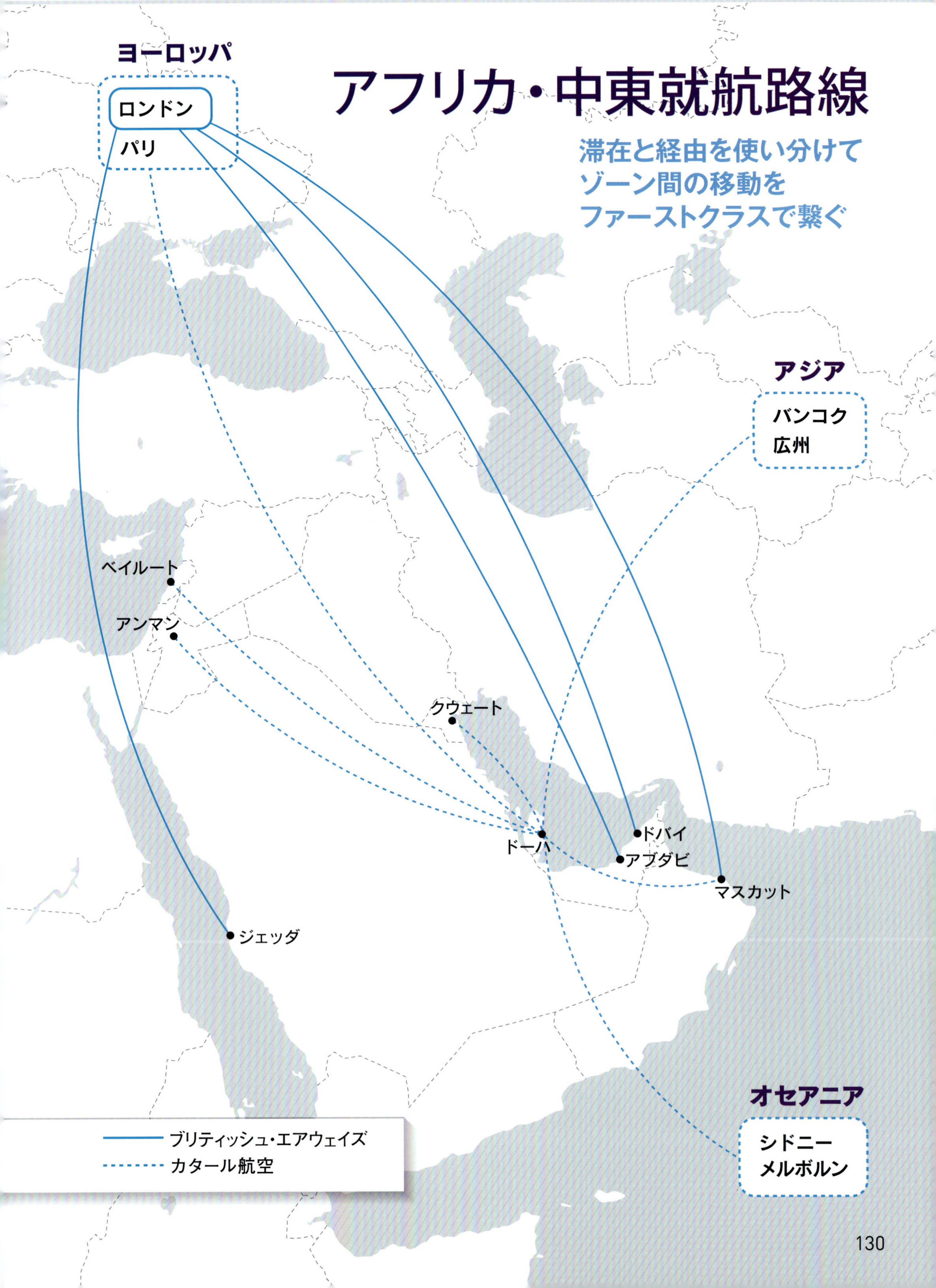

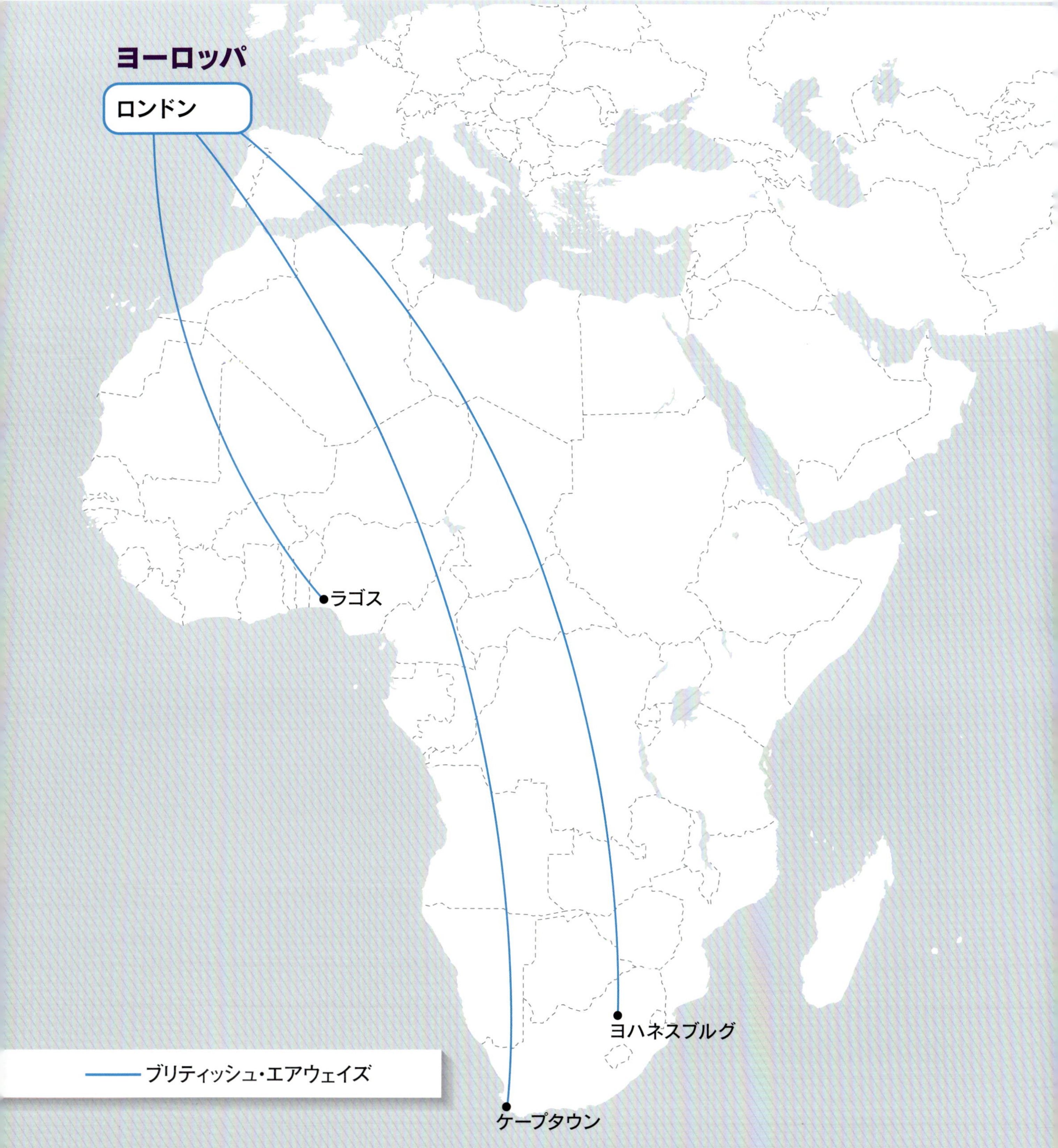

中東と北アフリカは「ヨーロッパ」ゾーンに含まれる。このゾーンでは、カタールのドーハを拠点とするカタール航空が飛んでいる。中・短距離であってもファーストクラスがあるのが特徴だ。ドーハには世界一豪華と言われる「アル・サフワ・ファーストラウンジ」（87 ページ参照）があるので、ラウンジを堪能するためだけでも立ち寄る価値がある。格安の空港発市内観光ツアーに参加するのもいい。

西・南部アフリカへはロンドンからブリティッシュ・エアウェイズが飛んでいる。工夫が必要なのは前後の移動。ヨーロッパからアフリカ大陸へ行くとその後にヨーロッパに戻って滞在することはできないが、前後のどちらかを経由にすればロンドンからファーストクラスでアフリカまで往復できる。

北・南アメリカ就航路線

大陸内のハイライトへは ビジネスクラス便を使うか 他航空会社の便を買い足す

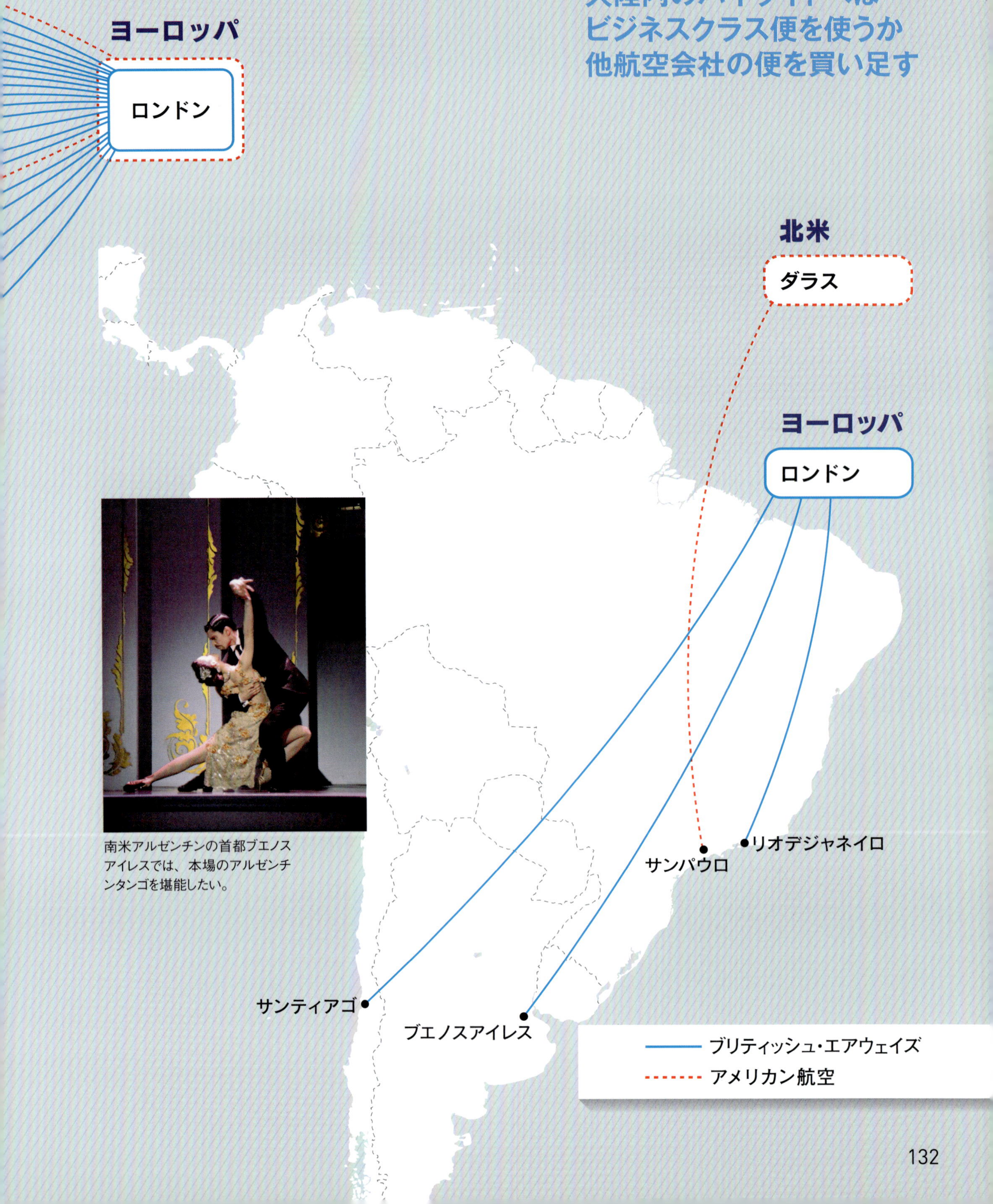

南米アルゼンチンの首都ブエノスアイレスでは、本場のアルゼンチンタンゴを堪能したい。

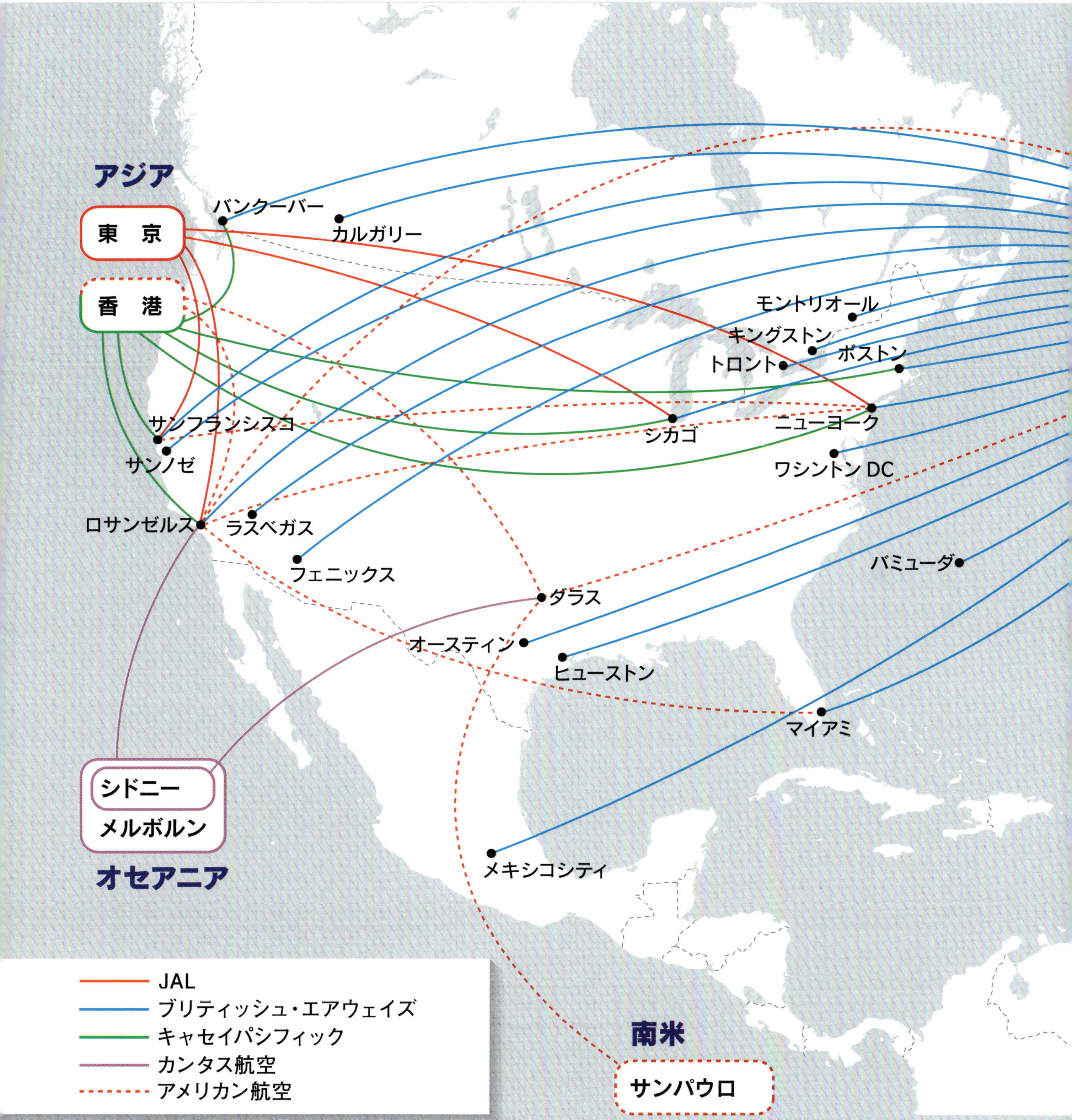

北米へは東京からJALが4路線を運航している。ファーストクラスの醍醐味を満喫し、JALの上級会員を目指すなら、もっとも長いJALのニューヨーク便を選びたい。北米内はファーストクラス便がアメリカン航空の国内線にしかないので、ビジネスクラス便で周遊するか、別の交通手段を利用することになる。

南米はロンドン、ダラスと結ばれているので、前後をそのどちらかにすればファーストクラスで飛ぶことができる。また、ビジネスクラス便を使ってイースター島やガラパゴス諸島、他社のフライトを買い足してマチュピチュやウユニ塩湖といった南米のハイライトに足を延ばすのもお勧めだ。南米は、「3大陸」の航空券だと行くことができないので注意。

オセアニア就航路線

カンタス航空が拠点とする大陸は アジアの前後に繋ぎやすい 南北移動のみの便利なゾーン

オセアニアは３つの大陸と繋がっているので、路線は少ないが比較的ルートに組み込みやすい。アジアーオセアニア間は南北の移動となり、アジアの前でも後でも入れることができる。シドニーでカンタス航空の豪華ラウンジを楽しみたいなら、シドニー発のファーストクラス便を。上級ステイタス獲得を目指すならJALを選びたい。

Column

ファーストクラスにふさわしい服装、靴、立ち居振る舞い

どんな服を着る?

皆さんはファーストクラスの搭乗客にどんなイメージをお持ちだろうか? 服装に少しだけ気をつけると、旅はもっと楽しくなるはず。

基本的には、何を着ていても文句は言われないし、機内ではもらったウェアとスリッパに着替えてしまえばいい。とはいえ、チェックインカウンターやラウンジでは、その場にふさわしい服装をしていたい。

このページには航空会社からお借りした写真を掲載したので参考にしてほしい。女性のほうが選択肢が広いので迷うかもしれないが、品のいい、カジュアルスタイルが基本だ。

ちなみに、私が旅したときはパンツスタイル。動きやすくシワにならないスウェット素材のトップスに、温度調節がしやすいカーディガン、歩きやすいフラットシューズだった。靴はスニーカーにしたいところだったが、現地で履くスニーカーはスーツケースに入れて、少しエレガントなフラットシューズを選んだ。

これといった決まりはないが、Tシャツにショートパンツ、ビーチサンダルのような、カジュアルすぎるスタイルは避けたい。ファーストクラス気分を満喫するためにも、スタイルをキメて、背筋をピンと伸ばして旅したいものだ。

上:女性はパンツスタイルで、スカーフでアクセントをつけている。写真提供:ブリティッシュ・エアウェイズ　右:シドニーの空港を歩くファーストクラス搭乗客。こちらも女性はパンツスタイル。写真提供:カンタス航空

香港のラウンジ「ザ・ピア」でマッサージを受ける搭乗客もカジュアルでありながら品のある服。写真提供:キャセイパシフィック

マナーと立ち居振る舞い

チェックインカウンター、ラウンジ、機内など、ファーストクラス搭乗客は、あらゆる場面でていねいで心地よいサービスが約束されている。そのサービスを受ける側としても、その場にふさわしい立ち居振る舞いをすることも楽しんでしまいたい。

私がいつも気をつけているのは、背筋を伸ばして堂々としていること、そして、横柄にならないということ。何かをお願いするときにはていねいな口調にしたいし、「ありがとう」のひと言も忘れないように心がけている。

ファーストクラスを楽しむために、マナーを守って気持ちのいいサービスを受けてほしい。

航空会社数、路線数がもっとも多いスターアライアンス

STAR ALLIANCE™

北半球全体に最強の路線数

スターアライアンスの最大の強みは、何といっても加盟航空会社の数。２０１８年６月現在、日本のＡＮＡを含む28の航空会社が加盟していて、うち8社にファーストクラスがある。

アライアンス全体における就航都市は、１９０カ国１３００都市にも及ぶ。ファーストクラス便の数も多いので世界一周のルートを組みやすい。とくにアジア、ヨーロッパに強いので、北半球だけの最短ルートで世界一周する場合でも旅先の選択肢が多彩だ。

世界一周航空券は距離制の４種類で、うち3種類にファーストクラスの設定がある。もっとも距離が短い「２万９０００マイル以内」の航空券なら、北半球を直線的に移動できる距離感だ。最長距離を飛

チェックインカウンターで機内預け手荷物につけてくれるANAのタグ。

スターアライアンスのゾーン区分

ぶことができる「3万9000マイル以内」を選べば、南半球にも足を延ばして、最大で4、5大陸巡ることができる。

ルールは、16区間まで飛ぶことができ、同じ都市での滞在は1回、乗り換えや経由便で利用した場合でも3回以内など。また、ワンワールドの大陸制とは違い、他の交通機関を利用した区間でも移動距離が加算されてしまう。ルートを組む際には、長距離の陸路移動などで区間数を無駄にしないように気をつけたい。

南アフリカのキャンプジャブラニ（36ページ参照）ではゾウと触れ合うことができる。

アフリカの路線が充実 モーリシャスやマダガスカルへも

スターアライアンスの特徴のひとつに、アフリカ運航路線の充実がある。右の地図の通り、スターアライアンスのルート設定は3つのゾーンに分けられていて、各ゾーン間を逆戻りしないのであれば（西回りか東回りのどちらか一方向であれば）、ゾーン内での移動は自由だ。前述の滞在回数の制限を超えなければ、かなり自由に動き回ることができる。

また、ヨーロッパ、中東、アフリカが同じゾーン内にあるうえ、ヨーロッパ–アフリカ間の路線が充実しているので、うまく組み合わせれば効率的にファーストクラス便を楽しむことができる。

まずはヨーロッパまでファーストクラスで飛び、ヨーロッパを拠点にアフリカへというルートだ。ナイロビやヨハネスブルグ、マラケシュなどが、ヨーロッパの2都市と繋がっているので、ヨーロッパ内の移動に繋げやすい。

さらに、ビジネスクラス便を組み合わせて、南アフリカ航空やターキッシュ エアラインズなどを利用して、モーリシャスやマダガスカルへ行くこともできる。

スターアライアンスには、他にもアフリカを拠点とするエジプト航空、エチオピア航空が加盟している。これらの航空会社にはファーストクラスはないが、他クラスを利用すればアフリカ大陸内でかなり自由なルートを組むことができる。

スターアライアンスだけが飛んでいるモーリシャス。世界のトップセレブリティが訪れるリゾートだ。

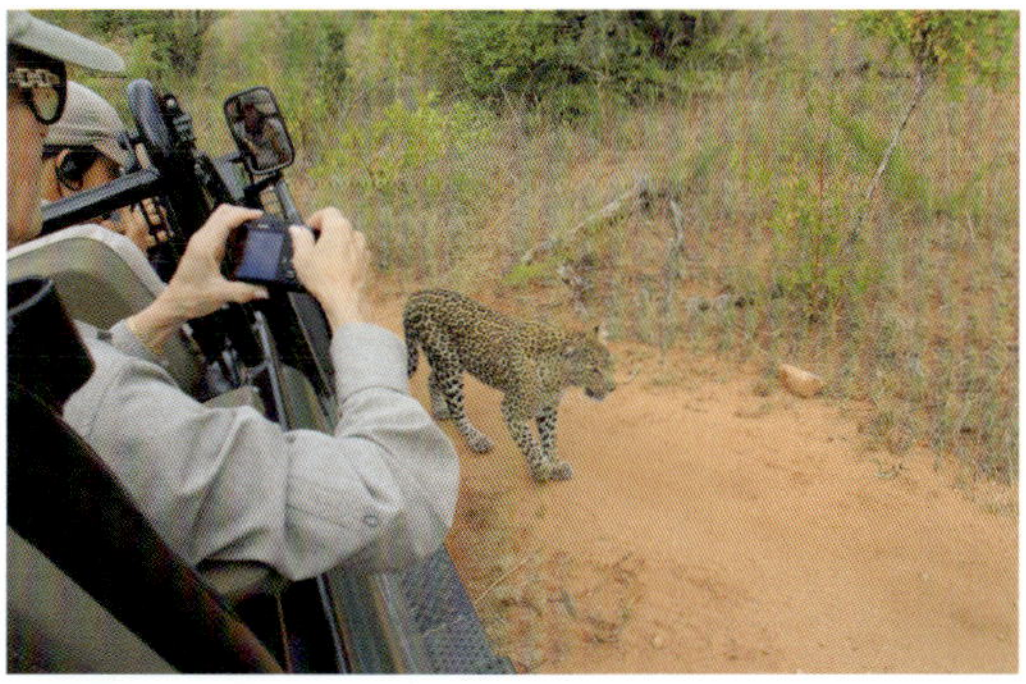
世界のホテルランキング上位常連の南アフリカにあるシンギタ（39ページ参照）のサファリ。

アジア就航路線①

ヨーロッパへの長距離が充実 日本から旅立つときは まずはANAのラウンジへ

北米

- サンフランシスコ
- ロサンゼルス
- ヒューストン
- シカゴ
- ニューヨーク
- ワシントンDC

スターアライアンスはアジアの運航路線数がかなりの数に上るので地図をふたつに分け、このページでは、日本のANAとヨーロッパの２社を記載した。

まず確認しておきたいのは、ANAのファーストクラス。東京からアメリカ６都市とヨーロッパ２都市にファーストクラス便を飛ばしている。ANAの上級会員を狙うのであればこれらのフライトを選ぼう。東京のファーストクラスラウンジは必訪だ（66、78、82ページ参照）。

日本の航空会社ならではの使い方として、日本国内のフライトを使って地方都市から東京を経由して世界一周に旅立つこともできるが、国内線でこの航空券を使うと割高なので、区間数があまった場合に限りたい。同じ国内なら東京から出発して大阪に帰着といったルートでもOKだ。

ANA以外の長距離フライトとしては、ヨーロッパを拠点とする航空会社がヨーロッパへのファーストクラス直行便を飛ばしている。大阪（関空）からヨーロッパへ長距離フライトを使うことができるのはスターアライアンスだけだ。ただ、ファーストクラス便はないので、東京か、アジアの他の都市を経由して、そこからファーストクラス便に乗ろう。

日本から、または日本へのANAの長距離フライトを選べば「ANA ファーストスクエア」で快適。

アジアへの路線が充実しているルフトハンザ ドイツ航空のファーストクラス。

羽田空港のANAスイートラウンジには、夕食時のみオープンするレストラン「ダイニング h（エイチ）」がある。

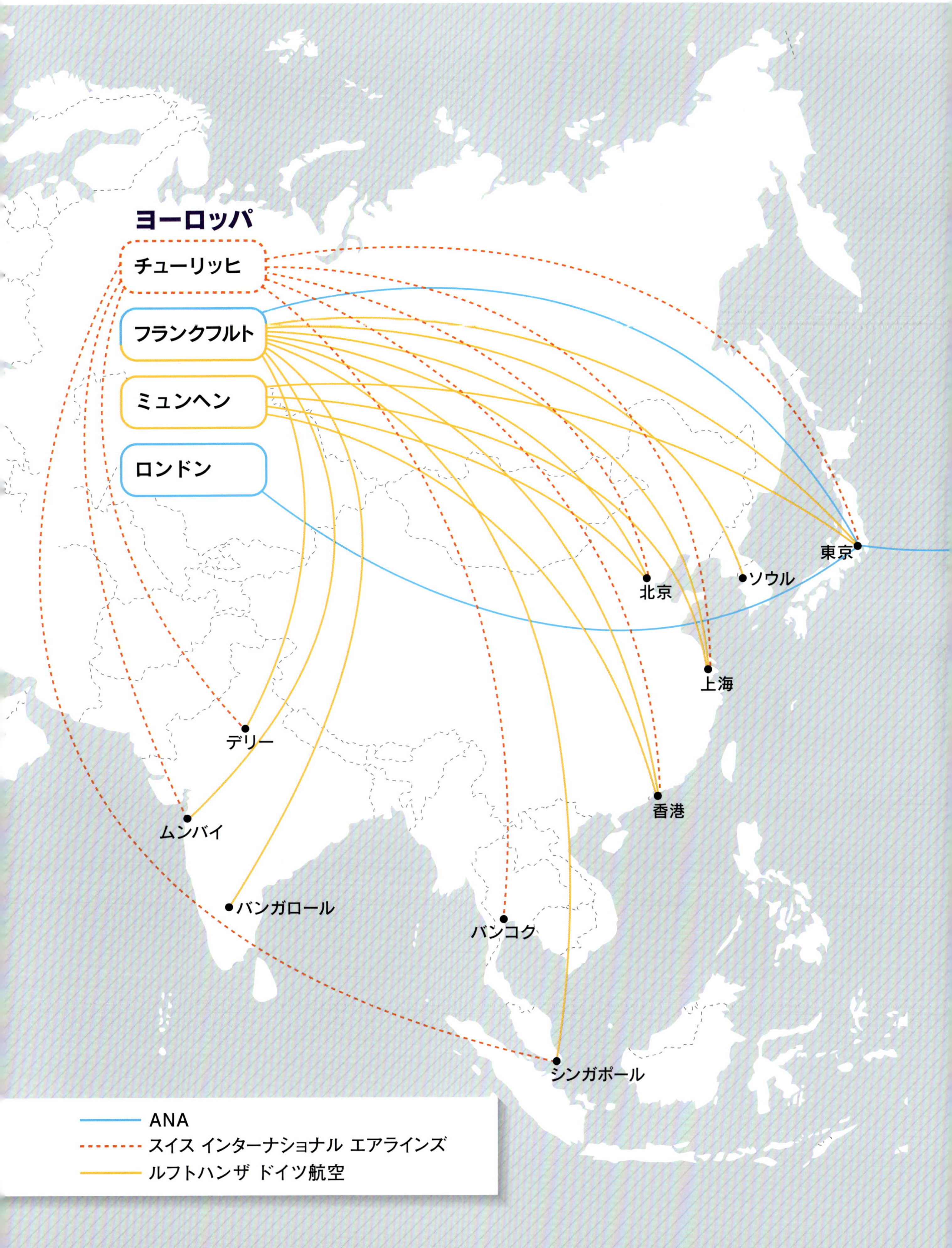
ヨーロッパ
チューリッヒ
フランクフルト
ミュンヘン
ロンドン
東京
北京
ソウル
上海
デリー
香港
ムンバイ
バンガロール
バンコク
シンガポール
ANA
スイス インターナショナル エアラインズ
ルフトハンザ ドイツ航空

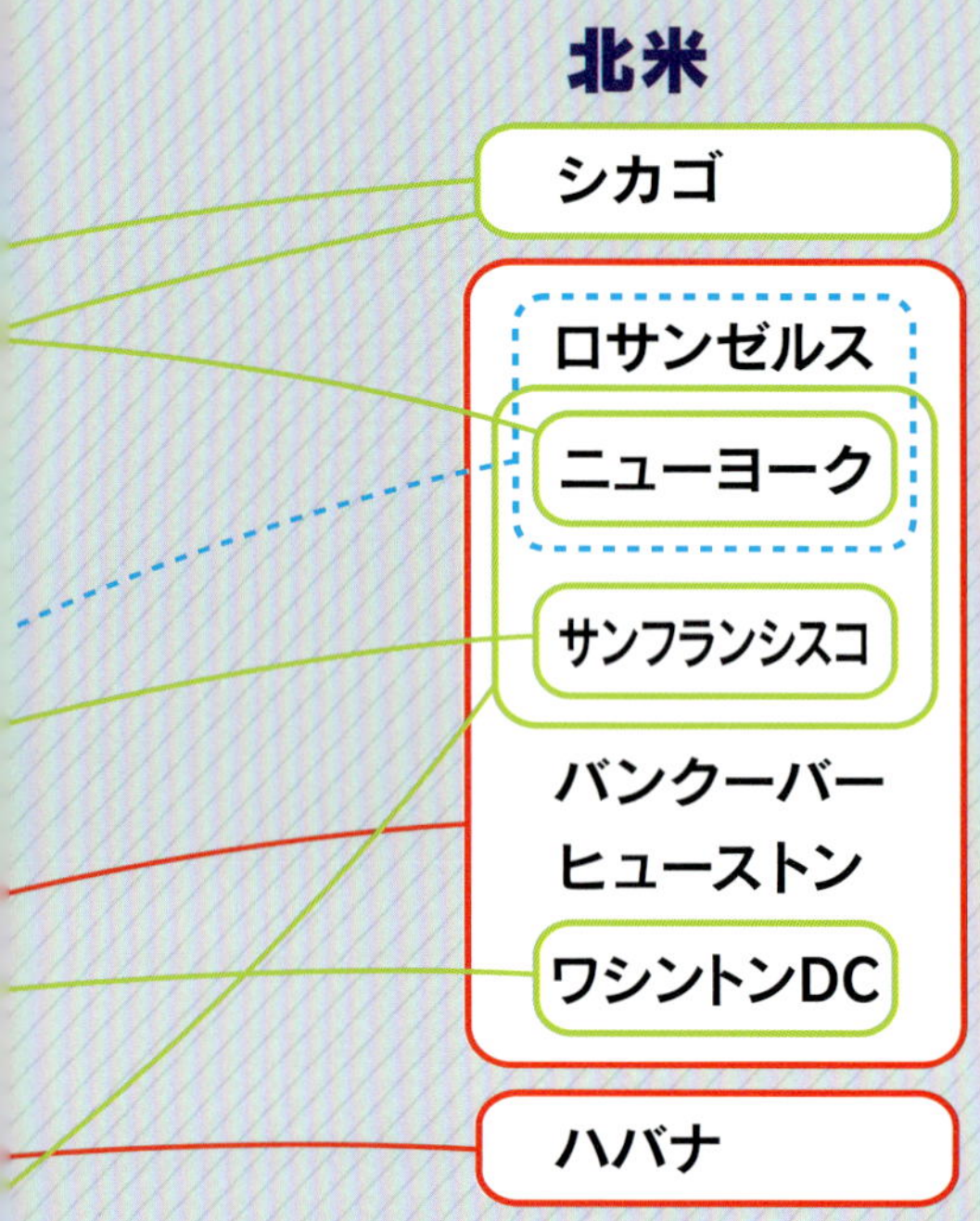

アジア就航路線②

アジアの周遊に抜群の使い勝手 豪華ラウンジの利用も 忘れずにルートに入れよう

このページではアジアを拠点とする航空会社を中心に記載した。日本発着便がヨーロッパや欧米に比べて短くなるが、出発か帰着のどちらかを長距離フライトにして、どちらかはアジア巡りとしたい。というのも、素通りするにはもったいないラウンジやファーストクラス便があるからだ。

タイ国際航空が拠点とするバンコクと、シンガポール航空が拠点とするシンガポールには、遠回りしてでも利用したい豪華ラウンジがあるのでうまくルートに入れたい。バンコクでは無料で1時間のマッサージを楽しむこともできる。

また、割増運賃が必要となるがシンガポール航空のA380型機にある「スイート」（116ページ参照）は、予算が許すなら1回は搭乗したいワンランク上のファーストクラスだ。

ゾーン内でのフライト便数に制限がないので、距離の短いアジア内の路線を駆使していくつかの国を巡ることができる。たとえば、東京、ソウル、シンガポールなどの都市を訪れ、その後にデリーかムンバイから北米というルートや、東京、ソウル、香港を訪れ、バンコクからヨーロッパかオセアニアを目指すといったルートも可能だ。

タイ国際航空が拠点とするバンコクの中心に流れるチャオプラヤー川。

アジア周遊の要となるのはシンガポール航空が拠点とするシンガポール。

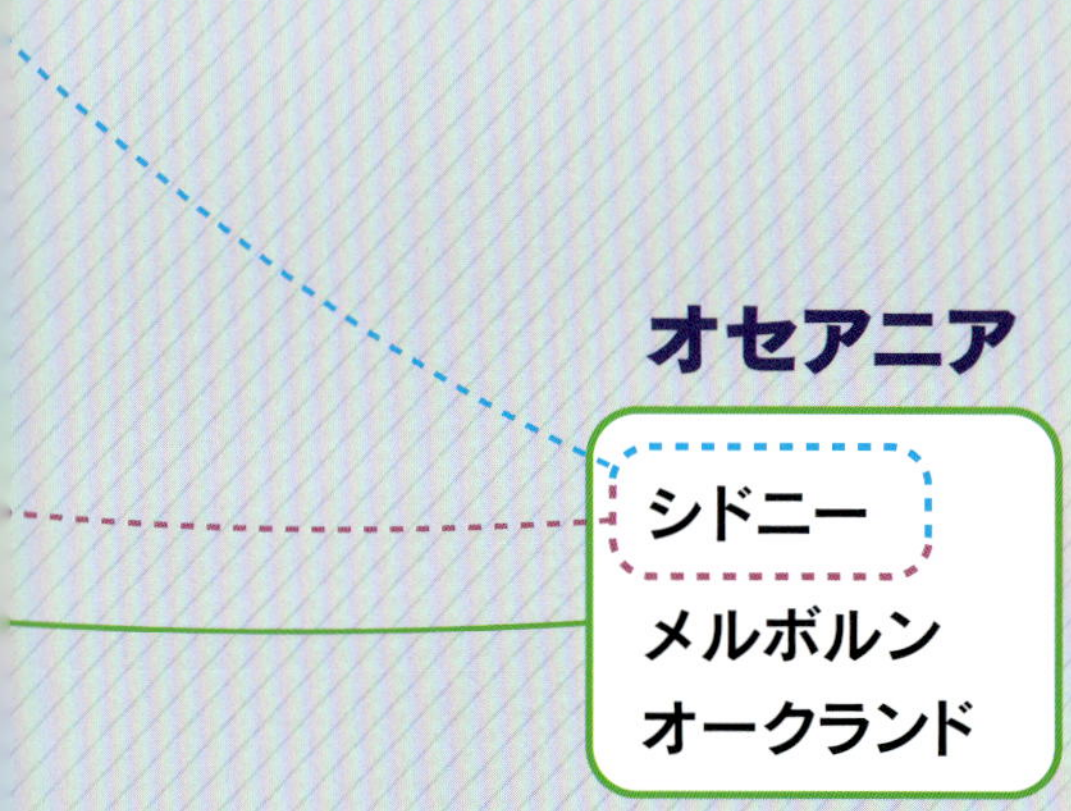

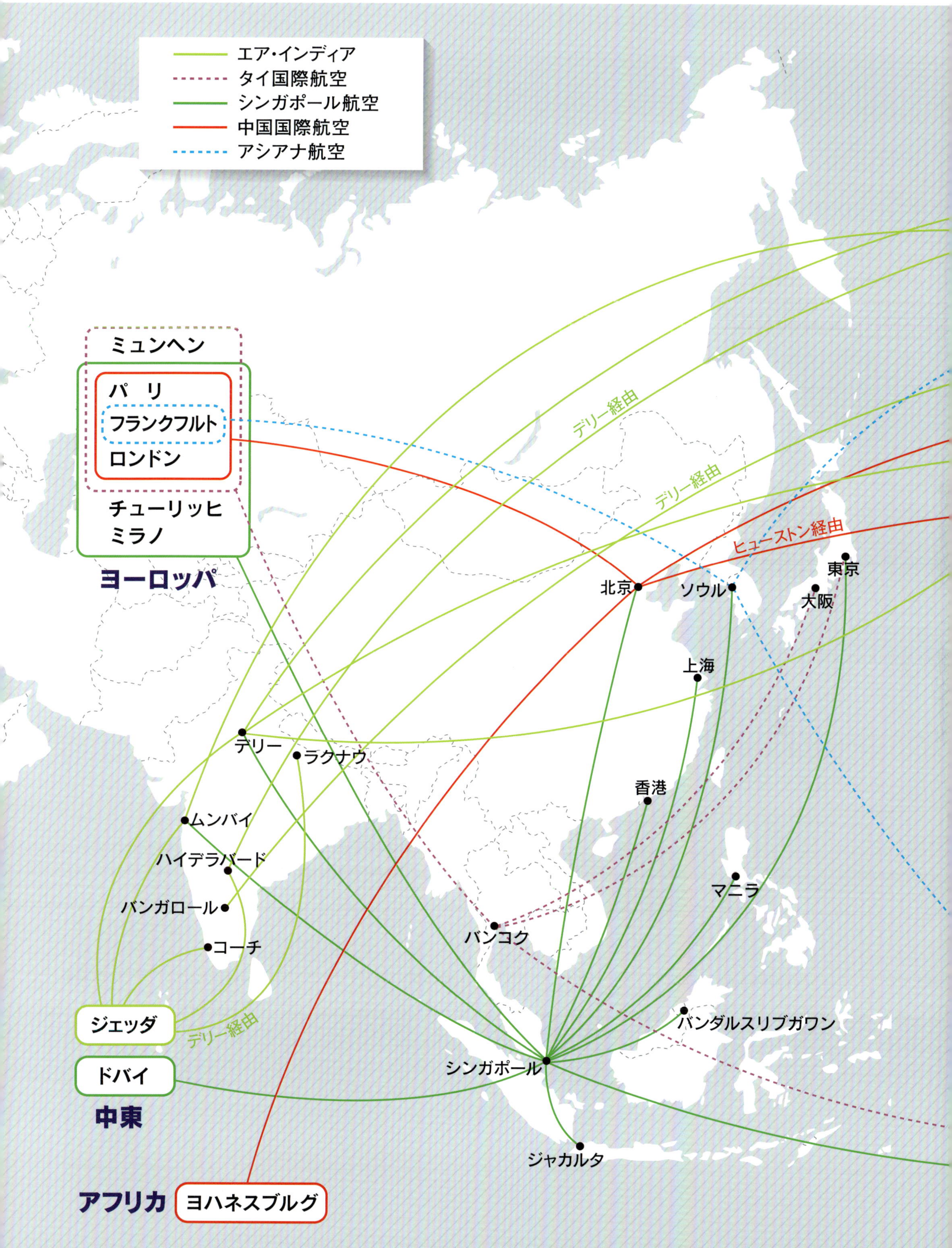

エア・インディア
タイ国際航空
シンガポール航空
中国国際航空
アシアナ航空
ミュンヘン
パリ
フランクフルト
ロンドン
チューリッヒ
ミラノ
ヨーロッパ
デリー経由
デリー経由
ヒューストン経由
北京
ソウル
東京
大阪
上海
デリー
ラクナウ
香港
ムンバイ
ハイデラバード
バンガロール
コーチ
マニラ
バンコク
ジェッダ
デリー経由
バンダルスリブガワン
ドバイ
シンガポール
中東
ジャカルタ
アフリカ
ヨハネスブルグ

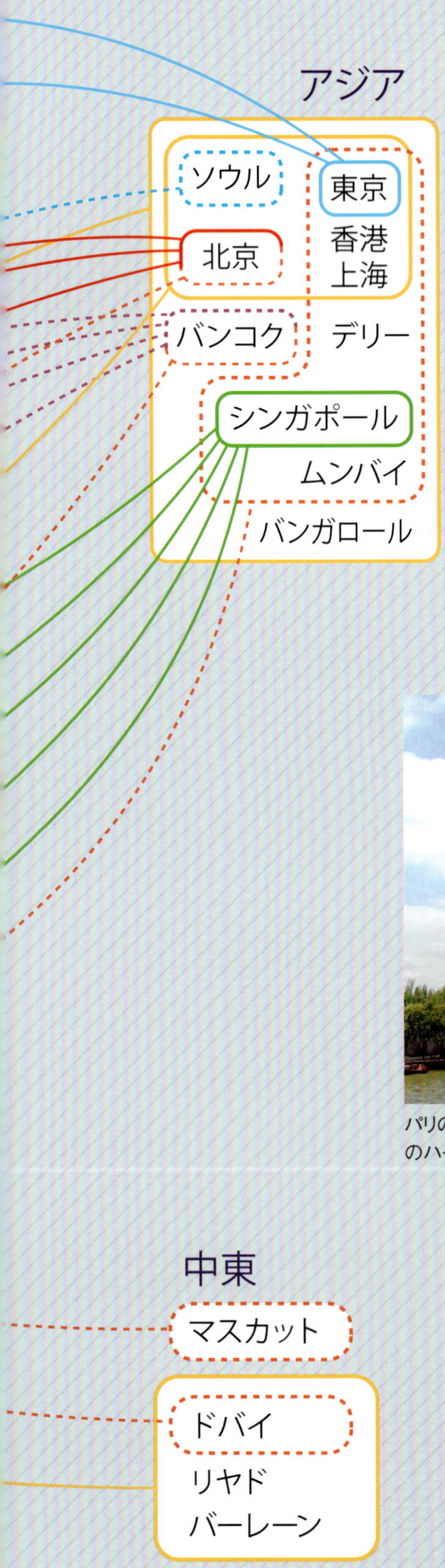

ヨーロッパ就航路線

拠点となるのはドイツとスイス
ヨーロッパ内の移動は
別途購入か区間があまったら

ヨーロッパを拠点としていてファーストクラスの設定がある航空会社は、ルフトハンザ ドイツ航空とスイス インターナショナル エアラインズ。フランクフルト、ミュンヘン、チューリッヒを拠点に、各方面へと運航している。

東京から直行の長距離フライトで、チューリッヒ、フランクフルト、ミュンヘン、ロンドンへ飛ぶことができる。パリやミラノなどを訪問したいのであれば、日本とヨーロッパの都市との間にアジアの都市を入れると繋ぎやすい。アジアとヨーロッパの間に中東の都市を組み合わせることもできる。ヨーロッパ内の移動にはファーストクラスがないので、別途購入するか、区間数があまったらビジネスクラスで移動しよう。

フランクフルトとミュンヘンには、ルフトハンザ ドイツ航空またはスイス インターナショナル エアラインズのファーストクラス搭乗客のみが利用できる豪華ラウンジがあり、到着から搭乗までをくつろぎの空間でサポートしてくれる（86ページ参照）。スパやバスタブつきのバスルームを完備していて、搭乗の際にはターミナルビルから飛行機までリムジンまたは専用車で送迎してくれる。

パリのエッフェル塔。パリは、ヨーロッパのハイライトのひとつ。

ルフトハンザ ドイツ航空が拠点とするドイツでは、何はなくとも本場のドイツビールで乾杯したい。

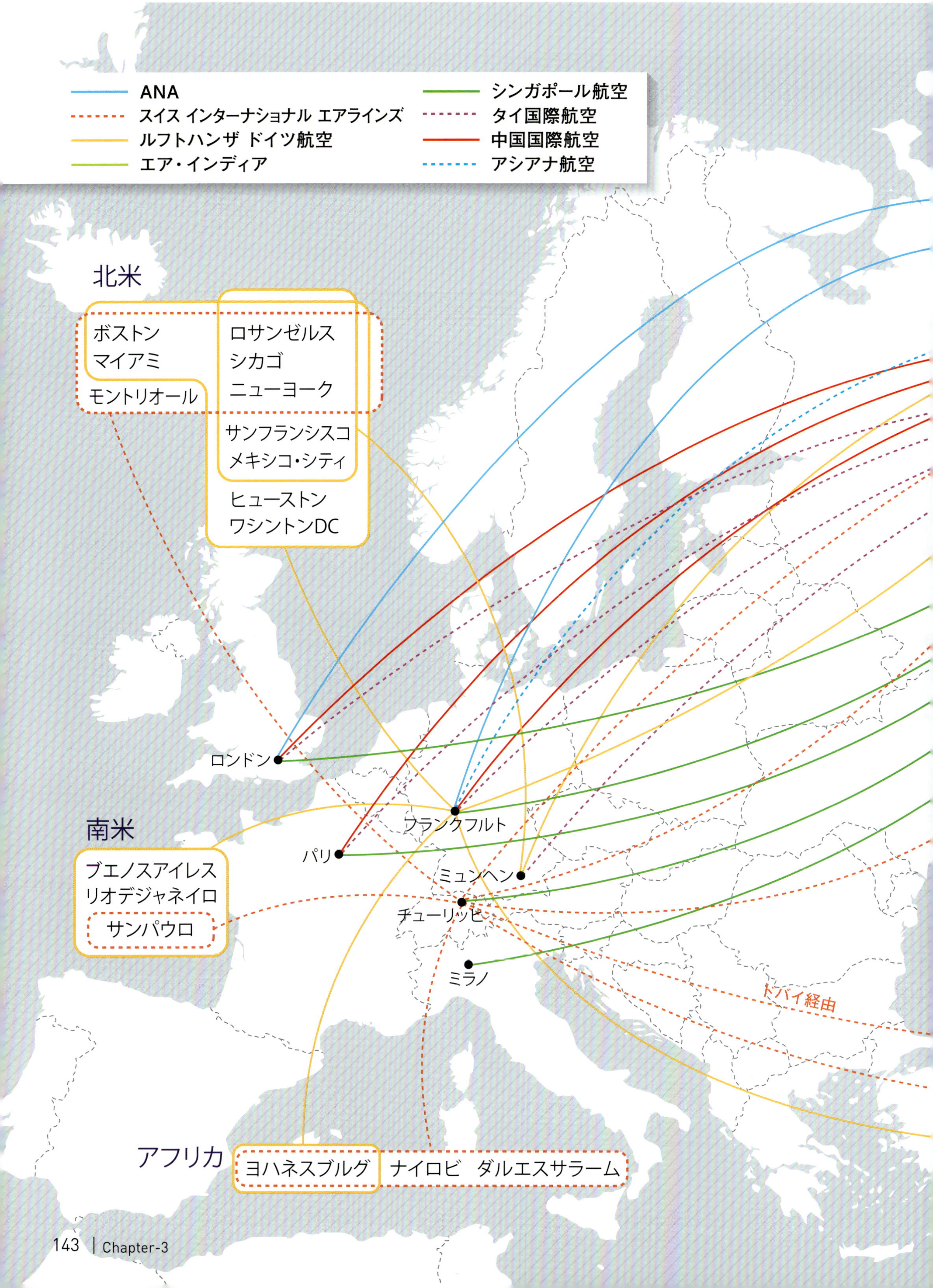
ANA
スイス インターナショナル エアラインズ
ルフトハンザ ドイツ航空
エア・インディア
シンガポール航空
タイ国際航空
中国国際航空
アシアナ航空
北米
ボストン
マイアミ
モントリオール
ロサンゼルス
シカゴ
ニューヨーク
サンフランシスコ
メキシコ・シティ
ヒューストン
ワシントンDC
ロンドン
フランクフルト
パリ
ミュンヘン
チューリッヒ
ミラノ
ドバイ経由
南米
ブエノスアイレス
リオデジャネイロ
サンパウロ
アフリカ
ヨハネスブルグ
ナイロビ
ダルエスサラーム

アフリカ・中東就航路線

滝、砂漠、サファリ、モーリシャス、マダガスカルと、大自然の宝庫を効率よく巡ろう

アジア

シンガポール

デリー
ムンバイ
ハイデラバード
コーチ

ラクナウ

北京

アフリカへのフライトは、ヨーロッパの２都市から２社が就航している。ファーストクラスの設定はないが、リゾート島として人気が高いモーリシャスへ、ビジネスクラスで行くことができる点が魅力だ。

また、こちらもファーストクラスはないが、スターアライアンスには南アフリカ航空が加盟している。同社は、ヨハネスブルグやケープタウンを拠点として路線数が充実しているのが特徴だ。世界でもっとも美しい砂漠といわれるナミブ砂漠（34ページ参照）、世界三大瀑布のひとつ、ヴィクトリアフォールズ、南アフリカのサファリロッジ、そして、前述のアフリカの東に浮かぶモーリシャスやマダガスカルへも行くことができる。

ただし、短距離の移動は割高になったり、区間数が足りなくなったりすることも。アフリカは、ヨーロッパ、中東と同じゾーン内なので区間数が増えがち。ゾーン内での同じ都市の滞在は１回、乗り継ぎ、経由では３回までなので、フライトによっては別途購入するなど、工夫してルートを組もう。

中東の航空会社の加盟はないので、ヨーロッパから中東へのアクセスは限られるが、ドバイはファーストクラスで繋ぐことができる。

南アフリカのシンギタ（38～39ページ参照）のサファリ。ライオンも間近で見ることができる。

砂丘の高くて美しいシルエットと赤い砂の色で訪れる人を魅了するナミブ砂漠。

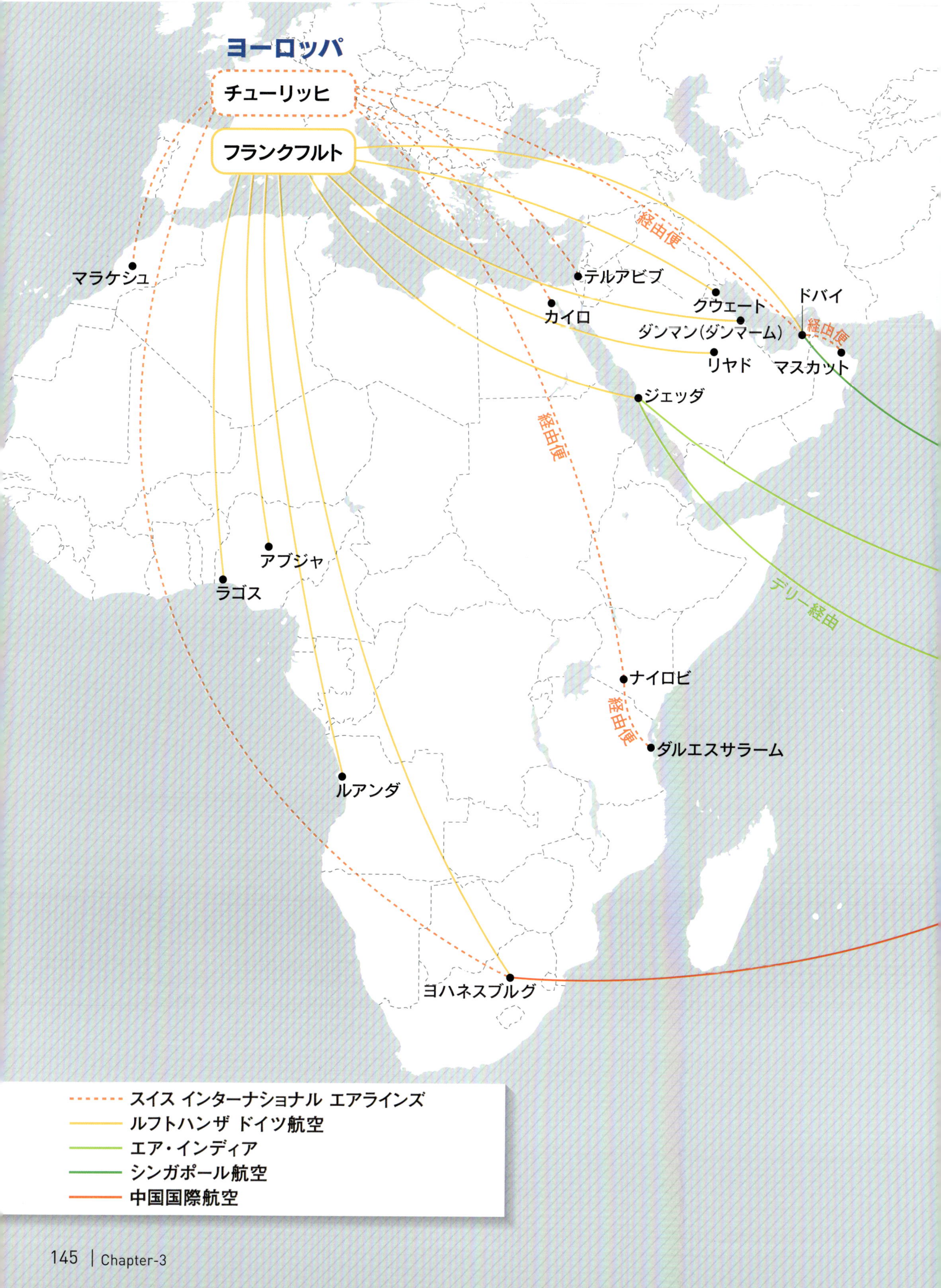
ヨーロッパ
チューリッヒ
フランクフルト
マラケシュ
テルアビブ
カイロ
クウェート
ダンマン(ダンマーム)
ドバイ
マスカット
リヤド
ジェッダ
経由便
経由便
経由便
経由便
デリー経由
アブジャ
ラゴス
ナイロビ
ダルエスサラーム
ルアンダ
ヨハネスブルグ
スイス インターナショナル エアラインズ
ルフトハンザ ドイツ航空
エア・インディア
シンガポール航空
中国国際航空

北・南アメリカ就航路線

ゾーン内を行き来するファーストクラスがないのでビジネスクラス活用がカギ

北米・南米を拠点とするスターアライアンス加盟の航空会社にはファーストクラスの設定がない。大陸間の移動に関しては、北米はアジア、ヨーロッパと結ばれていて選択の幅が広いが、北米内に関しては、ユナイテッド航空のビジネスクラスのフライトを利用するか別途購入ということになる。２都市以上訪れたいのであれば、「陸路」の区間として格安航空券などを別途購入するのもいい。どちらの場合でも区間数として１回、さらに移動距離はマイル数としても加算される。

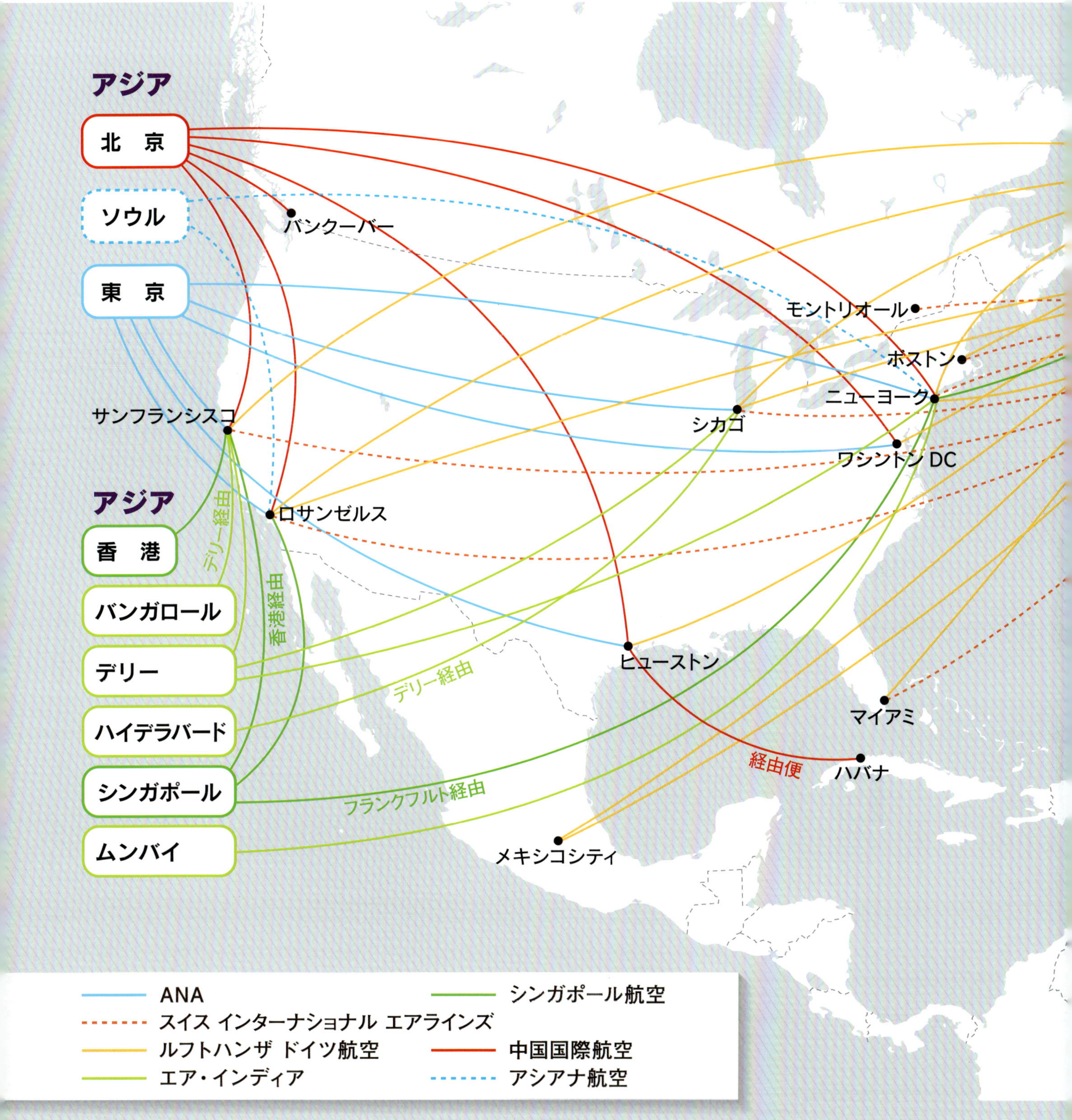

南米は大陸間の移動にもファーストクラスが少ない。ヨーロッパの2都市と繋がっているが、北米とはビジネスクラスのみ。南米に足を延ばす場合は、少なくとも1区間はビジネスクラスになる。

ラウンジに関しては、ロサンゼルスにスターアライアンスのファーストクラス搭乗客専用のラウンジがあるので利用したい。ニューヨークやワシントンDCなどには、ユナイテッド航空が2016年以降にグレードアップした新ビジネスクラスラウンジやルフトハンザ ドイツ航空のセネターラウンジがある。ラウンジだけ利用して、経由のみで次のゾーンに移動するのもひとつの案だ。

オセアニア就航路線

アジアと同じゾーン内をファーストクラスで行き来することができる

　オセアニアへはアジアからの便が就航している。両地域は同じゾーン内なので、アジアの都市を起点にオセアニアの都市を訪れるといいだろう。ソウル、バンコク、シンガポールは、ヨーロッパや北米、中東へとあらゆる方面に路線が繋がっているので、ファーストクラスでルートを繋げていくことができる。シドニーはアジアの３都市と繋がっているので、ファーストクラスのみを使ってそれぞれの滞在を楽しむルートを組むことができる唯一の都市だ。

Column

国内線のファーストクラス

ゆったりシートで機内食やワインも

ファーストクラスの設定があるのは、国際線だけではない。本書では、ファーストクラス世界一周航空券を有効に使うため、国際線ファーストクラスにこだわってお伝えしてきた。国内線フライトでこの航空券を使うと割高になるからだ。ただ、区間数があまった場合は有効に使いたい。

たとえば、出発国と帰着国は同じである必要があるが、都市は違っていてもOKなので、東京から出発して東京に帰着した後に札幌まで繋げてしまうという手がある。次の休みに札幌まで世界一周航空券を使ってファーストクラスで飛び、復路は格安航空券を買い足すといった具合だ。

日本の国内線でファーストクラスの設定があるのは「ワンワールド」のJAL便のみ。ただ、「スターアライアンス」のANAのプレミアムクラスは、JALのファーストクラスとほぼ同じレベルのシート、サービスを提供している。どちらも食事の時間帯のフライトでは機内食も提供される。区間数があまったらぜひお試しを。

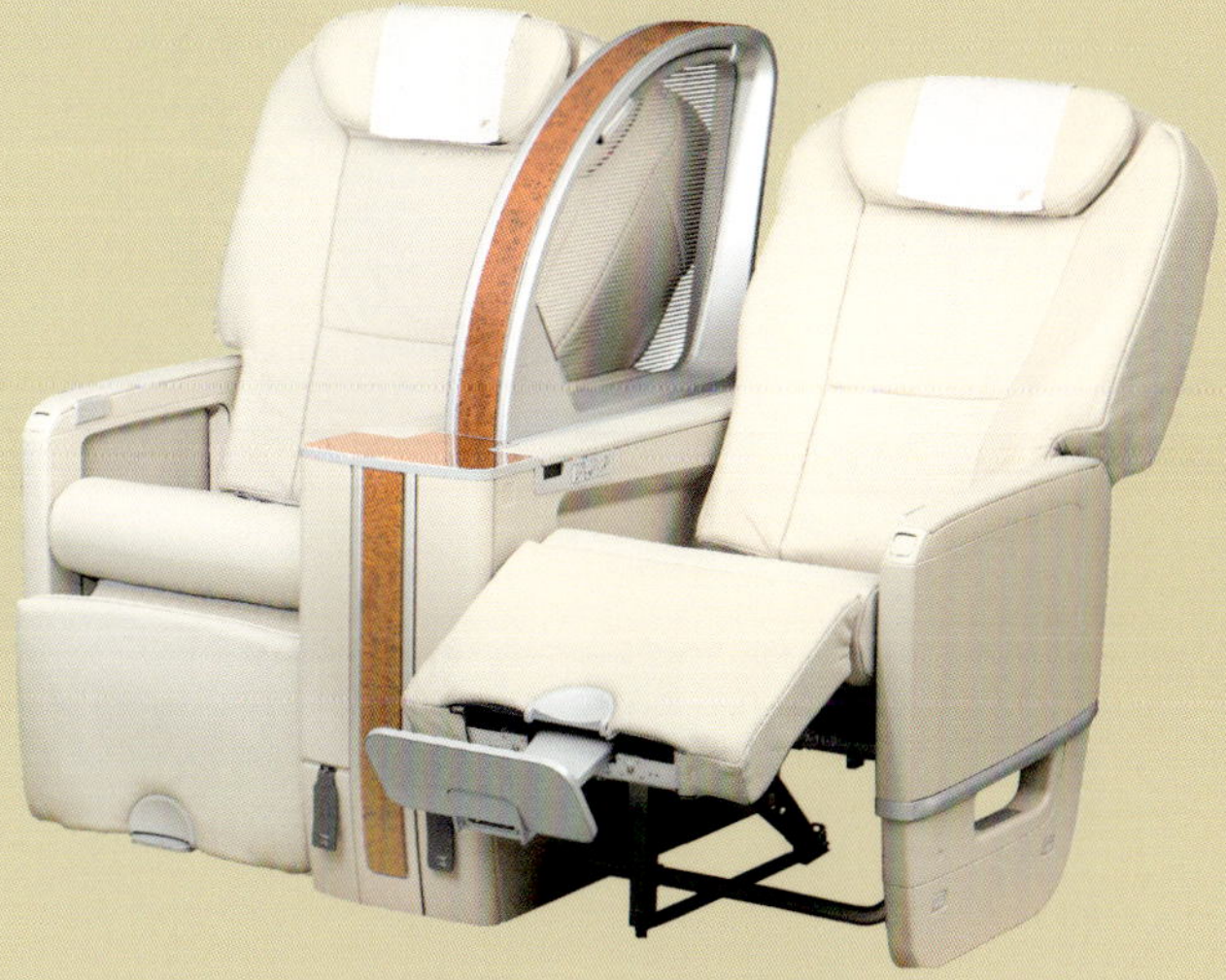

上：JALの国内線ファーストクラスのシートは、明るい色合いの本革を使用している。下：機内食のメニューは月に3回変わる。夕食は有名レストラン、料亭、ホテル等とのコラボレーション。写真提供:JAL(2点とも)

上：ANAのプレミアムクラスのシート。コーポレートカラーのブルーを貴重とした本革製だ。下：有名料理店とのコラボレーションや、地方発ならではの個性豊かな料理がある。写真提供:ANA(2点とも)

国土の広い国の国内線も活用

海外の国内線としては、アメリカや中国、インドといった国土の広い国などで、ファーストクラスの設定がある。

たとえば、5時間30分ほどかかるアメリカ大陸横断路線は、アメリカン航空のファーストクラスならライフラットシート(完全に水平にはならないが横になれるシート)なので快適だ。

個性的なファーストクラスで広範囲をカバーするスカイチーム

エールフランス航空のファーストクラス「ラ・プルミエール」のプライベートスイート。写真提供：エールフランス航空

アジア、ヨーロッパが充実 南太平洋へもファーストクラスで

スカイチームは、各大陸を拠点とする20社が加盟するアライアンス。残念ながら世界一周航空券を使ってファーストクラスに乗ることができるのは20社のうちのたった4社のみ。エールフランス航空、大韓航空、中国東方航空、中国南方航空だ。

でも大丈夫。その4社が拠点とするパリ、ソウル、上海、広州から世界の各地域へのフライトが就航しているので、少し工夫すればファーストクラスを楽しむことができるのだ。

しかも、他のアライアンスでは網羅していないような、ハワイ、フィジーといった人気の南太平洋の島々や、西アフリカの都市など

スカイチームのゾーン区分

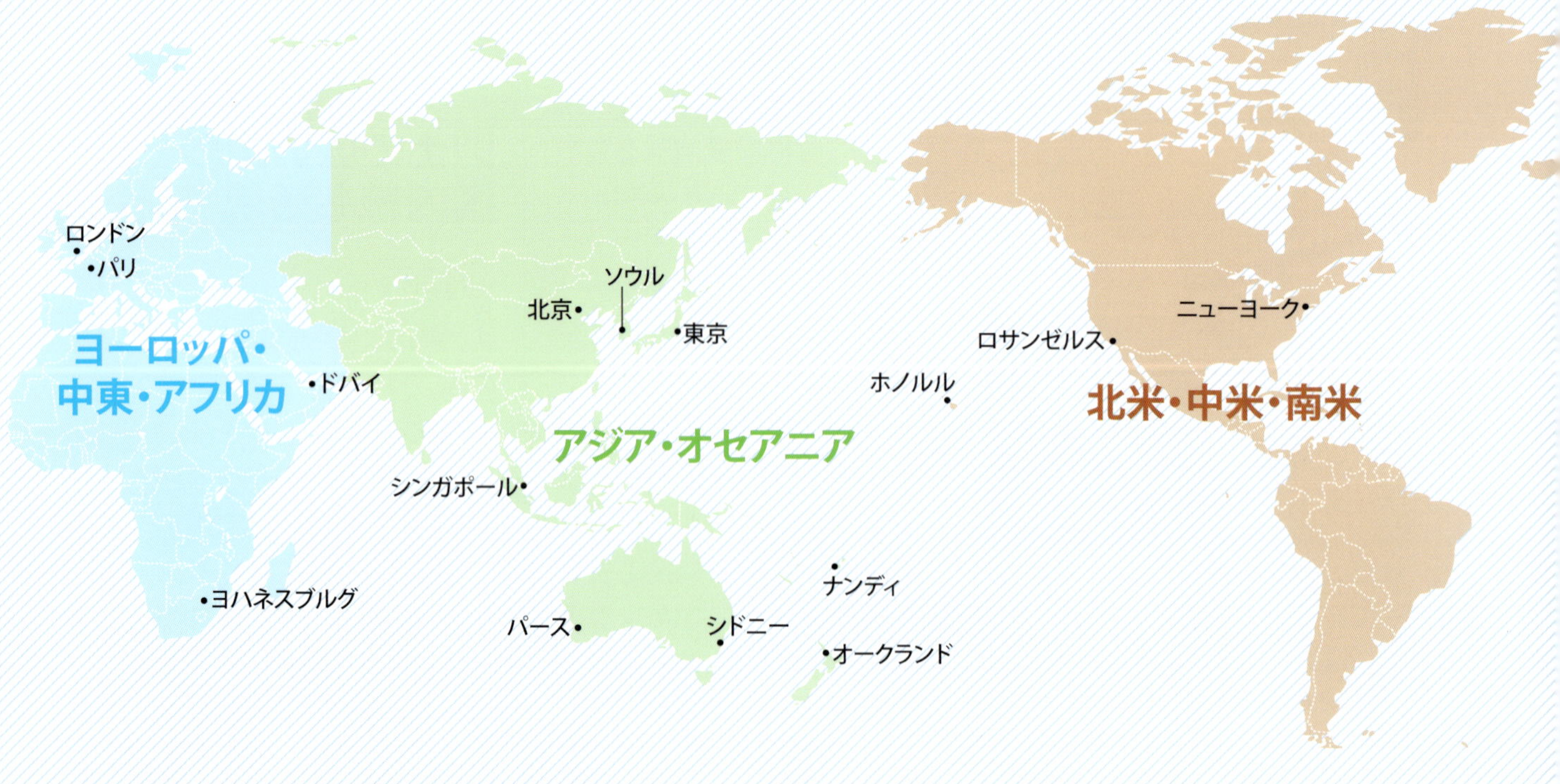

にもファーストクラスで飛ぶことができる。スカイチームの世界一周航空券には、２０１７年末にファーストクラスの設定がなくなった。ビジネスクラスの航空券を使い、ファーストクラスに乗る場合は別料金でアップグレードするというスタイルとなったのだ。これにより、使い方によっては、もっとも安い運賃でファーストクラスに乗ることができるようになった。

基本がビジネスクラスなので、ダウングレードするとなくタヒチにも飛べるなど、かなり魅力的なルートを組むことができる。

詳しくは次章でご説明するが、世界一周航空券の種類は「２万６０００マイル以内」から「３万８０００マイル以内」までの4種類。滞在については、1都市につき1回までで、北欧３回、ヨーロッパ５回、その他の国で３回と、エリアごとに細かく定められている。経由は1都市につき2回までだ。

ルートに外せないのは、エールフランス航空のファーストクラス。1機に4席しかないファーストクラス「ラ・プルミエール」だ。通常は、普通運賃を支払うか、エールフランス航空のマイレージプログラム「フライングブルー」のシルバー以上のエリート会員となり、「フライングブルー」のマイルを32万マイル（片道）貯めて特典航空券と交換するしかない。スカイチームの世界一周航空券は、そんな高値の花のこのようなファーストクラスに格安で乗ることができるという、魅力的な航空券なのだ。

大韓航空の長距離フライトのファーストクラスシート。写真提供：大韓航空

Column

普通運賃搭乗客の極上サービス

空港でVIPを待つハイヤーのドライバーの皆さん。

空港から市内へ無料で送迎

普通運賃で買った航空券を使っても、世界一周航空券でも、マイルでもらった特典航空券でも、機内でのサービスは変わることがない。ただ、航空会社によっては、普通運賃を支払ったファーストクラスの搭乗客に特別なサービスが付随することがある。

たとえば、その航空会社がハブとする空港から市内への送迎だ。JAL、ANAも実施している。ブリティッシュ・エアウェイズは、ロンドン市内から機内預け荷物を集荷してチェックインまで行う。

残念ながら、世界一周航空券を使った搭乗客にはこのようなサービスはない。実は、そもそも航空券のブッキングクラスが違うのだ。普通運賃は「F」、世界一周航空券は「A」となっている。

とはいえ、往復運賃と世界一周運賃の差を考えれば、このくらいのサービスの差はなんのその。格安でファーストクラスに乗れるのだから、それだけでもありがたいというもの。ラウンジと機内でとことん楽しもう。

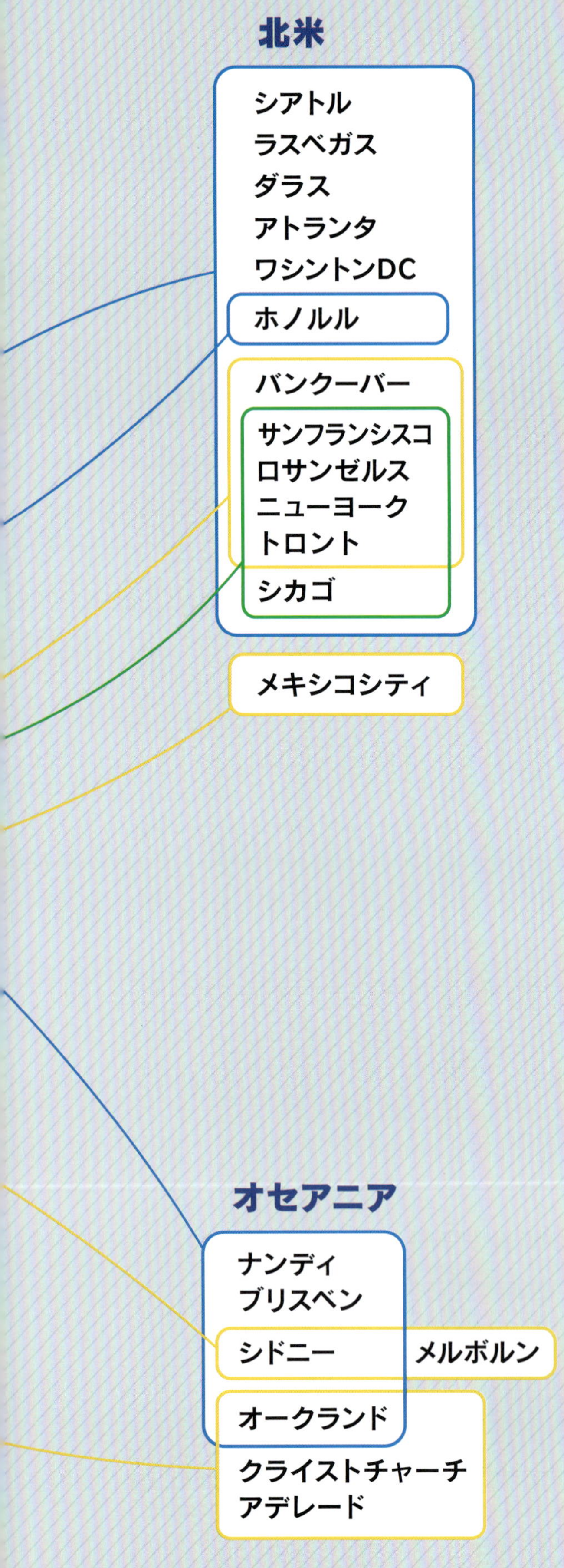

アジア就航路線

南太平洋とアジアを工夫して組み合わせて個性的なルート選びを

スカイチームには日本の航空会社は加盟していないが、ソウルを拠点とする大韓航空がアジア内の多くの路線にファーストクラスを持っている。そのため、アジア周遊の起点となるのはソウルだ。東京－パリ間をエールフランス航空の長距離フライトに乗るのもいいが、ソウルまで行き、北京、香港、シンガポールなどの都市を経由してエールフランス航空のパリ便へと繋ぐのも手だ。同じ都市での乗り継ぎは２回まで可能なので、アジア内の都市に行き、一度ソウルに戻って次の旅先へと移動するというルートも組むことができる。

また、南太平洋の国々にファーストクラスで飛ぶことができるのはスカイチームならではの特徴だが、その際に起点となるのもソウル。旅の最初か最後にアジアと南太平洋を組み合わせることができる。気をつけたいのは、出発か帰着に前述のパリとアジアの組み合わせを選んだ場合、もう一方はホノルル－東京間のフライトを選ぶことになるということ。ホノルルは「北米・中米・南米」のゾーンとなるが、その他南太平洋の就航都市はアジアと同じ「アジア・オセアニア」となり、同じゾーンに戻ることはできないからだ。

アジアの起点となるのは、活気にあふれるソウルの街。本場の韓国料理に舌鼓を打ちたい。

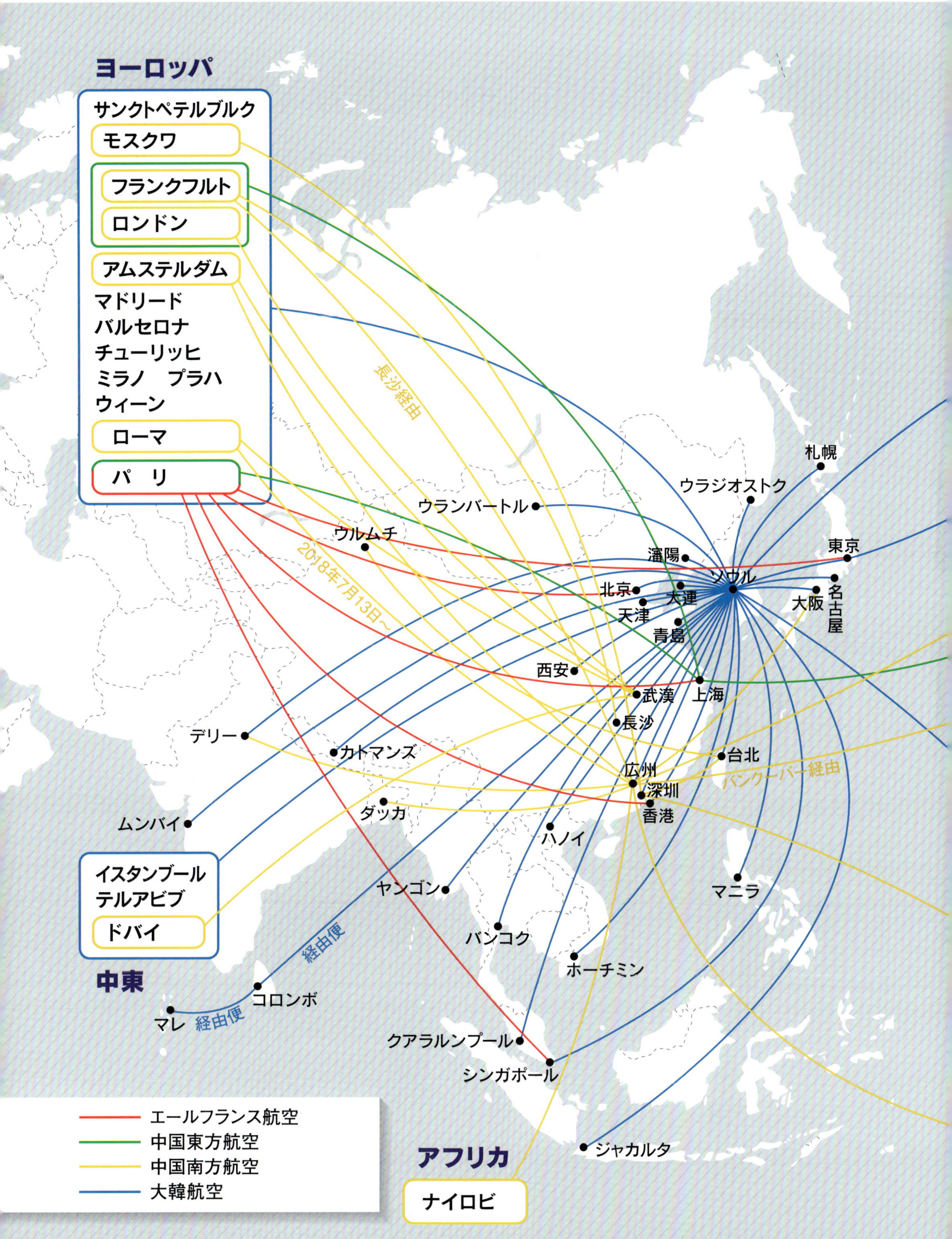
ヨーロッパ
サンクトペテルブルク
モスクワ
フランクフルト
ロンドン
アムステルダム
マドリード
バルセロナ
チューリッヒ
ミラノ　プラハ
ウィーン
ローマ
パ　リ
長沙経由
2018年7月13日～
ウランバートル
ウルムチ
ウラジオストク
札幌
東京
瀋陽
ソウル
北京
大連
天津
大阪
名古屋
青島
西安
武漢
上海
長沙
デリー
カトマンズ
台北
広州
深圳
香港
バンクーバー経由
ダッカ
ムンバイ
ハノイ
イスタンブール
テルアビブ
ドバイ
ヤンゴン
マニラ
バンコク
経由便
中東
ホーチミン
コロンボ
マレ
経由便
クアラルンプール
シンガポール
エールフランス航空
中国東方航空
中国南方航空
大韓航空
アフリカ
ナイロビ
ジャカルタ

ヨーロッパ就航路線

パリを拠点として
エールフランス航空を満喫し
ヨーロッパ内の移動は工夫を

ヨーロッパは、エールフランス航空が拠点とするパリが起点となる。アジア方面の長距離フライトを大韓航空で繋ぐのであれば、ロンドンやローマ、フランクフルト、マドリードといった人気の観光都市に滞在することもできるが、エールフランス航空のファーストクラスは捨てがたい。１都市の乗り継ぎは２回までというルールを生かしてうまくパリを起点としてルートを組みたい。

いずれにしろ、ヨーロッパ内にファーストクラスのフライトはないので、同じスカイチームのＫＬＭオランダ航空やアリタリア・イタリア航空、エア・ヨーロッパなどのビジネスクラスを使うか、別途購入していくつかの都市を巡るしかない。

ヨーロッパからアジア方面には大韓航空と中国東方航空、中国南方航空のフライトもあるが、アメリカ方面にはエールフランス航空のみとなる。大陸間の移動の際には、パリ発のフライトを選ぼう。パリのファーストクラス専用ラウンジ「ラ・プルミエール・ラウンジ」は必ず利用したいラウンジのひとつだからだ。マイル数に余裕があれば中東やアフリカに足を延ばして、１都市２経由のルール内でラウンジを２回楽しむこともできる。

パリのシャルル・ド・ゴール空港にあるエールフランス航空のファーストクラスラウンジ「ラ・プルミエール・ラウンジ」。写真提供：エールフランス航空

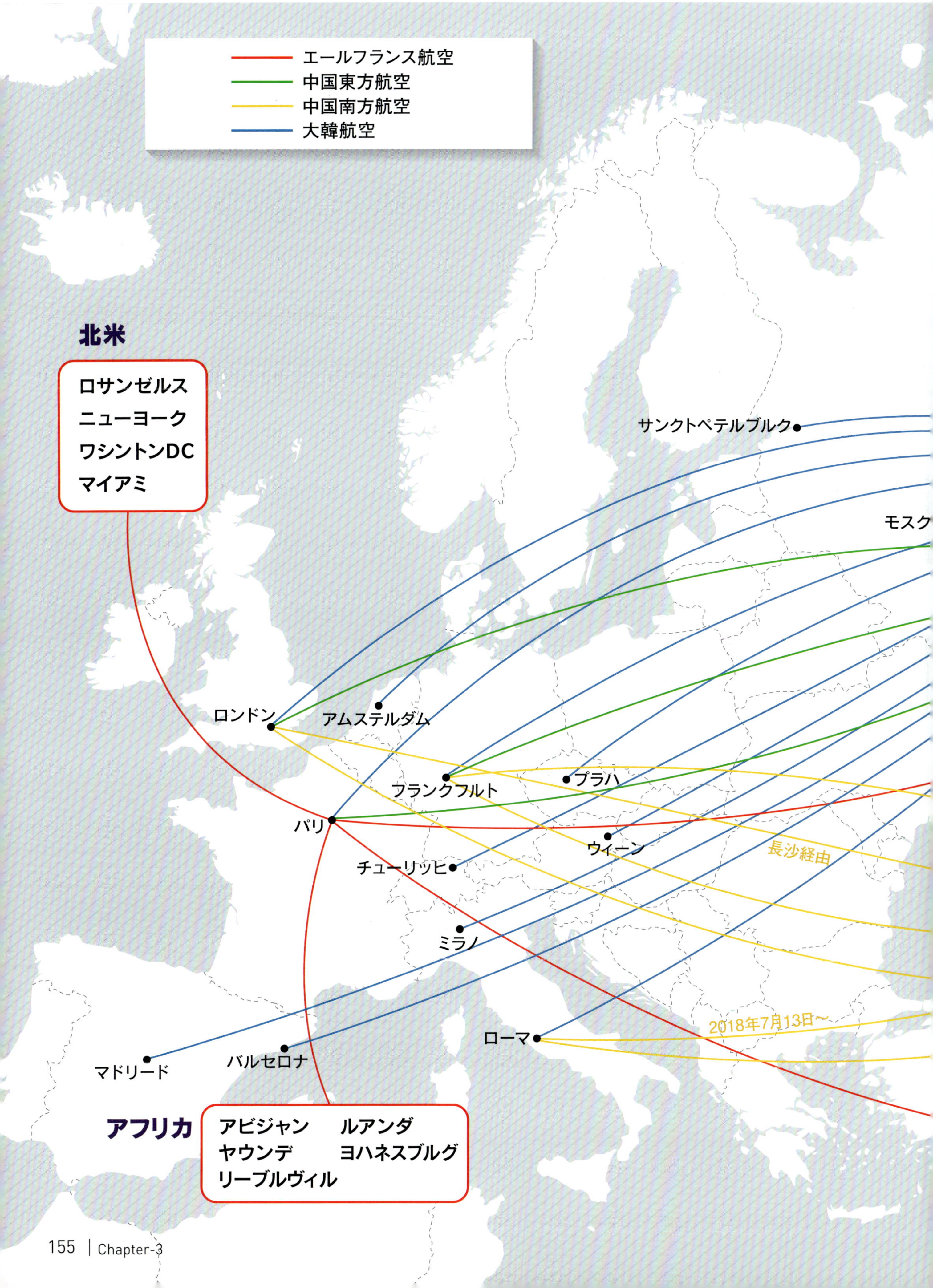
エールフランス航空
中国東方航空
中国南方航空
大韓航空
北米
ロサンゼルス
ニューヨーク
ワシントンDC
マイアミ
サンクトペテルブルク
モスク
ロンドン
アムステルダム
フランクフルト
プラハ
パリ
ウィーン
長沙経由
チューリッヒ
ミラノ
ローマ
2018年7月13日～
マドリード
バルセロナ
アフリカ
アビジャン
ルアンダ
ヤウンデ
ヨハネスブルグ
リーブルヴィル

アフリカ・中東就航路線

アフリカはパリを起点に
中東はアジアとの間に入れるか
パリから往復する

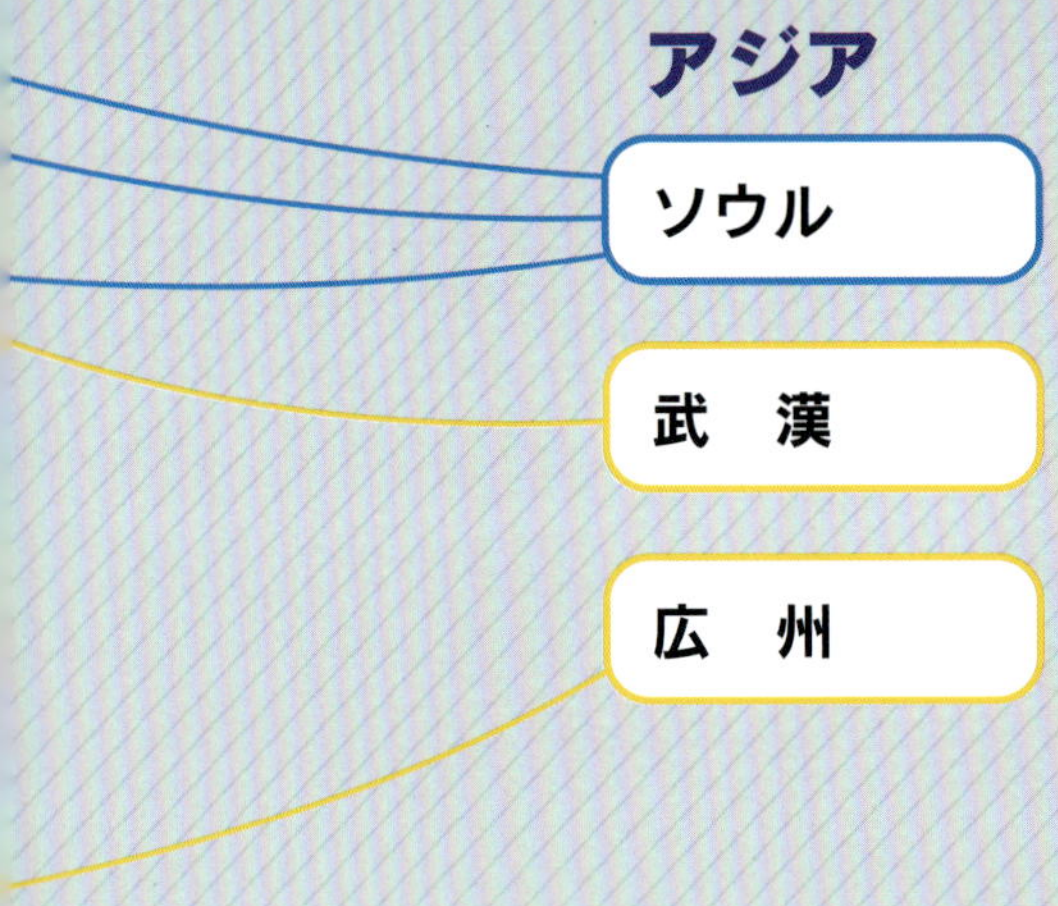

　スカイチームは、アフリカでも個性的な路線をもつ。カメルーンのヤウンデやアンゴラのルアンダ、ガボンのリーブルヴィル、コートジボワールのアビジャンといった西アフリアの都市へ、ファーストクラスで飛ぶことができるのはスカイチームのみ。あまり日本に知られていない西アフリカへ足を延ばす個性的なルートを組むことができる。

　アフリカ周遊を楽しみたいのであれば、アフリカ内の移動には世界一周航空券とは別に航空券を手配するのも手。各都市の滞在は１回のみだが、乗り継ぎであれば２回までが可能なので、パリを起点に１都市まで往復して、周辺の国々へは別途購入した航空券を使って飛ぶという方法だ。

　たとえば、世界一周航空券で南アフリカのヨハネスブルグまで往復して、ケープタウン、南アフリカ内のサファリ、隣国ナミビアのナミブ砂漠、その北にあるヴィクトリアフォールズなどをルートに入れるというのもお勧めだ。

　中東では、ドバイがソウル、パリと繋がっているので、アジア、ヨーロッパ間の途中にうまく組み込むことができる。アフリカを入れないのであれば、前述の方法でパリから往復してもいい。

南アフリカのキャンプ・ジャブラニ（36 ～ 37 ページ参照）で働くハウスキーピングの女性たち。

テラスから動物たちを眺めることができるのもサファリロッジの醍醐味。シンギタ(38 ～ 39 ページ参照)で。

キリンの親子はアフリカンサファリの人気者だ。木の上のやわらかい葉を楽々食べる。

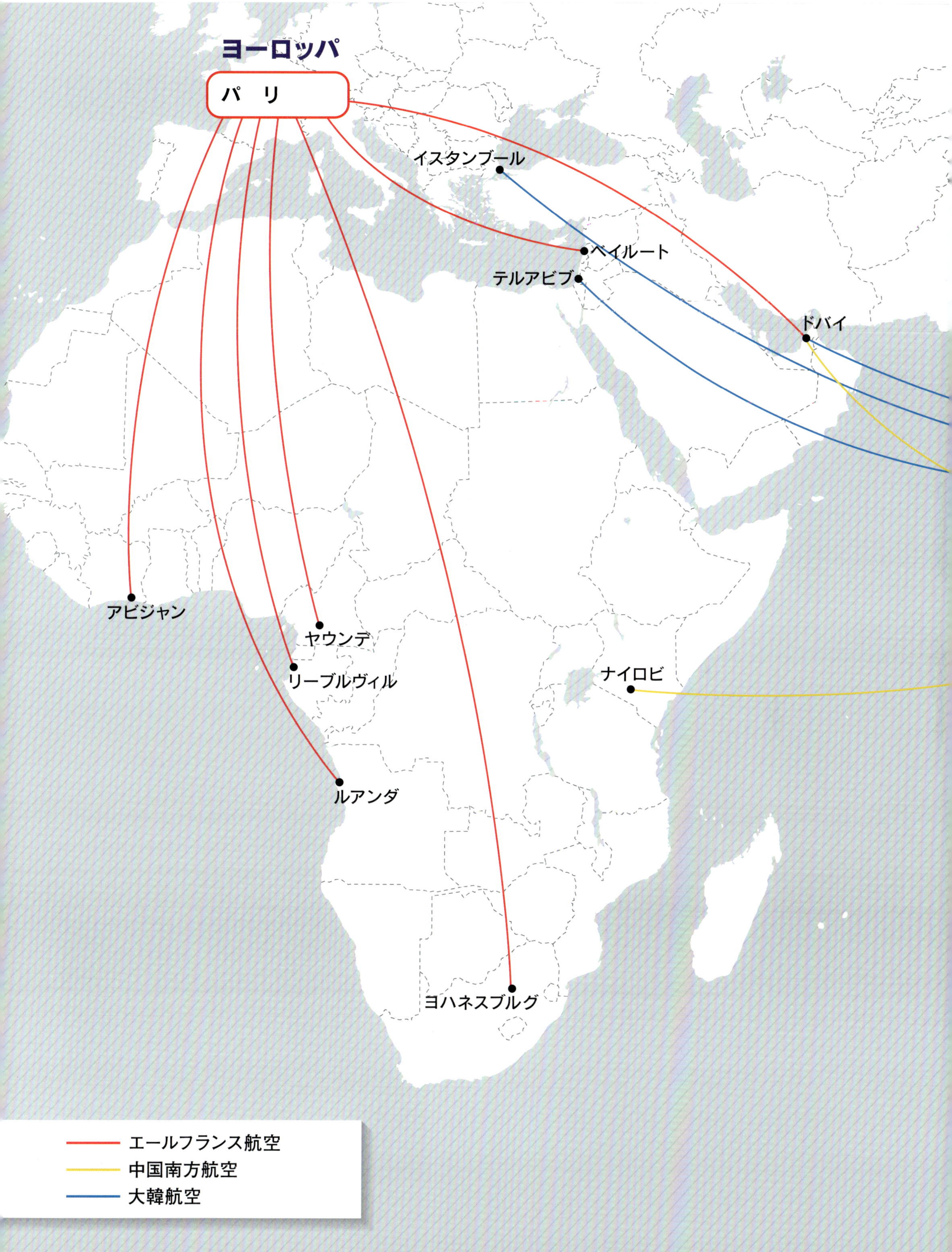
ヨーロッパ
パ　リ
イスタンブール
ベイルート
テルアビブ
ドバイ
アビジャン
ヤウンデ
リーブルヴィル
ナイロビ
ルアンダ
ヨハネスブルグ
エールフランス航空
中国南方航空
大韓航空

北アメリカ就航路線

北米内の移動は工夫して
東西移動は距離を節約
大陸間移動へと繋ぐ

北米・中米・南米ゾーンに関しては、ファーストクラス就航路線がかなり限られる。スカイチームにはアメリカのデルタ航空が加盟しているが、残念ながらファーストクラスがない。南米へもファーストクラス便では飛ぶことができない。このゾーンで２都市以上に滞在したいのであればビジネスクラスで繋ぐことになる。１カ国での滞在は３回までなので「陸路」をうまく使いたい。別の交通機関でカナダやメキシコ、南米をルートに入れても、加算される距離は最短距離となる。

ファーストクラス専用ラウンジはないが、エールフランス航空のビジネスクラスラウンジがニューヨークやワシントンDCなどにある他、各空港のスカイチーム加盟航空会社のものも利用可能だ。

アジア－アメリカ－ヨーロッパのゾーン間移動の際にファーストクラスのみで繋ぐことができる都市は、ニューヨークとワシントンDC、ロサンゼルス。ヨーロッパ方面はパリのみ、アジア方面はソウル、上海、広州、武漢という選択肢だ。エールフランス航空のパリ－ロサンゼルス間を選んでアメリカ大陸と大西洋を一気に横断すれば、「ラ・プルミエール」を少しでも長く楽しむことができる。

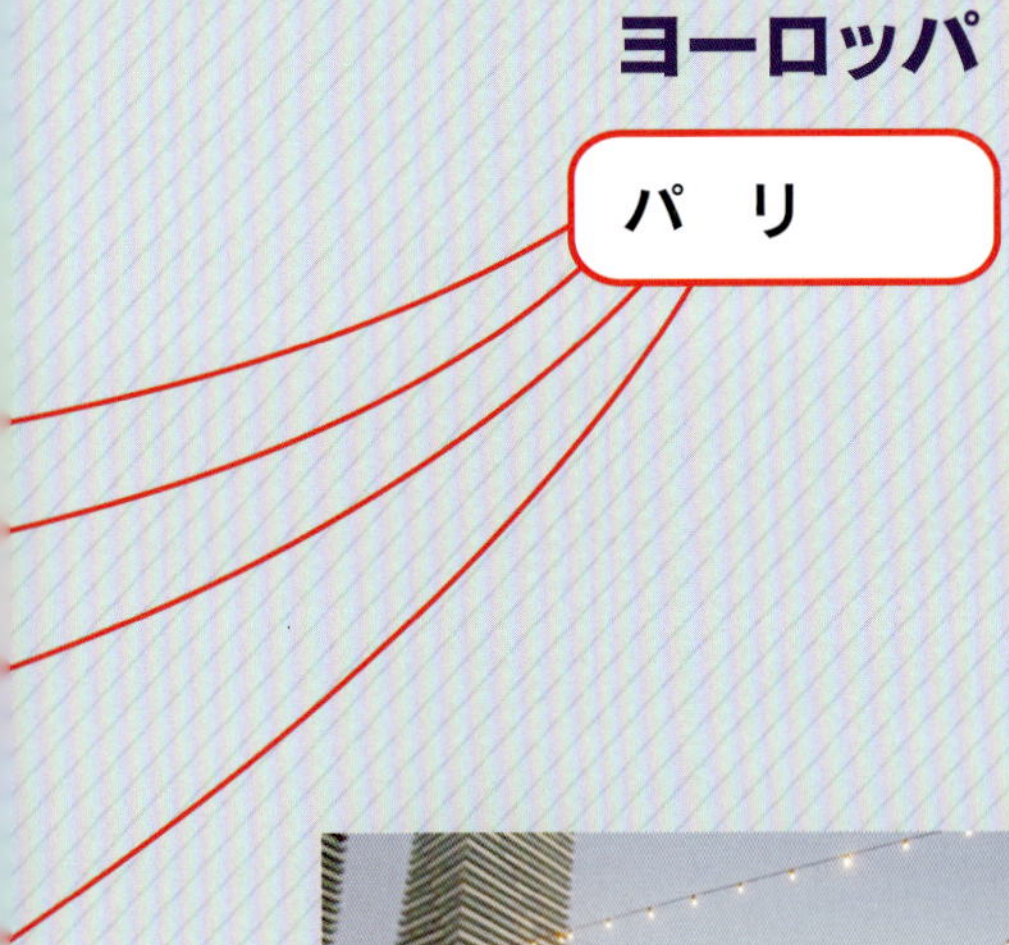

オンタリオ湖に面する街、トロントには、高層ビルと旧市街が同居している。

シカゴは、摩天楼の代名詞のような街だ。

ニューヨークの冬の名所、ロックフェラーセンター前のスケートリンク。

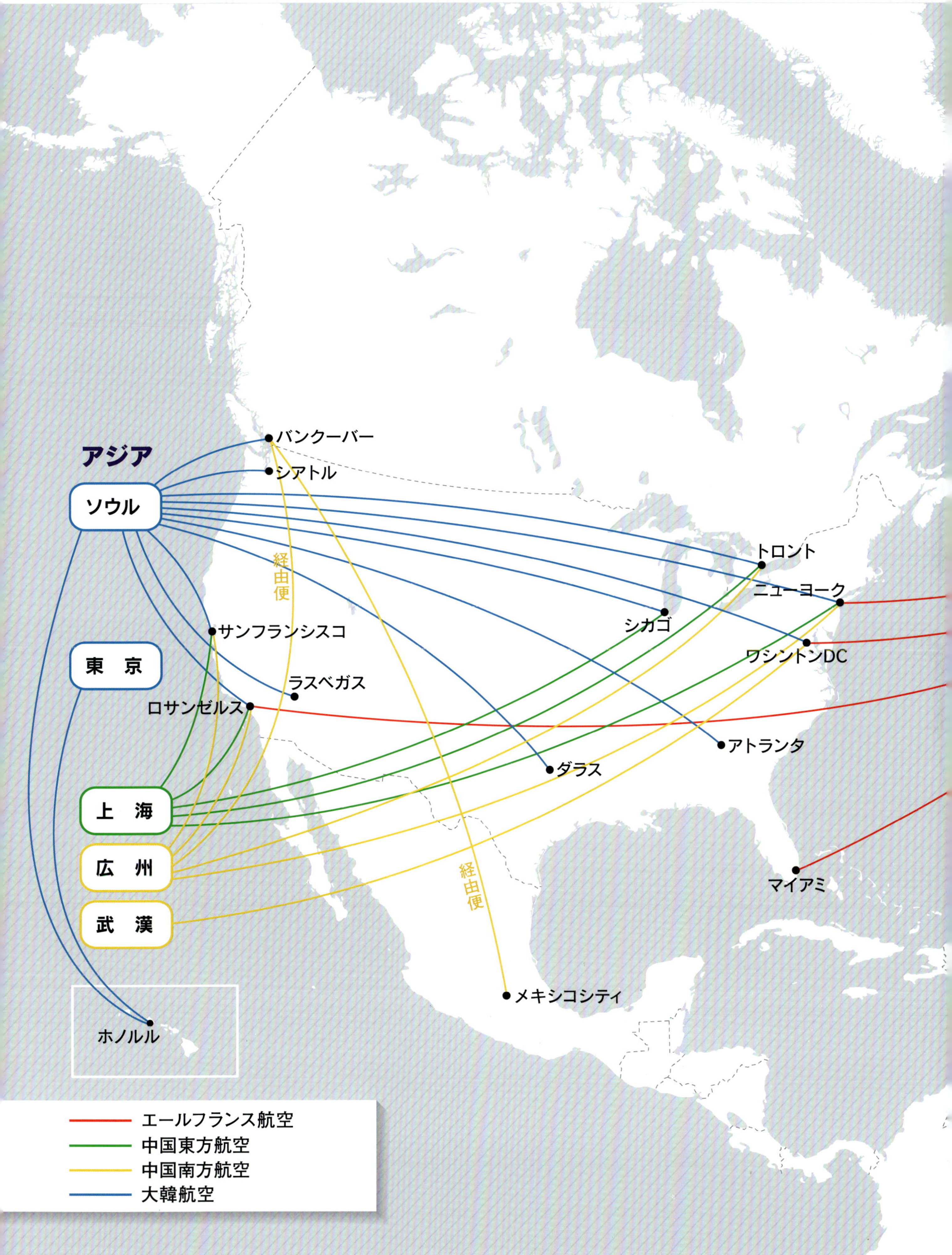
アジア
ソウル
東京
上海
広州
武漢
バンクーバー
シアトル
経由便
トロント
ニューヨーク
シカゴ
ワシントンDC
サンフランシスコ
ラスベガス
ロサンゼルス
アトランタ
ダラス
経由便
マイアミ
メキシコシティ
ホノルル
エールフランス航空
中国東方航空
中国南方航空
大韓航空

オセアニア就航路線

アジアの航空会社を駆使して南太平洋の島々へスカイチームだけのルート

スカイチームならではのルートは、ハワイ（159ページ参照）、フィジーといった南太平洋の島々にファーストクラスで飛べること。どこを選ぶかによって全体のルートが変わることも前述の通り。また、ホノルルとアメリカ大陸の間はファーストクラスがないためビジネスクラスとなる。オーストラリアなら、ファーストクラスでソウルからシドニーかブリスベンへ飛び、シドニーとブリスベンの間を「陸路」で移動してソウルと繋ぐこともできる。

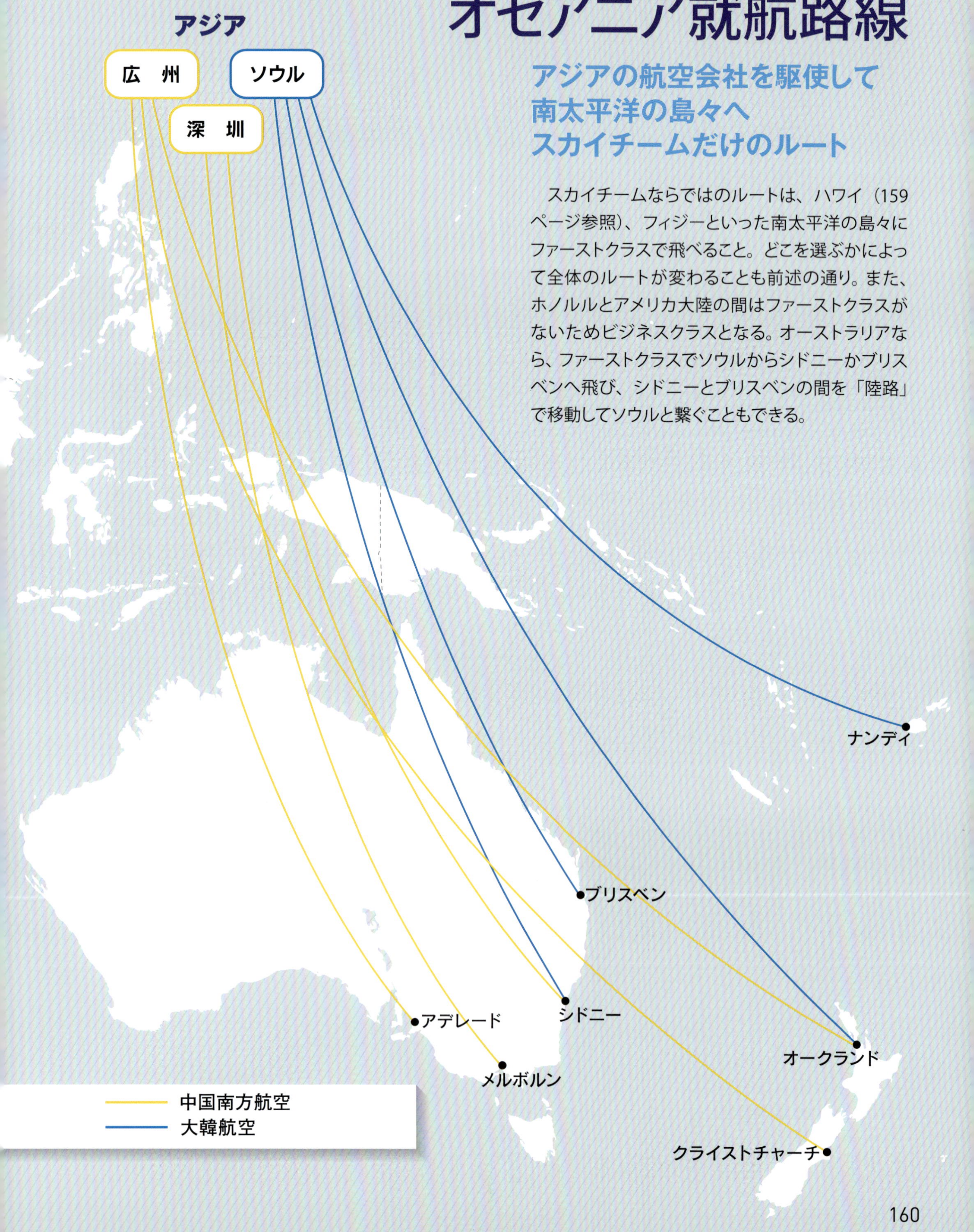

Column

短距離のフライトは
別途購入がお得なことも

世界一周航空券で目的地まで繋げなかったら

世界一周航空券を使うと、複数の航空会社のフライトを使うことができるので目的地の選択肢は広いが、すべての空港に行けるわけではない。

たとえば、私が行った南米ボリビアのウユニ塩湖や、アフリカのナミビアにあるナミブ砂漠は、私が使った「ワンワールド」の世界一周航空券では行くことができなかった。

前者は現地航空会社の小型飛行機が飛んでいて、後者は「スターアライアンス」のフライトだった。どちらも航空券は別途購入した。

理由は明確で、そもそも南米やアフリカ南部まで単独で旅行するとなると、旅費は高額だ。世界一周航空券で目的地近くまで行っているのだから、その先を買い足すだけでいいのであれば、ウユニ塩湖もナミブ砂漠も、諦めるという選択肢はなかった。

ウユニ塩湖へはアマゾナス航空。陸路は10時間、空路はたったの1時間だ。

マイルを使うか購入するか

別途購入する際には、手持ちのマイルを使って特典航空券を利用するか、購入するという方法もある。

私の場合は、南米では目的地が4カ所あったことと、他の大陸での移動も考えて、世界一周航空券をどのフライトで使うのかを選ぶ必要があった。運賃を調べると同時に必要マイル数も調べた。

最終的に、南米大陸横断のみ特典航空券とした。予約センターに電話でマイル数を確認していたときに、ちょうどキャンペーン中ということがわかり、大陸横断をたったの10,000マイルで飛ぶことができたからだ。逆に、アフリカ南部の移動は短距離にもかかわらず必要マイル数が多かったので、購入してマイルを貯めることにした。帰国後のことも考えて、最良な方法で目的地に向かおう。

ヨハネスブルクからナミビアの首都ウィントフックまでは「スターアライアンス」の南アフリカ航空。

Column

ホテルに泊まる？ ラウンジに泊まる？

ラウンジを勧める3つの理由

トランジットが長時間となった場合、または、夜中の時間帯だった場合、どこかでゆっくり休むことは、慣れない旅先での体調管理のために大切だ。ファーストクラスラウンジに留まるのか、空港内か空港近くのホテルに行くか、昼間なら休まずに市内観光に出かけるという選択肢もある。

私個人のお勧めはラウンジだ。理由は以下の3つ。

①食事も含め費用がかからない。しかも、空港ホテルは割高なことが多い。

②ホテルの予約や移動の時間のロスがなく、次のフライトの搭乗口にも近い。

③二度と入れないかもしれない（ファーストクラスに何度も乗るという人はこの限りではない）。

私自身、世界一周の準備段階で、ラウンジに入る時間を確保するために入念にフライトを選んだ。

ただ、24時間稼働していない空港では夜はラウンジが閉まってしまうので、ラウンジの営業時間の確認は忘れずに。ラウンジが開いていなければ、夜のトランジットの場合は事前にホテルを予約しておきたい。

ドーハのハマド国際空港のカタール航空ファーストクラスラウンジ内にあるシャワーつき仮眠室。ツインルームもある。

ロンドンのヒースロー空港にあるブリティッシュ・エアウェイズのファーストクラスラウンジの仮眠室。事前に予約できる。

仮眠室は早めの確保を

ファーストクラスラウンジといえども、写真のような仮眠室があることは多くはない。仮眠室は人気なので、事前に予約するか、ラウンジに入るときに確保しよう。満室なら、空きを待つか、ベッドで眠ることは諦めるしかない。

ラウンジによっては、半個室にリクライニングチェアがあったり、横になれるサイズのソファがあるに留まったり。ファーストクラスの搭乗客はラウンジでは眠らないということなのかもしれない。

それでも、シャワーがあり、食事や飲み物を自由にいただくことができ、盗難などの危険も限りなく低い安全な場所で休むことができるのはありがたいというもの。旅のルートを選ぶ際には、ラウンジ利用もじっくり検討したい。

How to Choose

chapter

4

世界一周航空券の選び方、買い方

世界一周航空券は、誰でも、同じ運賃で買うことができる。各アライアンスのホームページには、簡単にルートを組むことができる仕組みもある。前章の地図から旅先を選び、ファーストクラスの路線を選んでいけばいい。実際の画面をお見せしてご説明しよう。ここまで終えれば、「ファーストクラスで世界一周」は目前だ。

HOW TO BUY THE TICKET

ファーストクラス世界一周航空券の選び方と買い方の基本

まずはホームページで旅程を作ってみる

各アライアンスのホームページには世界一周旅行専用のページがある。そこには世界地図があって、地図上の都市名をクリックしていくだけで簡単に旅程をシミュレーションできるようになっている。燃料サーチャージや税金なども計算してくれるので全体の予算も確認しながらルートを組もう。

フライトを選ぶ際には第3章の路線図と画面上の地図を見比べながら、なるべくファーストクラスが飛んでいるルートを選ぼう。ファーストクラスの有無は変わることがあるので、フライトが表示されない場合は予約窓口に電話して確認を。本書出版後にホームページのデザインが変わったとしても、ルート選びという目的は同じなので、本書を参考にしてほしい。

一度作った旅程は、出発日までなら何度でも変更することができるし、いくつでも保存することができる。納得がいく旅程になるまで検討を重ねよう。

アライアンス選びは旅行後も考えて

アライアンスを選ぶ際には、運賃や目的地へのフライトの有無を比較して選ぶことになるが、もうひとつの要素としてFFP（フリークエントフライヤープログラム）がある。詳しくは次章で説明するが、まだ入会していないのであれば、世界一周旅行手配の前に、入会必須だ。

既に入会しているFFPがあるのなら、その航空会社が加盟しているアライアンスを選ぶのが基本。次に航空券の種類や目的地を検討して、希望する内容と違ったら他のアライアンスを選ぼう。

FFPがなぜ重要かというと、世界一周航空券は正規運賃の航空券なのでマイルをもらうことができるからだ。しかも、ファーストクラスはマイル加算率が高い。航空券購入時にも提携クレジットカードを使えば、更にマイルが貯まるのだ。私は、貯めたマイルでもう一度ファーストクラスに乗ることができた。

□ファーストクラス世界一周航空券運賃比較

	ワンワールド・エクスプローラー	グローバル・エクスプローラー	スターアライアンス・世界一周運賃	スカイチーム GO Round The world PASS
3大陸	1,003,300円	-	-	-
4大陸	1,182,500円	-	-	-
5大陸	1,370,200円	-	-	-
6大陸	1,495,100円	-	-	-
26,000マイル以内	-	-	-	638,400円+α
29,000マイル以内	-	-	1,141,000円	712,100円+α
33,000マイル以内				810.300円+α
34,000マイル以内	-	1,182,500円	1,344,000円	-
38,000マイル以内	-	-	-	933,100円+α
39,000マイル以内	-	-	1,504,800円	-

※ 2018年6月現在。スカイチームのみ燃料サーチャージ込み。その他は、燃料サーチャージ、空港税、航空保険料などは別

□ファーストクラス世界一周航空券概要

	ワンワールド・エクスプローラー	グローバル・エクスプローラー	スターアライアンス・世界一周運賃	スカイチーム GO Round The world PASS
アライアンス	ワンワールド	ワンワールド	スターアライアンス	スカイチーム
利用可能航空会社数	7社（13社）	7社（25社）	9社（28社）	4社（20社）
就航国数	約160カ国	約160カ国	192カ国	177カ国
就航都市数	1000都市以上	1000都市以上	約1300都市	1074都市
最大フライト区間	16区間	16区間	16区間	16区間
最短旅行日数	なし	なし	10日	5日
有効期限	1年	1年	1年	1年
最終発券期限	1時間前	1時間前	24時間前	7日前
ルート変更手数料	US$125	US$125	US$125	US$125

※最終発券期限は予約のタイミングにより変動。詳細は本文参照のこと

また、航空会社の上級ステイタスを持っていないのであれば、この機会にステイタス取得を目指したい。それまでマイルを貯めていたアライアンスとは違うアライアンスを選んだとしても、上級ステイタス取得を目指すことができるのが世界一周旅行だ。上級ステイタスについては次章で。

世界一周航空券はどこで買う？

各アライアンス加盟の航空会社（最初に利用するフライトの運航会社）か、旅行代理店で購入することができる。あらかじめ旅程を各アライアンスのホームページで作っておき、見積もりを確認しておけば話が早い。そのうえで、電話や窓口で質問や相談をしよう。

ルート選びから迷っているのであれば、世界一周航空券の手配に慣れている旅行会社を選ぶのがコツ。細かいルールも熟知しているし、自分で作った旅程に無理があったらアドバイスもしてくれるはず。旅行会社なら、航空券だけでなく現地のホテルや送迎・観光の手配もしてくれる。

すべてのフライトを事前に予約する

旅程を決めたら次は予約。世界一周航空券は、出発前にすべてのフライトを予約する必要がある。ぜひ早めに旅程を確定してほしい。なぜなら、すべてのフライトを一度に予約するので、旅程が決まらないと出発便すら予約ができないのだ。

さらに、早めの予約をお勧めする最大の理由は、ファーストクラスが満席だと、ビジネスクラスにダウングレードされてしまうからだ。ファーストクラスは満席になることは少ないが、絶対空席があるとは限らない。ホームページ上で世界一周のルートを選びフライトを選ぶ際には、空席があるフライトのみが表示される。ルート検討をしているうちにフライトが表示されたりされなかったりするのはこのため。

もし、前章の路線図にあるのにファーストクラスが表示されなかったら、考えられる理由は3つ。空席がないか、ダイヤ変更か、ファーストクラスの設定がなくなったかのどれかだ。いずれも、航空会社に確認を。

世界一周航空券はいつ購入しても運賃は同じ。あわてる必要はないが、予約してから購入・発券するまでの期限が定められていて、期限が過ぎると予約がキャンセルされる。上の表にも記したが、詳しくは次ページ以降の、各アライアンスのページを参考にしてほしい。

航空券購入後の変更やキャンセル

購入後の変更は、出発前、出発後ともに、ルートを変えずに日程だけを変える場合は無料。ルート変更の場合は変更手数料（1回につき125USドル）が必要となる。変更手続きは発券した航空会社で行うので、購入した航空会社や旅行会社に国際電話やメールで連絡することになる。連絡先がわかるようにメモしておこう。

購入後にキャンセルする場合は、規定のキャンセル手数料を支払えば、支払った運賃のほとんどは返金される。直前や出発後もある程度は返金されるので、キャンセルすることになったら、一刻も早く購入先に連絡しよう。

最長距離を飛ぶことができる大陸制と距離制の2タイプがあるワンワールド

大陸数で選ぶ飛行距離無制限の航空券

ワンワールドの世界一周航空券には、大陸の数で行き先、運賃が決まる「ワンワールド・エクスプローラー」と、距離で決まる「グローバル・エクスプローラー」の2タイプがある。大陸の数という設定があるのはワンワールドだけだ。大陸制の航空券は、「3大陸」、「4大陸」、「5大陸」、「6大陸」から選ぶことができる。

私がファーストクラスで世界一周した際に使った航空券はこのタイプ、大陸制の「6大陸」。すべての世界一周航空券の中で、もっとも長距離を飛ぶことができる航空券だ。

距離制のファーストクラスは3万4000マイル以内のみ

距離制の「グローバル・エクスプローラー」は、4種類の距離設定があるが、そのうちのファーストクラスの設定があるのは、距離上限の上から2番目の「3万4000マイル以内」のみ。

この航空券の特徴は、大陸制と距離制の違いだけではない。ワンワールド加盟の航空会社だけでなく加盟外の11社のフライトを利用することができるのだ。

ただし、そのうちファーストクラスの設定があるのは北米を飛んでいるアラスカ航空のみなので、ファーストクラスで世界一周を目指す読者の皆さんにはメリットが大きいとは言えない。ただ、ビジネスクラスでのダウングレードを承知で繋げば、他のアライアンスでは行くことができない南太平洋のタヒチやフィジーなどにも足を延ばすことができる。

□ワンワールド世界一周航空運賃

種類	飛行可能範囲	エコノミークラス	ビジネスクラス	ファーストクラス
ワンワールド・エクスプローラー（大陸制）	3大陸	335,000円	656,300円	1,003,300円
	4大陸	354,600円	780,400円	1,182,500円
	5大陸	418,800円	895,200円	1,370,200円
	6大陸	485,000円	978,200円	1,495,100円
グローバル・エクスプローラー（距離制）	34,000マイル以内	418,800円	780,400円	1,182,500円

※2018年6月現在。燃料サーチャージ、空港税、航空保険料などは別

ワンワールド・エクスプローラー ルール

○ 3大陸以上を含む
○旅程は16区間以内（陸路含む）
○ 各大陸内で4区間以内（北米は6区間以内）
○出発地の大陸では途中降機が2回可能
○ 出発国と帰着国が同じであれば都市は違ってもＯＫ
○旅行期間は12カ月以内
○ 発券（購入）期限は、出発の29日前までに予約したら25日前まで、28〜8日前に予約したら7日前、もしくは予約後3日以内のいずれか早いほうまで、7日〜出発前までに予約したら予約完了後24時間以内、旅行開始の1時間前まで
○ 発券後の経路変更手数料は125USドル、キャンセル料は運賃の５％（エコノミークラスは10%）

□ゾーン別ワンワールド加盟航空会社とファーストクラスの有無

ゾーン	航空会社	国	2レターコード	Fクラス有無
アジア	JAL	日本	JL	○
	S7 航空	ロシア	S7	–
	キャセイパシフィック	香港	CX	○
	スリランカ航空	スリランカ	UL	–
	マレーシア航空	マレーシア	MH	○
オーストラリア・ニュージーランド・南西太平洋	カンタス航空	オーストラリア	QF	○
ヨーロッパ・中東	イベリア航空	スペイン	IB	–
	フィンエアー	フィンランド	AY	–
	ブリティッシュ・エアウェイズ	イギリス	BA	○
	カタール航空	カタール	QR	○
	ロイヤルヨルダン航空	ヨルダン	RJ	–
アフリカ	–	–	–	–
北米	アメリカン航空	アメリカ	AA	○
南米	ラタム航空	チリ、ブラジル、アルゼンチン、ボゴダ、ペルー、エクアドル	LA、JJ、XL	–

グローバル・エクスプローラー ルール

○ 太平洋横断・大西洋横断は１回のみ
○旅程は16区間以内（陸路含む）
○ 各大陸内で４区間以内
○途中降機は、各大陸内で4回、出発大陸では2回可能
○ 出発国と帰着国が同じであれば都市は違ってもＯＫ
○旅行期間は12カ月以内
○ 発券（購入）期限は、出発の29日前までに予約したら25日前まで、28〜8日前に予約したら7日前、もしくは予約後3日以内のいずれか早いほうまで、7日〜出発前までに予約したら予約完了後24時間以内、旅行開始の1時間前まで
○発券後の経路変更手数料は125USドル、キャンセル料は運賃の５％（エコノミークラスは10％）

□ゾーン別グローバル・エクスプローラー搭乗可能航空会社（ワンワールド加盟外）とファーストクラスの有無

ゾーン	航空会社	国	2レターコード	Fクラス有無
アジア	バンコクエアウェイズ	タイ	PG	–
	ジェットスター・アジア航空	シンガポール	3K	–
	ジェットスター・パシフィック	ベトナム	BL	–
	ジェットスター・ジャパン	日本	GK	–
オーストラリア・ニュージーランド	フィジーエアウェイズ	フィジー	FJ	–
	ジェットスター航空	オーストラリア	JQ	–
ヨーロッパ・中東	エアリンガス	アイルランド	EI	–
	メリディアナ	イタリア	IG	–
アフリカ	–	–	–	○
北米	アラスカ航空	アメリカ	AS、QX	–
	ウエストジェット	カナダ	WS	–
南米	–	–	–	–

ワンワールド
世界一周航空券購入手順

ワンワールドのホームページでは、都市名を入力していくだけで、大陸制の世界一周航空券「ワンワールド・エクスプローラー」の旅程を簡単に組み立てることができる。「グローバル・エクスプローラー」用のページはないので、このページでシミュレーションした旅程を航空会社の予約窓口か旅行会社に計算してもらって微修正するか、フライトごとのマイル数を調べて計算しよう。

① 日本語のホームページを開く

http://ja.oneworld.com

画面上部のバーにある「フライトの計画とご予約」、またはその下の枠内の「計画・ご予約は今すぐ！」をクリックして旅程作成ページへ移動する。世界一周航空券の詳細について知りたい場合は、バーにある「世界旅行のご案内」へ。

② 旅程作成の準備をする

「現在の旅程を表示しますか？それとも新しい旅程の作成を始めますか？」という画面が表示されるので、初めてなら「新規作成を開始」をクリック。

画面左側の「ファーストクラス」をクリックして搭乗クラスを選択。人数を選んだら「新しい旅程の作成を開始」をクリック。保存した旅程がある場合は、画面右側に登録済みのメールアドレスとパスワードを入力する。

作成途中の旅程があるなら「現在の旅程を開く」をクリックして、登録済みのメールアドレスとパスワードを入力する。

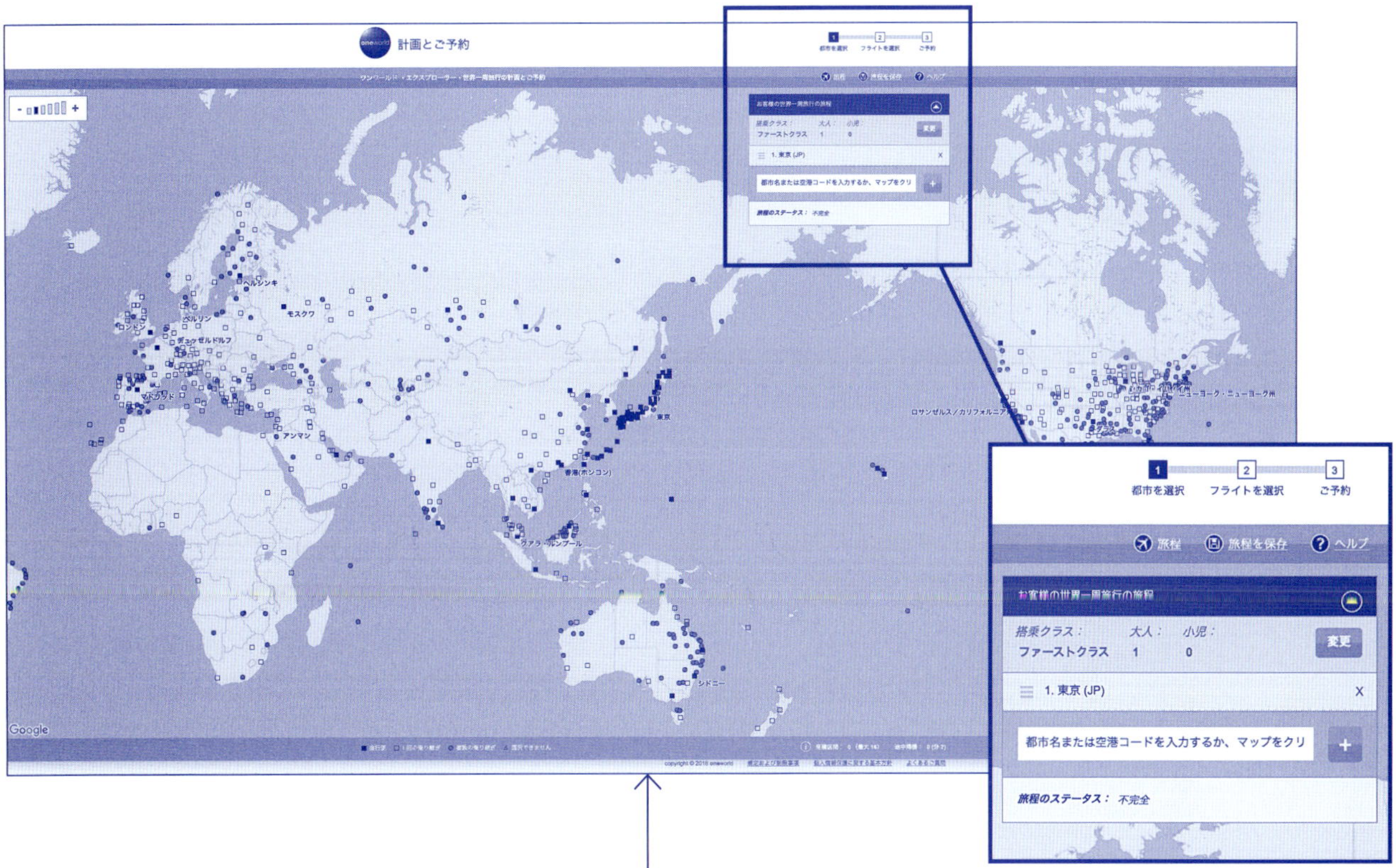

③ 地図上で ルートを選ぶ

出発地（東京など）を選び、枠内に都市名または空港コードを入力するか、地図上の都市名をクリックしていくと、自動的にラインが繋がり、地図上に都市名と訪問順が表示されていく。まずは優先順位の高い都市から選び、後から足すこともできる。大陸内の滞在都市数や距離がオーバーした場合は次に進めなくなるので修正しよう。その際、第３章の地図を参考にしてファーストクラスの設定があるルートを選ぶことを忘れずに。

④ 出発国に戻って ルート選択終了

地図上で横へ横へと地球を１周して、出発都市または同じ国の別の都市に戻れば選択終了となる。画面下部に区間数が表示されるので残数を確認しながら進めよう。出発都市に戻ったら、「お客様の世界一周旅行の旅程」の下部に表示されている「フライトの選択に進む」をクリックして次のページへ。

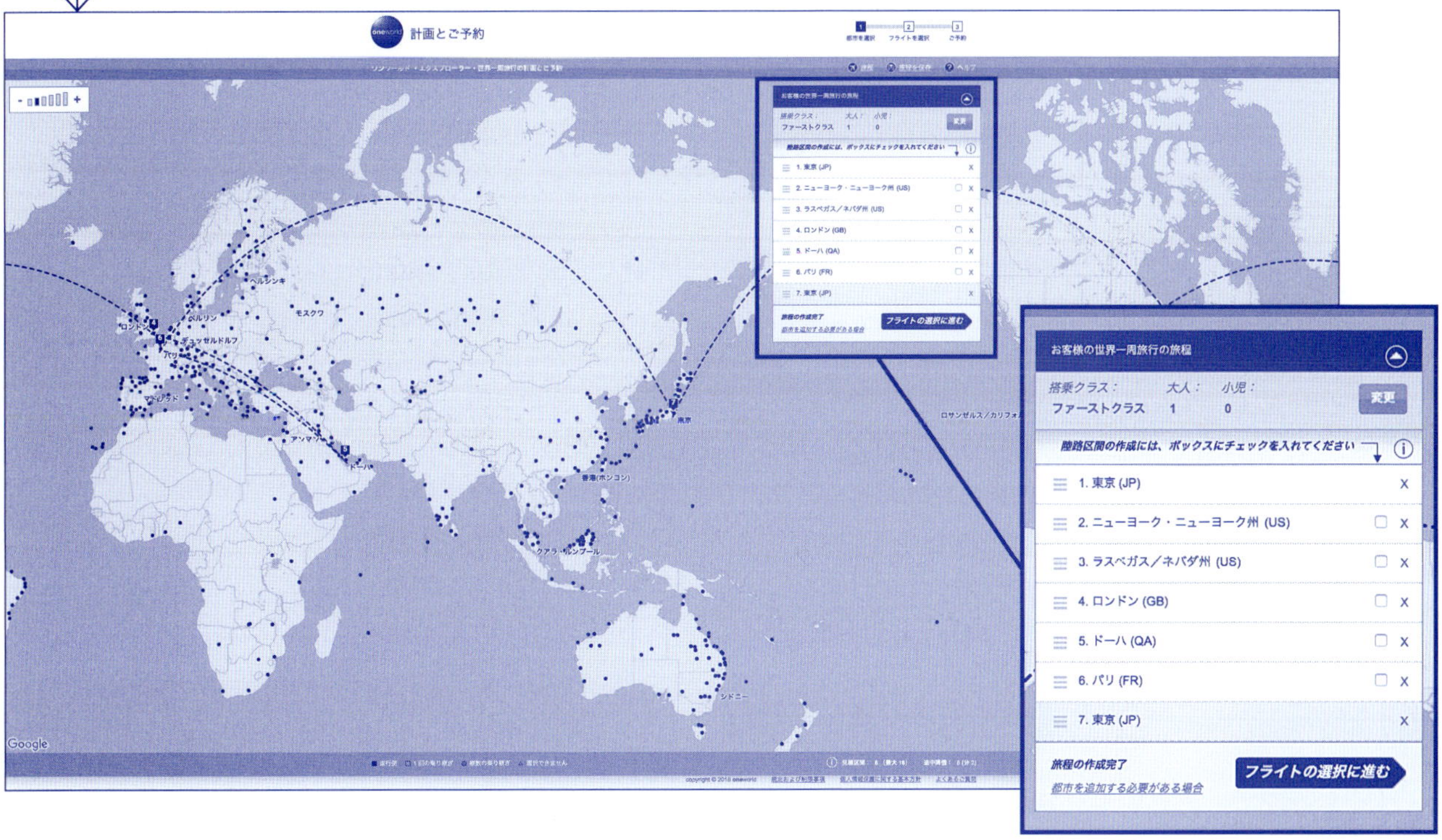

ワンワールド 世界一周航空券購入手順

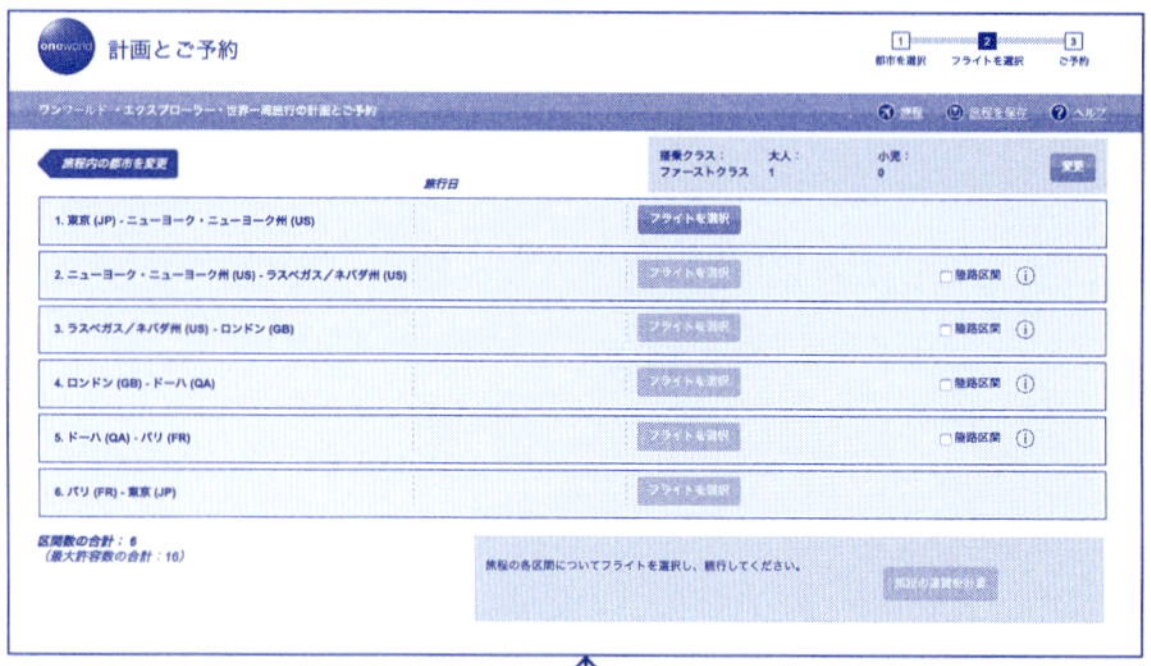

⑤ フライトを確認する

地図上で選んだルートの一覧が表示されるので、ルート、人数、搭乗クラスに間違いがないか確認する。ルートを変更したいときは、左上の「旅程内の都市を変更」をクリック、人数や搭乗クラスを変更したいときには右上の「変更」をクラック、変更の必要がなければ、「フライトを選択」をクリックする。カレンダーが表示されるので、日程を選ぶ。

⑥ 日程とフライトを選ぶ

カレンダー上の日付を選ぶと、それぞれのルートの搭乗可能な（空席がある）フライトで、ファーストクラスのがあるものから順に表示される。そのうちのひとつをクリックすると、使用機材、予約可能なキャビンクラスなどの詳細が表れる。ここで「ビジネスクラス」と表示される場合は、ファーストクラスが満席、またはファーストクラスの設定がないということになる。さらに別の航空会社のフライトに乗りたい場合、他の時間帯を選びたい場合、少し遠回りして飛びたい場合などは、「多くのフライトを表示」をクリック。すると、さらにフライトの選択肢が表示される。

⑦ 運賃構成と合計料金を確認する

すべてのフライトを選んだら、右下の「旅程の運賃を計算する」をクリック。すると、画面下に運賃と手数料などの合計料金が表示される。ここで確認したいのは、「運賃構成」の料金。予定している大陸以外の都市が入っていると料金が上がっている。その場合は、左上の「旅程内の都市を変更」をクリックして前の画面に戻り、ルートを変更しよう。諸税などの料金はその日のレートによって変動する。料金の左横にある「旅程を保存」して、メールアドレスとパスワードを設定しておこう。いつでも旅程を確認・変更することができる。予約センターや旅行会社で予約する場合はここまで。予約まで終わらせるためには、右下の「ご予約に進む」をクリック。

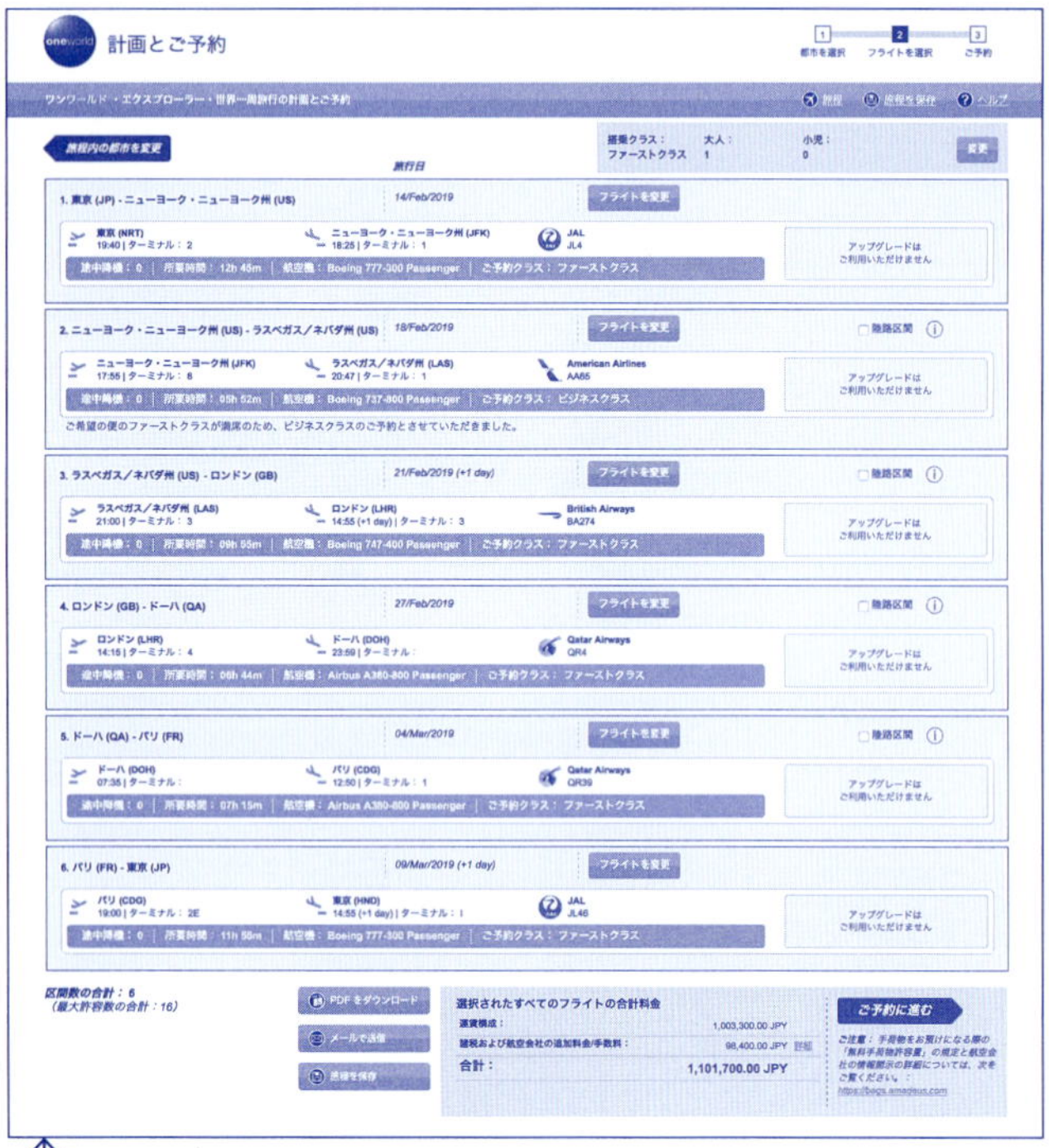

⑧ 別のルートも検討してみる

(アメリカン航空以外の航空会社の窓口、旅行会社で予約・購入する場合はここまで)

ここで、一度戻って別のルートも検討してみよう。パリからのJALの直行便ではなく、キャセイパシフィックを使って香港を経由するというルート。既にJGC(192ページ参照)の会員の場合はJAL便にこだわらなくてもいい。フライト数が変わるので合計料金も変わっている。

⑨ 旅程を確認する

すべてのフライトの詳細と合計料金が表示される。これが最終確認となるので、間違いがないかよく確認すること。複数の人数の予約の場合は、ここで合計額が赤字で表示される。問題がなかったら右下の「旅行者の詳細」をクリック。名前やメールアドレス、電話番号などの個人情報を入力していく。

⑩ 最終確認

個人情報の入力を終えると最終確認画面となる。フライトの一覧、利用航空会社一覧、旅行者名、航空券の配達方法などが表示される。その下の危険物の注意事項を読み、さらにその下にある注意事項を読んでチェックボックスをふたつクリックしたら、右下の「購入」をクリックすると予約は完了。予約番号とフライトの詳細が表示される。購入は最寄りのアメリカン航空の窓口。24時間以内に連絡して支払い手続きをすれば購入完了だ。

STAR ALLIANCE

北半球を中心に最強の路線数で距離制の最長設定があるスターアライアンス

距離制の選択肢が多くバリエーション豊かな就航都市

スターアライアンスの世界一周航空券は距離制で、4種類の設定がある。そのうち、ファーストクラスを利用できる航空券は3種類で、「2万9000マイル以内」「3万4000マイル以内」「3万9000マイル以内」だ。もっとも距離が短い「2万6000マイル以内」にはファーストクラスの設定がない。

また、ワンワールドの「3万9000マイル以内」の航空券にはファーストクラスの設定がないが、スターアライアンスにはある。大陸制ではワンワールドの選択肢が多いが、スターアライアンスは距離制が多い。

南北の移動が多い場合は大陸制のほうが距離を気にせずにルートを組めるが、目的地の数が少なく、南北の移動が少なければ、北半球に就航都市数が多いスターアライアンスの使い勝手がいいと言える。

アジア路線駆使かANAの上級ステイタス狙いか

スターアライアンス加盟の航空会社には、日本のANAをはじめ、タイ国際航空やシンガポール航空といった、ファーストクラスのサービスを充実させているアジアの航空会社が多い。第3章のファーストクラス就航路線図では、路線数が多すぎるのでアジアの地図をふたつに分けたほどだ。

次ページからのシミュレーションでは、次章でご紹介するANAの上級ステイタスを視野に入れて日本発着は長距離路線としたが、既にステイタスを持っているのなら、アジアの都市にもいくつか立ち寄るのもいい。いずれにしろ、帰国後のことも考えてルートを組もう。

□スターアライアンス世界一周航空券運賃

飛行可能距離	エコノミークラス	プレミアムエコノミークラス	ビジネスクラス	ファーストクラス
29,000 マイル以内	358,900 円	553,800 円	705,500 円	1,141,000 円
34,000 マイル以内	422,700 円	632,300 円	822,000 円	1,344,000 円
39,000 マイル以内	494,600 円	734,800 円	958,900 円	1,504,800 円

※ 2018 年 6 月現在。燃料サーチャージ、空港税、航空保険料などは別

スターアライアンス世界一周ルール

- ○ 太平洋横断・大西洋横断は１回のみ
- ○ 旅程は16区間以内（陸路含む）
- ○ 途中降機（24時間を超える滞在）は２回以上15回以内、各都市１回、各国３回（アメリカは５回）以内
- ○ 出発国の国内線、国際線の乗り換えは２回以内
- ○ 出発国と帰着国が同じであれば都市は違ってもＯＫ
- ○ 旅行期間は10日以上１年以内
- ○ シンガポール航空A380機材使用便は別途ファーストクラスサーチャージあり
- ○ 発券（購入）期限は、出発の29日前までに予約したら21日前まで、28～８日前に予約したら７日前まで、７日前以降に予約したら予約後24時間
- ○ 発券後の日程変更手数料は無料、経路変更手数料は125USドル、キャンセル料は150USドル、一部使用後のキャンセル料は150USドル＋差額

ファーストクラスなら窓側も全席通路アクセス。美しい景色を楽しみながら飛びたい。

□ゾーン別スターアライアンス加盟航空会社

ゾーン	航空会社	国	2レターコード	Fクラス有無
アジア・オセアニア	全日本空輸（ANA）	日本	NH	○
	エア インディア	インド	AI	○
	タイ国際航空	タイ	TG	○
	シンガポール航空	シンガポール	SQ	○
	中国国際航空	中国	CA	○
	深圳航空	中国	ZH	○
	アシアナ航空	韓国	OZ	○
	エバー航空	台湾	BR	−
	ニュージーランド航空	ニュージーランド	NZ	−
ヨーロッパ・アフリカ	スイス インターナショナル エアラインズ	スイス	LX	○
	ルフトハンザ ドイツ航空	ドイツ	LH	○
	アドリア航空	スロヴェニア	JP	−
	エーゲ航空	ギリシャ	A3	−
	LOT ポーランド航空	ポーランド	LO	−
	オーストリア航空	オーストリア	OS	−
	クロアチア航空	クロアチア	OU	−
	スカンジナビア航空	デンマーク、ノルウェー、スウェーデン	SK	−
	TAP ポルトガル航空	ポルトガル	TP	−
	ブリュッセル航空	ベルギー	SN	−
	ターキッシュ エアラインズ	トルコ	TK	−
	エジプト航空	エジプト	MS	−
	エチオピア航空	エチオピア	ET	−
	南アフリカ航空	南アフリカ	SA	−
北米・中米・南米	ユナイテッド航空	アメリカ	UA	△※
	エア・カナダ	カナダ	AC	−
	アビアンカ航空	コロンビア	AV	−
	アビアンカ ブラジル航空	ブラジル	O6	−
	コパ航空	パナマ	CM	−

※ 2018 年６月現在、一部の路線にファーストクラスがあるが、順次新ビジネスクラスに変更

スターアライアンス 世界一周航空券購入手順

スターアライアンスのホームページも、地図上の都市をクリックするか都市名を入力するだけで、簡単に旅程を組んでいくことができる機能をもつ。1都市増やすごとに画面下部にマイル数(距離)が表示されるので、距離を調整しながら修正すれば規定のマイル数ギリギリまで効率よく旅程を組むことができる。

① 日本語のホームページを開く

http://www.staralliance.com/ja

画面右上にある「その他のツール」からプルダウンして「世界一周」を選択する。

② 旅程作成の準備をする

「新しい旅を始めます」をクリックして旅程作成ページへ。世界一周航空券の詳細を確認したい場合は、左下の「約款」をクリック。保存した旅程がある場合は、ここで旅程参照番号を入力して「保存した旅程を開く」をクリックして次へ。

③ 都市名を入力して旅程を作る

「旅行を計画する」という画面で、四角い地図と入力画面が表示される。出発地（東京など）から、西回り、または東回りで訪問したい都市を選んでいく。旅程の入力方法は２通り。ひとつは文字入力。「目的地の検索」に都市名を日本語で入力する。地図にポイントされると同時に地図の右半分にリストとして表示され、地図上に自動的に飛行ルートが表示されていく。

④ 地図上でルートを選ぶ

もうひとつの入力方法は、直接地図上で都市をクリックしていくというもの。リスト表示枠の右側にある「＞」をクリックするとリストが隠れ、地図全体が見えるようになるので、地図上にある都市の場所をクリックしていく。最初の画面はヨーロッパが表示されているので、出発都市まで地図を動かしてからはじめよう。

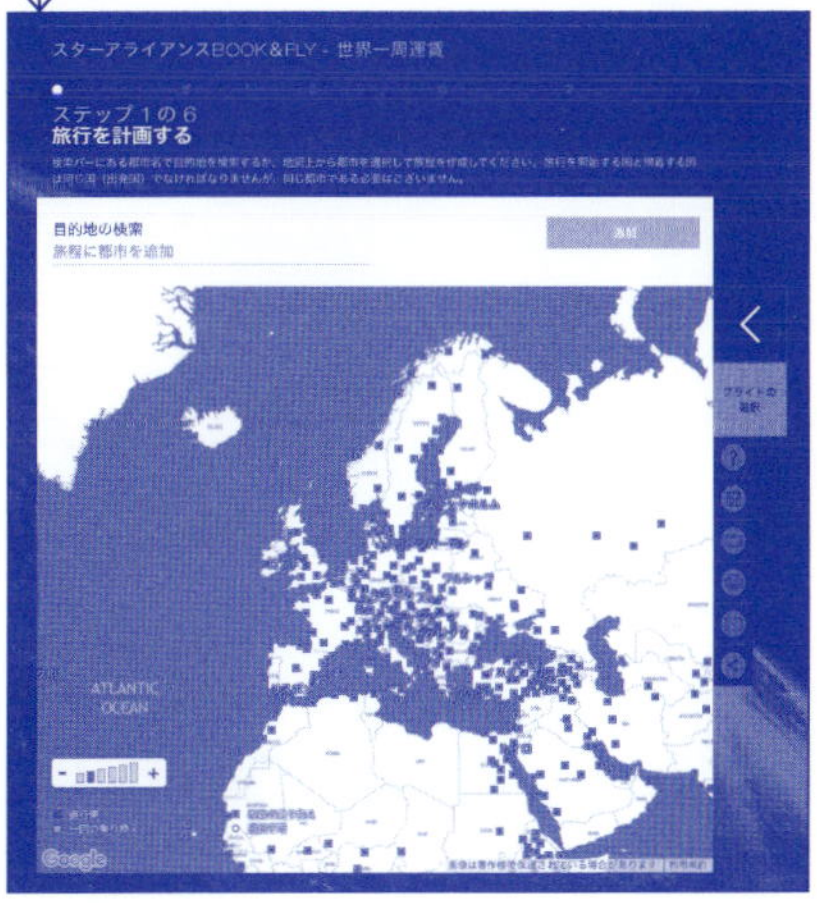

⑤ 出発国に戻ってルート選択終了

地図上で横へ横へと地球を一周して、出発都市または出発国の別の都市に戻れば選択終了となる。リストの下に区間数、ストップオーバー数（滞在地数）、マイル数（距離）が表示されるので、残数を確認しておこう。フライトを選択する段階で、直行便がない場合は経由便となってそれぞれ増える可能性があるので、この段階では少し余裕をもっておきたい。次に右側にあるグリーンの枠内「フライトの選択」をクリックして次のページへ。

⑥ 航空券の種類と人数を入力する

フライトを選択する前に、居住国、搭乗クラス（ファーストクラスを選ぼう）、人数を入力して、右下の「フライトの選択」をクリック。

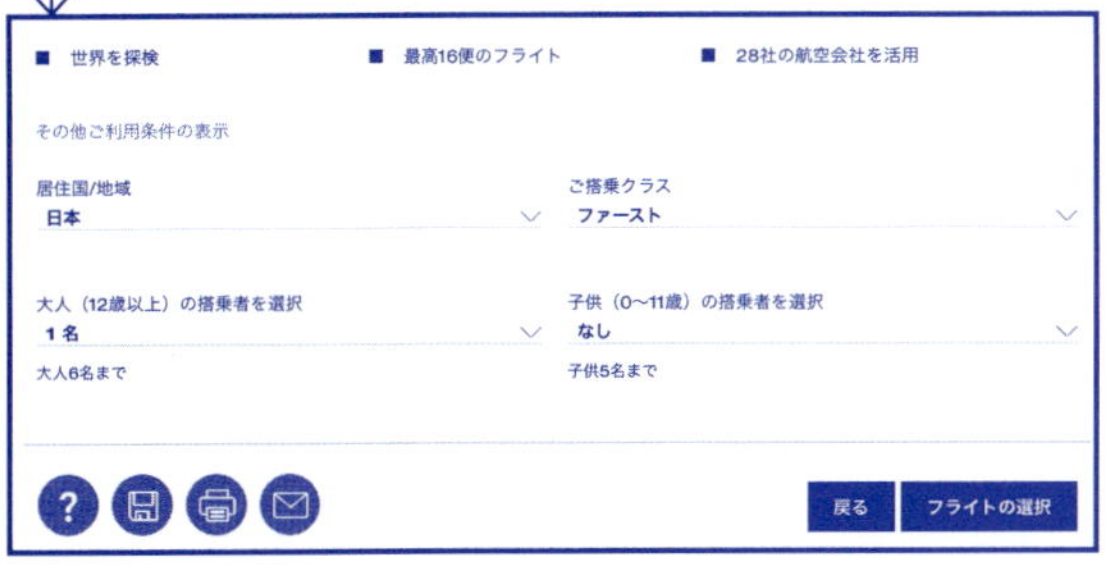

スターアライアンス 世界一周航空券購入手順

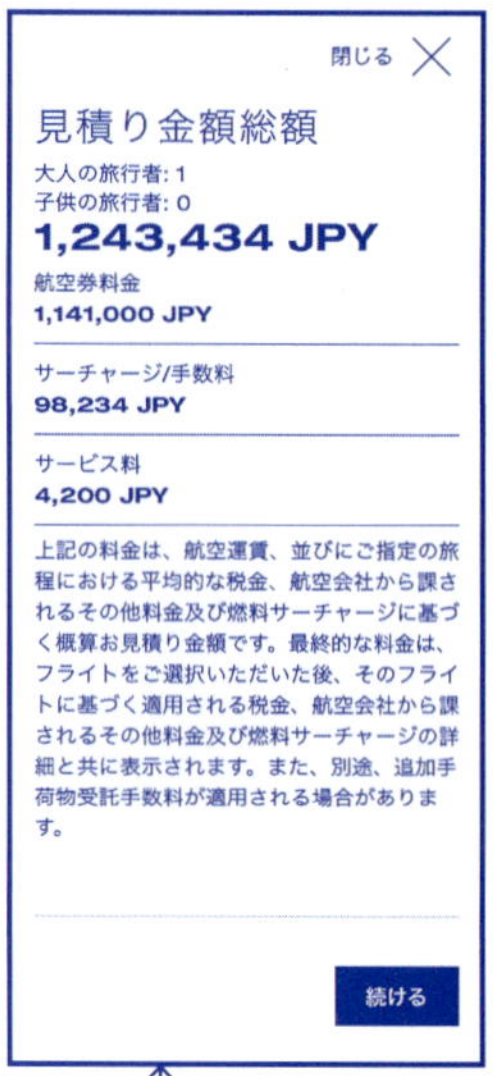

⑦見積もりを確認する

ここで、明細とともに合計金額が表示されるので確認しておこう。画面ではもっとも運賃が安い「29,000マイル以内」に収まっている。選ぶフライトによって変わることがあるのでプリントするか、メモしておくといい。確認したら「続ける」をクリック。

⑧日程とフライトを選択する

地図のページで選んだルートの一覧が表示される。それぞれの右端にある「フライトの選択」をクリックすると、まずカレンダーが表示されるので希望の出発日をクリック。すると、フライトの一覧が表示される。

⑨フライトを選択する

ここでファーストクラスのフライトを選ぶ。ファーストクラスが満席か設定がない場合は「ビジネスクラスにダウングレード」と表示される。右端の「フライトの詳細を表示」をクリックすると空港のターミナル名や機材名が表示される。「選択」をクリックすると、前のページのリストにフライトの日付と便名が入っていく。

⑩ フライトを確認する

フライトを選び終わるとリストが表示される。ルートを変更したければ「戻る」をクリックしていき、地図のページへ。フライトを変更したい場合は各フライトの右にある「編集」をクリックしてカレンダーから選び直す。問題がなければ「自分の旅程の金額」をクリック。

⑪ 金額を確認する

最初の見積もり（⑦）よりも下がった。ここで重要なのは「金額」の確認。これがマイル数ごとに変わる航空券運賃だ。フライトを選ぶ際に経由便を選ぶとマイル数が増えて航空券の種類が変わってしまうことがあるので注意。サービス料の右下にある「詳細を表示」をクリックすると、税金などの内訳が表示される。「お客様の参照番号」は必ずメモしておこう。ここまでの記録が保存されて、いつでも呼び出して確認したり、変更したりできる。ここまでは一気に終わらせよう。保存する前に長時間中断するとデータが削除されてしまって最初からやり直すことになる。メモが終わったら「進む」をクリック。

⑫ 最終確認

すべてのフライトの詳細、金額が表示される。ANAの予約窓口や旅行会社で航空券を購入する場合はここまで。続けてホームページ上から航空券を購入する場合は「お客様の詳細情報へ」をクリック。個人情報を入力し、座席指定をし、クレジットカード情報を入力すると購入完了だ。

最安値のファーストクラスで憧れの「プライベートスイート」にも搭乗できる

100万円以内でファーストクラスの唯一の航空券

151ページでも書いたが、スカイチームの世界一周航空券にはファーストクラスがない。2017年末にファーストクラスの運賃設定がなくなったのだ。でもこれは、より安価な運賃でのファーストクラス旅行が可能となったということでもある。

使用するのは4種類の距離制ビジネスクラスの世界一周航空券。ファーストクラスに乗りたい路線は、その都度アップグレードする。追加料金は1フライトにつき400〜1200USドルと格安。しかも、すべての世界一周航空券の中で最短距離（最安運賃）の、「2万6000マイル以内」の航空券も使えるようになった。これにより、うまく使えば他のアライアンスよりも格安でファーストクラスに乗ることができるのだ。

これは、すべてのフライトにファーストクラスがあるわけではないという事実を逆手にとったもの。以前はスカイチームのファーストクラスの世界一周航空券は他のアライアンスよりも割高だったが、必要な路線だけアップグレード料金を支払うことで、結果として格安運賃でのファーストクラス搭乗を可能にしたのだ。

4社のみながら就航都市は個性的

スカイチームのビジネスクラス世界一周航空券を使ってファーストクラスにアップグレードできるのは、エールフランス航空、大韓航空、中国東方航空、そして中国南方航空の4社しかない。しかも、日本の航空会社は加盟していない。

なら、ルートは限られると思いきや、他のアライアンスのファーストクラスが飛んでいない南太平洋にもファーストクラスで飛ぶことができるのはスカイチームだけ。個性的で魅力的なルートで世界一周できるアライアンスだ。

□スカイチーム世界一周航空券運賃

飛行可能距離	エコノミークラス	ビジネスクラス	ファーストクラス
26,000マイル以内	359,100円	638,400円	638,400円＋α
29,000マイル以内	400,600円	712,100円	712,100円＋α
33,000マイル以内	481,100円	810,300円	810,300円＋α
38,000マイル以内	554,100円	933,100円	933,100円＋α

※2018年6月現在。燃料サーチャージ込み。空港税、航空保険料などは別

世界一周航空券だからこその極めつきのファーストクラス

格安でファーストクラスに乗るための方法として世界一周航空券をお勧めしているのが本書の主旨。その他に、マイルを貯めて特典旅行航空券と交換してファーストクラスに乗るという方法がある。その方法では難しいのが96ページでご紹介したエールフランス航空のファーストクラス「ラ・プルミエール」。マイレージプログラムの一部の上級会員しか航空券に交換できないという高嶺の花だ。

スカイチームの世界一周航空券なら、その「ラ・プルミエール」に搭乗することができる。1機に4席しかない「プライベートスイート」は、ファーストクラスの中でも特別な存在。世界一周の途中、エールフランス航空のロングフライトに2本乗れば、もとを取ってあまりある。格安で憧れの「ラ・プルミエール」に乗ることができるのだ。

たとえば、「2万6000マイル以内」の航空券を使うと、約64万円の航空券に1200USドルで2回アップグレードして約90万円。通常、片道で100万円以上することを考えれば格安だ。

スカイチーム世界一周 ルール

- ○ 太平洋横断、大西洋横断、エリア2と3を結ぶ大陸横断便各1回を含む
- ○ 旅程は4〜16区間（陸路含む）
- ○ 途中降機（24時間を超える滞在）は「26,000マイル以内」は3回以上5回以内、その他は2回以上15回以内。北欧3回、ヨーロッパ5回、その他の国で3回まで。同じ都市での乗り継ぎは2回まで。1都市での滞在は1回まで。陸路区間も含む
- ○ 旅行期間は5日以上1年以内（日本発の場合）
- ○ 発券（購入）期限は、予約後72時間以内かつ出発の7日前まで
- ○ 発券後の最初の区間を除く日程変更手数料は無料、経路変更手数料は125USドル、キャンセル料は150USドル、一部使用後のキャンセル料は150USドル＋差額）

□ゾーン別スカイチーム加盟航空会社

ゾーン	航空会社	国	2レターコード	Fクラス有無
アジア・オセアニア	アエロフロート・ロシア航空	ロシア	SU	
	ガルーダ・インドネシア航空	インドネシア	GA	○※
	厦門航空	中国	MF	○※
	大韓航空	韓国	KE	○
	チャイナ　エアライン	台湾	CI	−
	中国東方航空	中国	MU	○
	中国南方航空	中国	CZ	○※
	ベトナム航空	ベトナム	VN	−
ヨーロッパ・アフリカ・中東	アリタリア - イタリア航空	イタリア	AZ	−
	エア・ヨーロッパ	スペイン	UX	−
	エールフランス航空	フランス	AF	○
	KLM オランダ航空	オランダ	KL	−
	タロム航空	ルーマニア	RO	−
	チェコ航空	チェコ	OK	−
	ケニア航空	ケニア	KQ	−
	サウディア	サウジアラビア	SV	○※
	ミドル・イースト航空	レバノン	ME	−
北米・中米・南米	デルタ航空	アメリカ	DL	−
	アエロメヒコ航空	メキシコ	AM	−
	アルゼンチン航空	アルゼンチン	AR	−

※世界一周航空券でのファーストクラス搭乗可否は各社に要問い合わせ

スカイチーム 世界一周航空券購入手順

スカイチームのホームページでは、旅程のプランナーでファーストクラスを選ぶことができない。ここではビジネスクラスでのルートを作って、航空券購入後に各フライトをアップグレードしていくことになる。第３章のファーストクラス就航路線を参考にしながら組み立てよう。

① 日本語のホームページを開く

http://www.skyteam.com/ja

画面右上にある「世界プランナーラウンド」をクリックして「Round the World Planner（世界周遊プランナー）」へ。

② 旅程作成の準備をする

画面中央の「プランを開始」をクリックして旅程作成ページへと進む。世界一周航空券の詳細を確認したい場合は、右の枠内にある「規則と参照ガイド」をクリック。航空券利用時のルールを一覧できる。

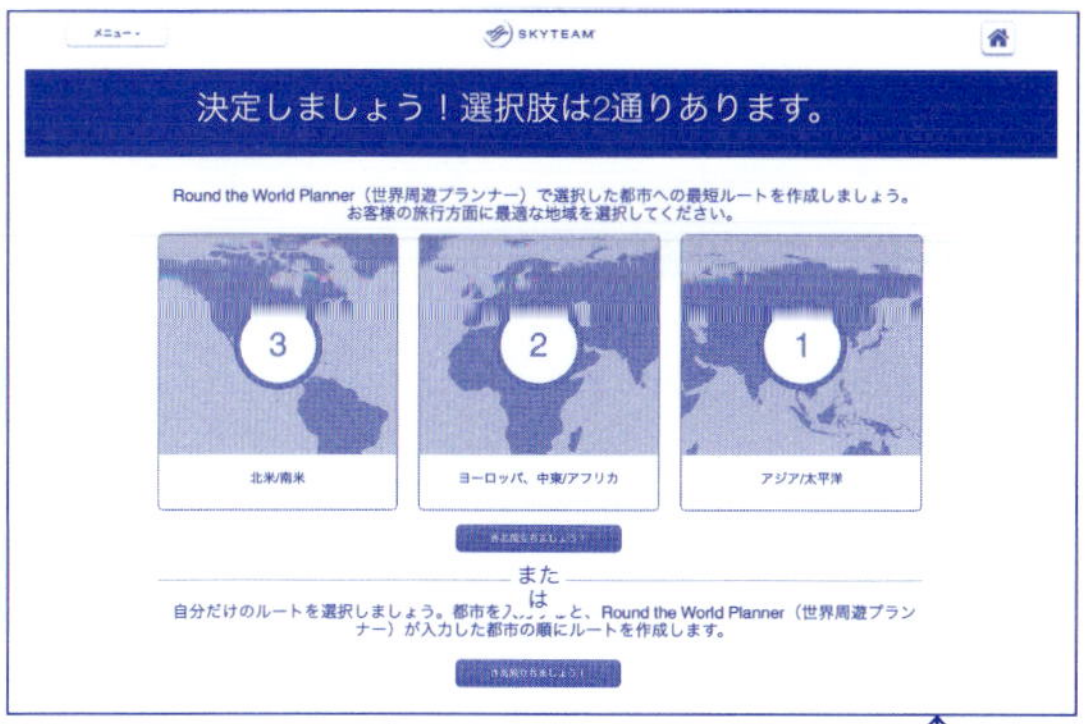

③ 出発地とクラスを選ぶ

旅行の出発地と人数、座席のクラスを選ぶ。出発地は3レターコード（210～213ページ参照）を入力、クラスはビジネスクラスを選ぼう。通貨はドルとユーロしかないが、どちらを選んでも出発地を日本にすれば円で表示される。「プランを開始」をクリックして進む。自分でルートを作るのが面倒という人は、右下の「テーマをご覧ください」をクリック。旅程サンプルを選ぶことができる。そこからアレンジしていくこともできる。

④ 旅行方向を選ぶ

出発地が日本であれば「アジア／太平洋」に①と入っている。西回りであれば「ヨーロッパ中東アフリカ」をクリックしてから「北米／南米」をクリック。②③と表示される。

旅行方向を選んだら「さあ旅立ちましょう！」をクリック。次の画面の表示には時間がかかることがあるので焦らずに待とう。

⑤ 訪問都市を選ぶ

画面左側に都市名を入力する画面があるのでここから都市名と空港を順番に選ぶか、地図上の都市をクリックして目的地を選ぶ。入力枠が表示されていない場合は、画面左上の地球のイラスト横の矢印をクリックする。都市を選んでいくと、地図上には順番と日本語の都市名が表示されていく。各ゾーン内で1都市以上が選ばれていないと先に進めない。右下の「地域を表示」をクリックすると、各ゾーンが色分けされて表示されてわかりやすい。ゾーン分けは、150ページにも地図を掲載してあるのでご参考まで。

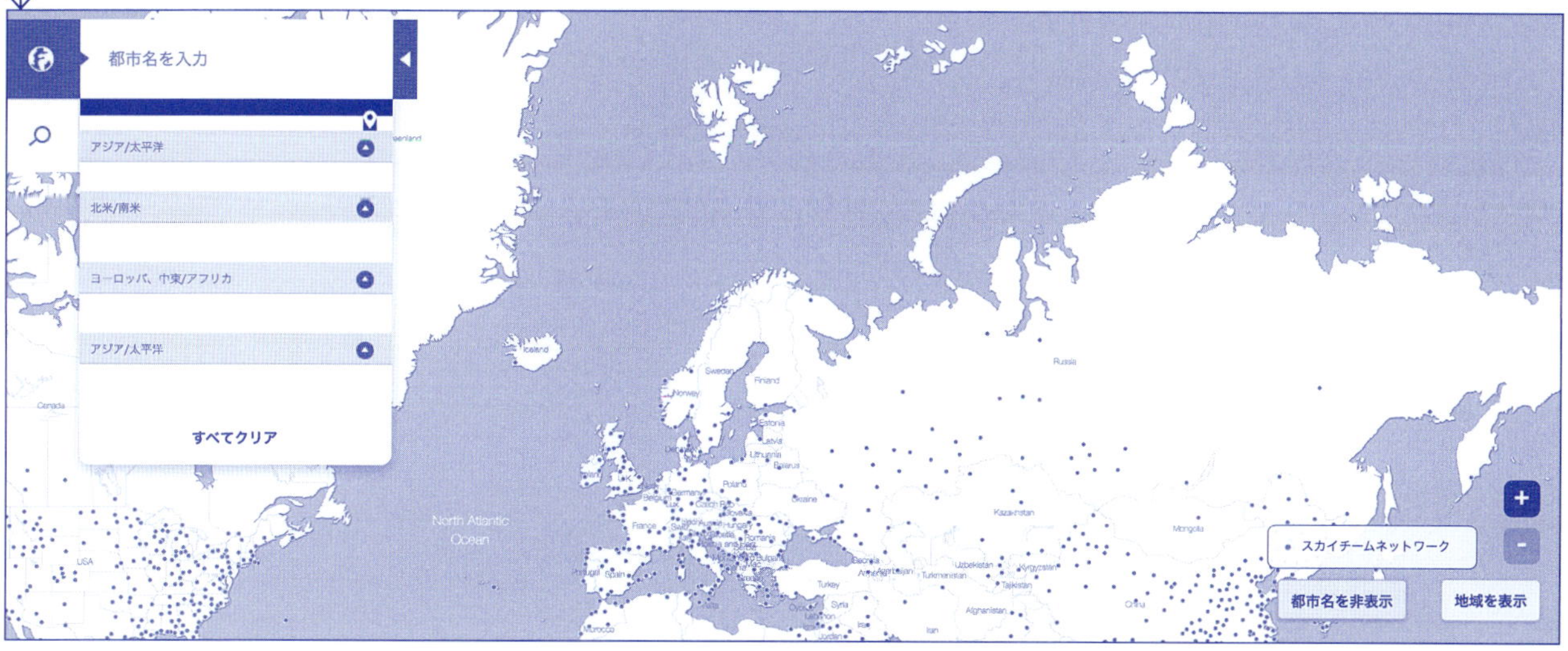

スカイチーム
世界一周航空券購入手順

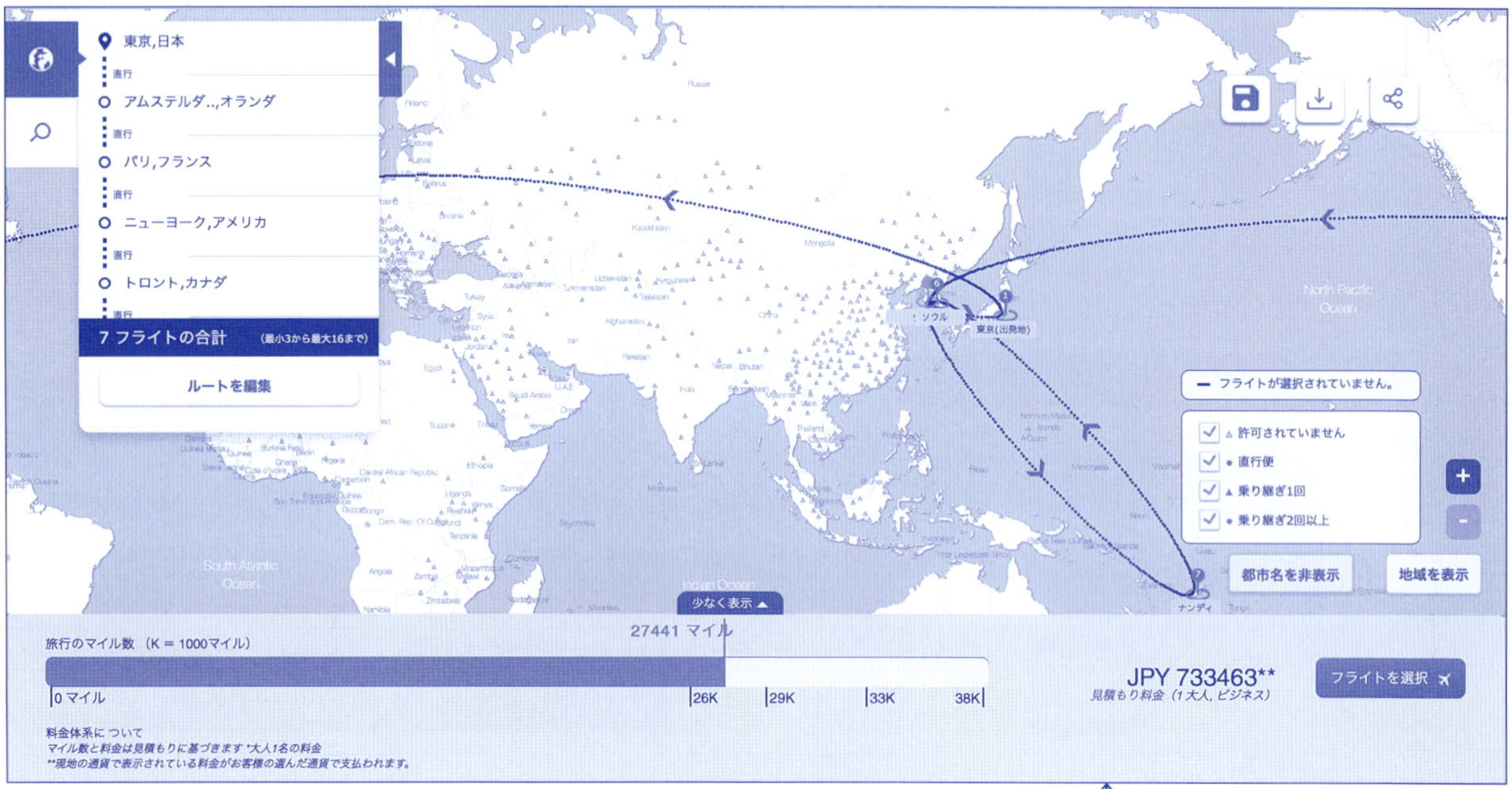

⑥距離、ルートの確認をする

リストの下の「ルートを表示」をクリックすると、地図上に飛行ルートが表示され、その下にはマイル数と運賃が表示される。ルートを変更したい場合はリストの下にある「ルートを編集」をクリックして修正する。問題なければ右下の「フライト選択」を選んで次へ。

⑦フライトの選択準備をする

各ルートの日付の枠をクリックするとカレンダーが表示されるので搭乗したい日付を選ぶ。枠内に日付が表示されたら、「選択」をクリック。この画面では、右上に日程表番号が表示されるのでメモをしておこう。この番号は③の画面に表示される。複数の日程を保存した場合は、どの番号がどのルートかわかるようにしておこう。

⑧フライトを選択する

フライトの一覧が表示されたら152～160ページを参照してファーストクラス就航便を選んでいく。この例の場合は、東京からアムステルダムへの直行便が一番上に表示されているが、ファーストクラスの設定があるパリ経由のエールフランス航空を選ぶ。左上の「航空会社別」から「エールフランス」を選べば、エールフランス航空が含まれる経由便のみが表示される。この時点でマイル数が増えて運賃が変わると「警告」して教えてくれる。

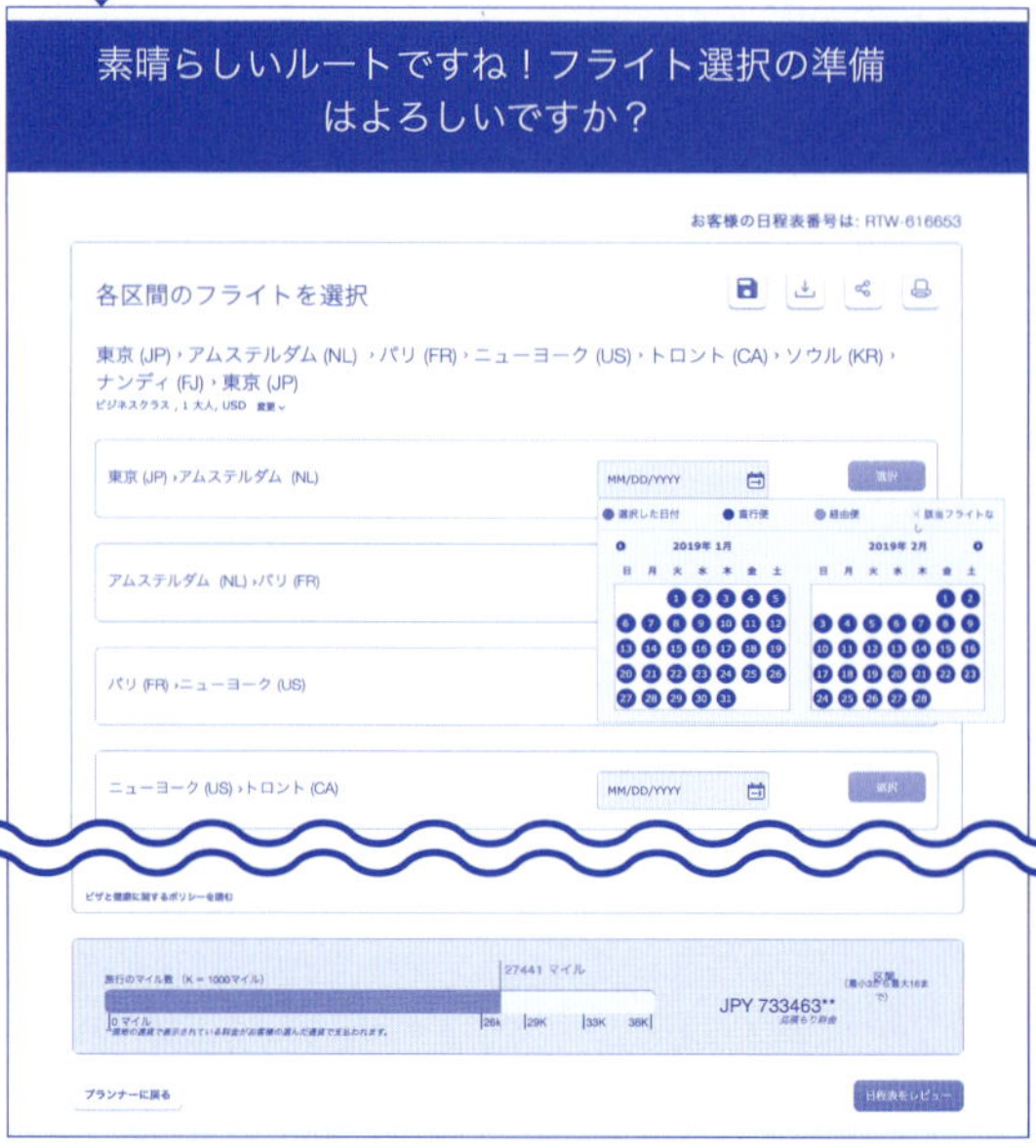

⑨ フライト選択終了

すべてのフライトを選び終えると、リストの下にマイル数、料金が表示される。この例では、29,000マイルまであと879マイルあるので、ヨーロッパ内をもう1〜2都市増やせそうだ。日程に余裕があるなら、⑥の画面に戻って「ルートを編集」をクリックしてマイル数をオーバーしないで飛べる範囲の都市を選ぼう。これはビジネスクラスの「29,000マイル以内」の料金だ。178ページで説明したとおり、スカイチームの世界一周航空券は、ビジネスクラスで予約して、フライトごとに別料金でファーストクラスにアップグレードしていくことになる。確認したら右下の「日程表をレビュー」をクリック。

⑩最終確認

フライトの一覧が表示されるので、右側の「詳細」をクリックして各フライトの詳細を確認しておこう。すでにこの段階で空席確認がなされていて、右上に表示されている「残り時間」は空席が確保されている時間だ。ホームページ上でできるのはここまで。右下の「続行」をクリックすると、個人情報入力ページ、カード情報を入力する購入ページへと進む。そのまま購入することもできるが、ファーストクラスへのアップグレードも同時に手配したほうが安心だ。日程表はPDFで保存できるし、プリントもできる。予約、購入、発券、各フライトのファーストクラスへのアップグレードは、最初のフライトの航空会社か旅行会社で行おう。

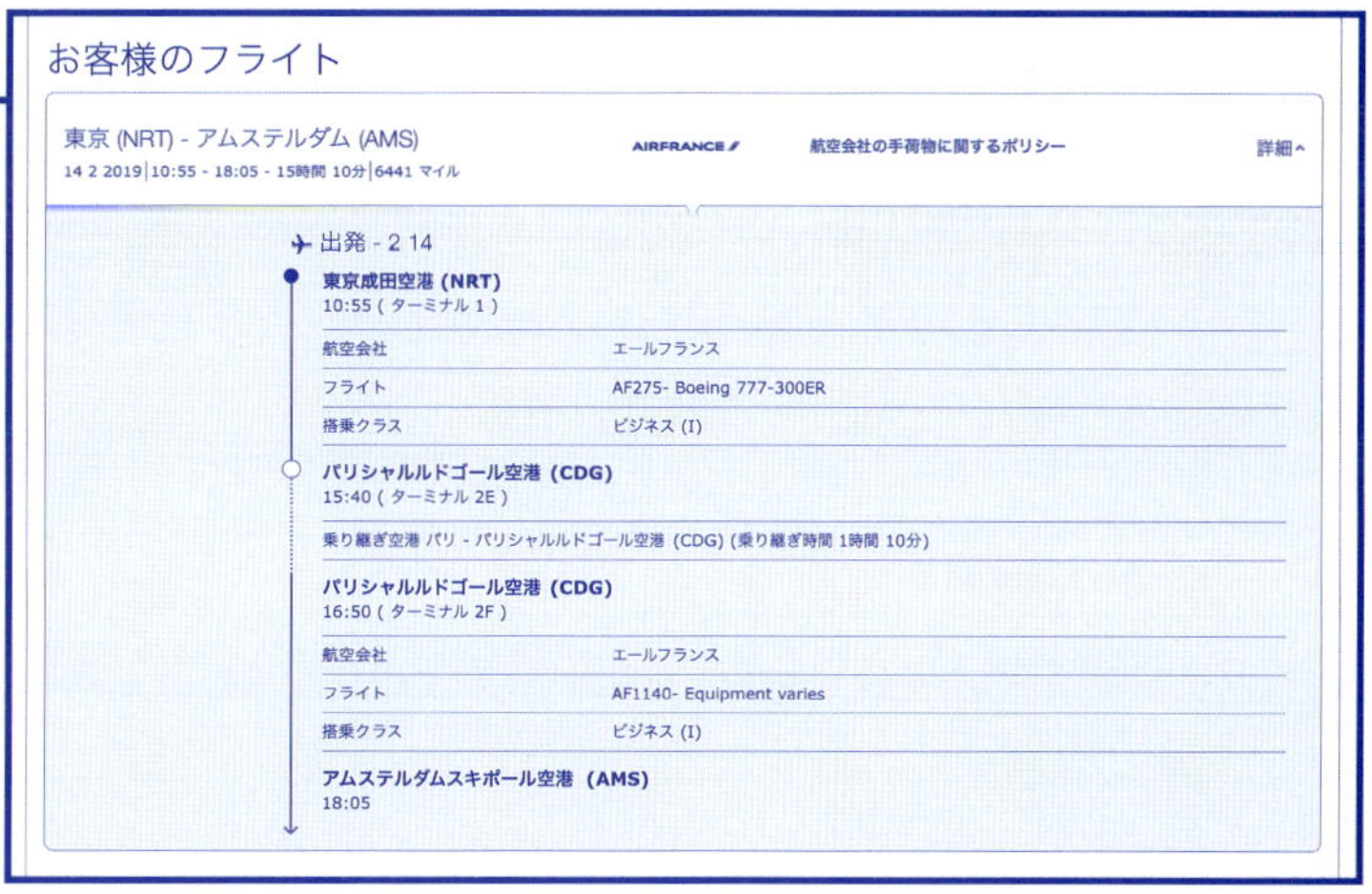

準世界一周航空券

世界一周航空券以外で広範囲に使える周遊航空券いろいろ

世界一周ではないけれど、決められた範囲内を周遊できる航空券がある。少しでも安くファーストクラスに乗りたい人や、特定の範囲だけを巡りたいという人向きだ。ただし、長距離フライトのチャンスが減ってしまうので、ファーストクラスの醍醐味を堪能する

成田国際空港にて。

ワンワールド サークルアジア&南西太平洋・エクスプローラー

マイル制のアジア&オセアニア周遊券

利用できるエリア

北東アジア（日本、台湾、中国、韓国）、東南アジア（香港、シンガポール、インドネシア、タイ、マレーシア、フィリピン、ベトナム、カンボジア）、南太平洋（オーストラリア、ニュージーランド、パプアニューギニア）の3地域に限定

ルール

- 区間数は最大8回（陸路、経由・乗り換え区間含む）
- 3つの地域すべてを含むこと
- 各地域間の直行便が1つ含まれること
- 途中降機は最大4回（13,000マイル以内）、5回（17,000マイル以内）
- 同都市での途中降機は1回のみ
- 出発国以外の国では2回の降機が必要（出発国内では1回のみ）
- ファーストクラスの旅行期間は3日以上1年以内

□ワンワールド サークルアジア&南西太平洋・エクスプローラー運賃一覧

飛行可能距離	エコノミークラス	ビジネスクラス	ファーストクラス
13,000マイル以内	266,000円	524,000円	751,000円
17,000マイル以内	310,000円	613,000円	866,000円

ワンワールド 周回旅行エクスプローラー

大陸制のインド洋周遊券

利用できるエリア

アフリカ（アルジェリア、エジプト、モロッコ、スーダン、チュニジアを除く）、アジア（南アジア亜大陸、カザフスタン、キルギスタン、ロシアのウラル山脈東側、タジキスタン、トルクメニスタンおよびウズベキスタンを含む）、ヨーロッパと中東（アルジェリア、エジプト、リビア、モロッコ、ロシアのウラル山脈西側、スーダンおよびチュニジアを含む）、南西太平洋（オーストラリア、ニュージーランド、ニューカレドニア、パプアニューギニアを含む）の4地域限定

ルール

- 区間数は最大16回（各大陸で最大4区間、陸路、経由・乗り換え区間含む）
- 時計回りまたは反時計回りで常に同じ方向に進むこと
- アフリカを含む3つ以上の大陸を含むこと
- 各大陸は4区間まで
- 旅行期間は1年以内

□ワンワールド 周回旅行エクスプローラー運賃一覧

飛行可能距離	エコノミークラス	ビジネスクラス	ファーストクラス
3大陸※	335,000円	656,300円	1,003,300円
4大陸	354,600円	780,400円	1,182,500円

※アフリカ大陸への直行便がないため、日本発着で3大陸は不可

機会が減ることも否めない。ルールは世界一周航空券とほぼ同様で、エリアが限定されているぶん、安価で柔軟性が高い。2016年にワンワールドが運賃を値上げしたため、100万円以下のファーストクラス世界一周航空券はなくなったが、このページで紹介する航空券には100万円以下でファーストクラスに乗ることができるものもある。

キャセイパシフィックのウェルカムシャンパン。

ワンワールド サークルパシフィック・エクスプローラー

マイル制の太平洋周遊券

利用できるエリア
アジア（日本、カンボジア、中国、香港、インドネシア、韓国、マレーシア、フィリピン、シンガポール、台湾、タイ、ベトナム）、南西太平洋（オーストラリア、ニュージーランド）、北米（アメリカ、カナダ）、南米の4地域限定

ルール
- 区間数は最大16回（陸路、経由・乗り換え区間含む）
- 途中降機は最大4回（22,000マイル以内）、5回（26,000マイル以内）、6回（29,000マイル以内）
- 出発国以外の国では2回の降機が必要（出発国内では1回のみ）
- 1地域につき2回までの降機は無料（3回以上は有料）
- 同都市での途中降機は1回のみ
- ファーストクラスの旅行期間は5日以上1年以内

□ワンワールド サークルパシフィック・エクスプローラー運賃一覧

飛行可能距離	エコノミークラス	ビジネスクラス	ファーストクラス
22,000マイル以内	350,000円	67,0000円	969,000円
26,000マイル以内	419,000円	803,000円	1,163,000円
29,000マイル以内	448,400円	859,300円	1,244,500円

スターアライアンス サークルパシフィック

マイル制の太平洋周遊券

利用できるエリア
アジア、北米、南太平洋地域

ルール
- 区間数は最大16回（陸路、経由・乗り換え区間含む）
- 3つの地域すべてを含むこと
- 各地域で最低1回の途中降機が必要
- 1都市につき乗り換え（24時間以内）は3回まで
- 旅行期間は7日以上6カ月間以内

□スターアライアンス サークルパシフィック運賃一覧

飛行可能距離	エコノミークラス	ビジネスクラス	ファーストクラス
22,000マイル以内	366,900円	712,300円	1,031,900円
26,000マイル以内	440,100円	858,000円	1,241,300円

※ワンワールドの大西洋周囲限定周遊航空券「サークルアトランティック・エクスプローラー」は日本未発売

Column

20万円前後で ファーストクラスに乗る!

経由便で プチ・ ファースト体験

ファーストクラス世界一周航空券は、1フライトあたりを考えると格安だけれど、それでも航空券自体はけっこうな額だ。もっと安くファーストクラスに乗ることができないものかと考える人もいるだろう。それも、短距離フライト用のシートではなく、フルフラットになる長距離用のラグジュアリーシートに。

そんな人のために、裏技をご紹介しよう。長距離路線の機材のファーストクラスに、20万円前後で乗ってしまおうというのだ。

第3章の地図の中に、「経由便」と記載した路線がある。これは、長距離路線のフライトが途中の都市を経由するというもの。経由便となることで、長距離路線用の機材がかなり短い区間を飛ぶ場合がある。その区間だけに乗ってしまおうというのだ。

もちろん、ファーストクラスラウンジも使えるし、ファーストクラスのボーナスマイルももらえるので、前後も含めればかなりお得に楽しむことができる。

長距離フライト用のファーストクラスは広々としている。
写真提供:スイス インターナショナル エアラインズ

狙いめは 中東近辺か

残念ながら日本からのフライトはないが、たとえば、「スターアライアンス」のスイス インターナショナル エアラインズのドバイ―マスカット間（1時間～1時間15分）は、日程によっては、なんと10万円を切ることも!

他にも、航空アライアンスに加盟していない航空会社では、エミレーツ航空のマーレ―コロンボ間（1時間30分）、エティハド航空のアブダビ―ムンバイ間（3時間5～35分）などがある。

いずれも、予約前に航空会社に、長距離フライト用の機材か確認をお忘れなく。

エティファド航空のファーストスイートでは、シェフが機内食を仕上げる。写真提供：エティハド航空

Benefit

chapter

5

貯まったマイルが招く数々の特典

ファーストクラスで世界一周すると、旅行後にもたくさんの幸せが訪れる。それらを事前に知っておけば、その幸せはより大きなものに。この章では、あらかじめ知っておきたいこと、旅立つ前に準備しておくべきことをご紹介しよう。世界一周の旅の後には、空の旅がもっと楽しくなるに違いない。

地球一周分のマイルをもらうと旅を豊かにする数々の特典も手に入る

まずは航空会社のＦＦＰに入会しよう

ファーストクラスでの世界一周旅行は素晴らしい体験だ。でも、それだけでは終わらない。旅行後にも様々なお楽しみをもたらしてくれる。それらを漏らさず受け取るためには、事前の準備が大切だ。

目的地を決めてアライアンスを決めたら、ルート選びと並行して進めておきたいことがある。航空会社のフリークエントフライヤープログラム（ＦＦＰ）に入会することだ。ＦＦＰは、直訳すると「頻繁に飛ぶ人のためのプログラム」ということ。

各航空会社は、自社のフライトにたくさん搭乗してくれる上顧客に対して、様々な特典を用意している。その特典を受け取るためのプログラムだ。

フライトの予約や搭乗の際に会員番号を伝えることによって、飛行距離に相当するマイル（ポイント）をくれる。マイルが貯まると、航空券と交換できたり、搭乗クラスをアップグレードできたり、機内販売の免税品が割引になったり、数々の特典を得ることができるのだ。

また、自分がマイルを貯めている航空会社とは違う会社のフライトに搭乗した場合でも、同じ航空アライアンスに加盟していれば、どの航空会社のアカウントにも積算することができる。貯まったマイルは、アライアンス加盟のどの航空会社の航空券とも交換できるのだ。

もうプログラムに入会している人は、大量にマイルを獲得できるこの機会に、その利点を最大限に利用しよう。まだ入会していない人はすぐに申し込み手続きを済ませるべし！

航空会社提携のクレジットカードを早めに作ろう

次に、航空会社と提携しているクレジットカードを作ろう。ＦＦＰの入会時には会員カードにクレジットカード機能をつけるかどうか選べるようになっているので、一度に申し込めば簡単だ。ＦＦＰには入会しているけれどクレジットカード機能はつけていないという人も、この機会にカードを新しくすることをお勧めする。

これらのカードは、旅行をしなくても、買い物をする度に「ショッピングマイル」としてマイルが貯まるようになっているのが特徴だ。そのマイル数に応じて特典航空券をもらうことができるのは、フライトで得たマイルと同様だ。

日頃の買い物や外食などでコツコツとクレジットカードを使ってショッピングマイルを貯めると、意外に早く航空券をもらうことができる。なかには一度も飛行機に乗らず、ショッピングマイルだけで航空券をもらって旅行する人もいるほどだ。

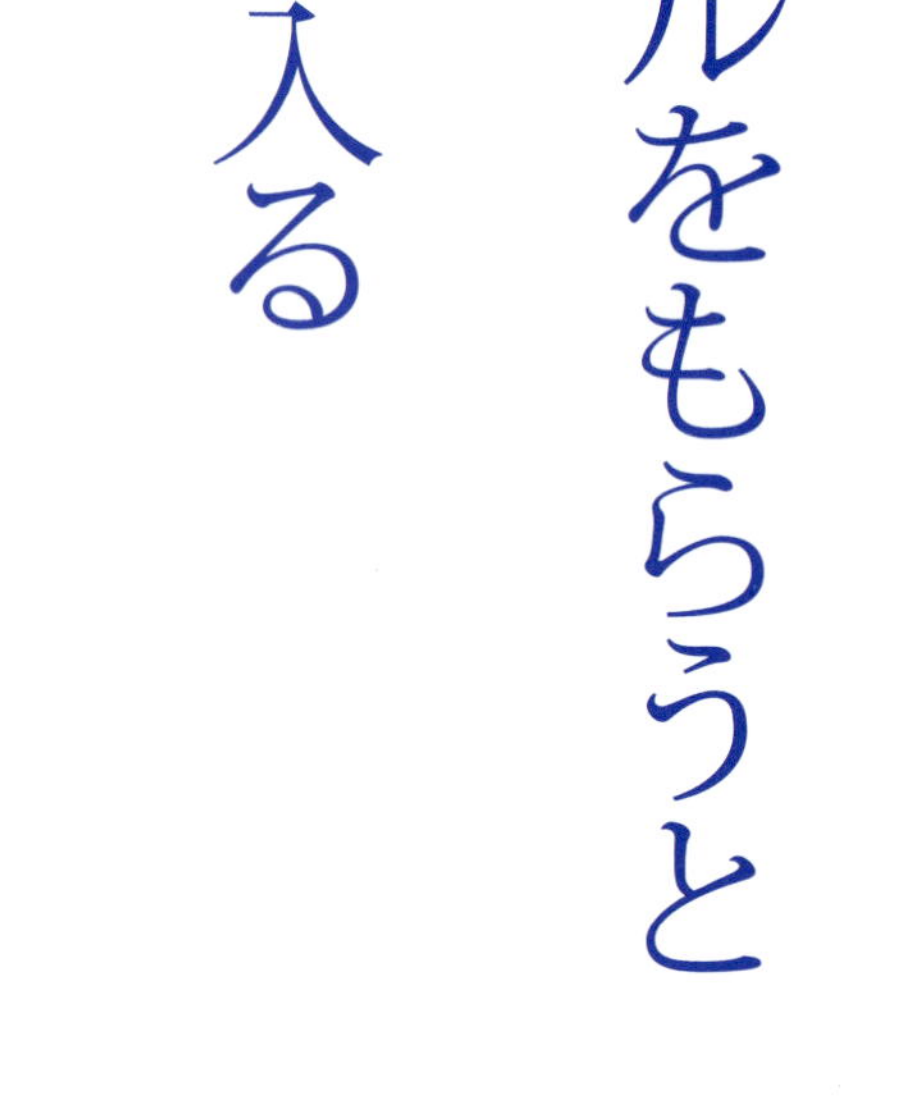

FFPの入会は無料なので複数入会してもOKだ。

航空券の支払いは航空会社提携のクレジットカードで

ここまでの準備ができたら、マイル大量獲得のチャンスは２回。支払い時と旅行時だ。最初のチャンスは航空券の支払い。早めにクレジットカードを作ることをお勧めする理由は、世界一周航空券の支払いでマイルをもらうためだ。

たいがいの航空会社提携クレジットカードでは、１００円使うごとに１マイルのショッピングマイルをもらうことができる。たとえば、１００万円の支払いをして、１００円につき１マイルもらうと１万マイルとなる。ファーストクラスの世界一周航空券はもっとも安価なものでも１００万円を超えるので、それだけで旅行前に１万マイルを得ることができるのだ。

さらに現地滞在ホテルや食事、買い物などの支払いも同じカードを使えば、さらに多くのマイルを貯めることができる。

ファーストクラスならもらえるマイルは1.5倍

もうひとつのマイル大量獲得のチャンスは、実際の旅行。世界一周航空券は種類によって飛行可能距離は変わるものの、世界を一周すれば、もっとも距離の短い航空券でも２万９０００マイル近くをもらうことができる。距離に制限がない大陸制の航空券を選んで南北にジグザグに飛べば、さらにマイル数は増えていく。

また、本書でお勧めしているファーストクラスの場合、航空会社によって割合は変わるが、上級クラスのボーナスとして飛行距離の１５０％分のマイルがもらえることもあるのだ！

たとえば、ファーストクラスで２万９０００マイル飛ぶと、1.5倍の４万３５００マイルをもらうことができる。これは、航空会社にもよるが、アジアかオセアニアまでのファーストクラス片道分がもらえてしまうマイル数だ。

貯まったマイルでファーストクラスにもう一度乗る！

航空券の購入から始まり、ファーストクラスで世界一周し、現地の支払い分などで得たマイルを一気に使えば、２回目のファーストクラスで世界一周はできないまでも、もう一度ファーストクラス旅行ができてしまうことになる。

私の場合は、６大陸の航空券を使って南北にジグザグに移動しながら旅して、総飛行距離は実に６万４０８３マイルだった！

途中、ビジネスクラスにダウングレードしたり、「陸路」として別のフライトを利用したりしたものの、クレジットカードの入会ボーナス、初回搭乗ボーナスなどが加算され、得ることができたマイルは、10万６８９５マイルに上った。たった１回の旅行で、だ。これに現地でクレジットカード払いにしたもろもろのショッピングマイルが加算された。

私はそれらのマイルを一気に使って、ファーストクラスのヨーロッパ行き航空券（片道はファーストの設定がなかったのでビジネス）を手に入れ、ふたたびファーストクラス旅行を楽しんだのだった。世界一周航空券は、もう１回旅行できるお得な航空券なのだ。

たくさん飛んで、たくさんの特典を手に入れよう。

航空会社の上級会員ステイタスを獲得しよう

各航空会社でＦＦＰというプログラムがあることは１８８ページで触れた。でも、このプログラムに入会することの利点は、マイルを貯めて特典航空券と交換できることだけに留まらない。

毎年1月から12月までの12カ月間に実際に飛んだマイル数から計算して積算されるポイント数によって、ＦＦＰのサービスステイタスのランクが決まる。航空会社は、より多くのフライトを利用してくれた顧客を上級会員に位置づけ、より多くの特典を用意しているというわけだ。上級会員になれば、エコノミークラスで旅行した場合でも、空港などでは上級クラスと同様のサービスを受けることができる。

ファーストクラスで世界一周をすれば大量のマイルを取得できるので、上級会員ステイタス獲得資格も目前となる。上級会員を目指すにはまたとないチャンスなのだ。

羽田空港のANAのファーストクラスのチェックインカウンター「ANAスイートチェックイン」。

上級会員ステイタス保持者が手にする数々の特典

詳しくは１９２ページからご説明するが、たとえば旅の第一歩でもある空港でのチェックイン。上級会員なら、搭乗クラスがエコノミークラスだとしても、ファーストクラスやビジネスクラスのチェックインカウンターを利用することができる。ほとんど並ばずに済むのだ。

他にも、予約時のキャンセル待ち優遇、預け手荷物の重量優遇、手荷物検査の優先レーン利用、空港ラウンジ利用、到着時手荷物優先受け取りなど、様々な特典が用意されている。

さらに、もし座席のダブルブッキングがあった場合、優先的に上級クラスに無料でアップグレードされる可能性が高いのは上級会員ステイタスをもっている顧客という、隠れた特典まであるのだ。

成田空港のJALファーストクラスラウンジ。

世界一周は上半期 マイルの不足は下半期で補う

世界一周旅行には1年のうちの上半期で出かけることをお勧めする。ステイタス獲得条件の不足分を飛ぶための、日程的余裕をもっておきたいからだ。

前述の通り、ステイタス獲得に必要なマイル数は、毎年1～12月の飛行距離で決まる。ほとんどの航空会社では総飛行距離がステイタス獲得条件の必要マイルに達していたとしても、系列の航空会社のフライトマイルが全体の一定以上の割合必要という条件があるのだ。ルート選びのページで、「日本発着はなるべく日本の航空会社で」と書いたのはこのような理由から。

このマイル数は、日本発着の2便だけでは厳しい。世界一周旅行の後に、不足分のフライトマイルを獲得する必要が出てくるのだ。

私の場合は、世界一周後、目指すステイタス獲得にあと１０００マイル弱足りなかった。そこで、国内旅行をして不足分を補った。日系の航空会社は、国内線のマイルが2倍にカウントされるという利点をうまく利用したのだった。

世界一周旅行から年末ギリギリに帰国の予定にしておくと、急なフライト変更等でマイル数が変わってステイタス獲得ができなくなる可能性もゼロではない。また、実際のフライトマイルがコンピューターで積算漏れする可能性もないとは限らない（事後申請をすれば加算される）。ステイタス獲得期限までに余裕がある日程を組んでほしい。

上半期の世界一周を強くお勧めするもうひとつの理由

詳しくは１９４ページで説明するが、ステイタスを早く獲得すればするほどその期間は長くなる。たとえば、ＪＡＬのステイタスの有効期限は、ステイタス獲得条件に達した年の翌々年３月まで。カードが届き次第ほとんどの特典を享受できる。

１年のうちの前半で世界一周旅行を終え、不足分のフライトマイルを夏休みの旅行で獲得して８月にカードが届いた場合、その年の８月から翌々年の３月までの１年７カ月の間、ほとんどの特典を利用することができるといった具合だ。

日本の航空会社なら翌年以降も特典を継続できる

１年間に飛んだ距離に応じて、翌年に数々の特典が得られる航空会社の上級ステイタス。通常、ステイタスの有効期限は翌々年３月までで、毎年同じようにたくさん飛ばないと維持できない。

ところが、日本の航空会社のＦＦＰで一定のステイタスに達すると、その有効期限が終了した後もクレジットカードの年会費を支払うだけでそのステイタスを維持することができる。

年に１回以上海外旅行をするのなら、上級ステイタスはぜひとも維持したいもの。世界一周出発前から出発後まで、得られる特典は漏らさずに獲得しよう。１９２ページから、具体的なステイタス獲得と維持のノウハウをご説明するので、まだ上級ステイタスを持っていない人はこのチャンスを翌年以降の旅行ライフに生かしてほしい。

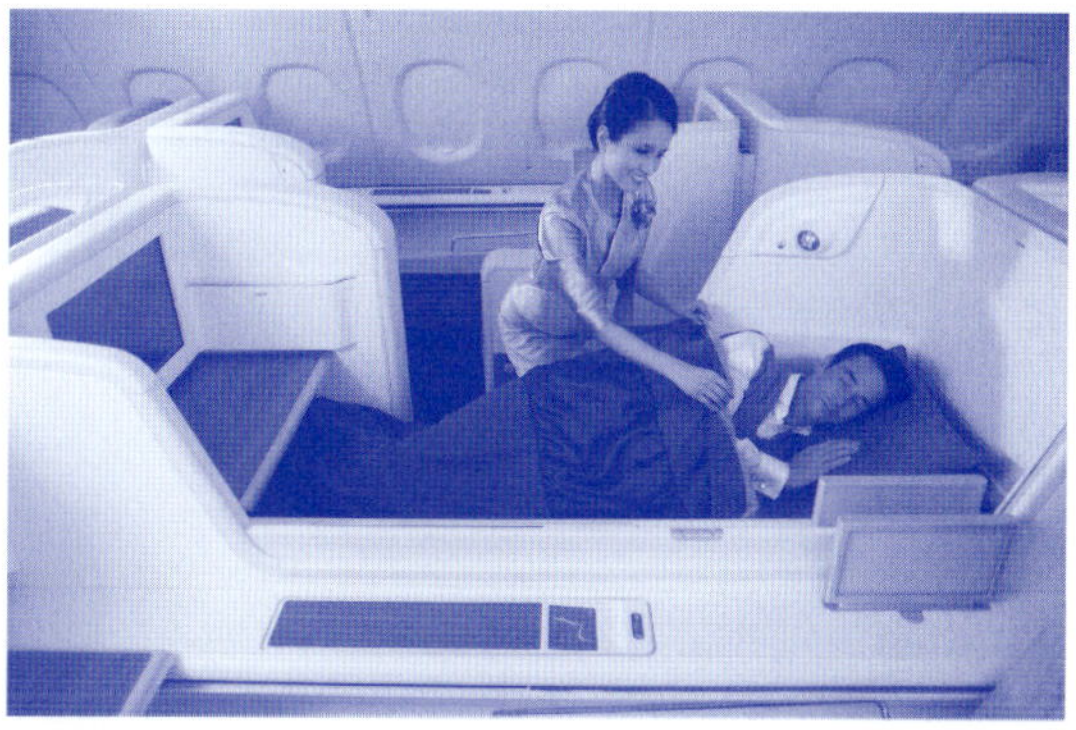

ファーストクラスならぐっすり眠ることができる。
写真提供：タイ国際航空

ホームページでマメに最新情報をチェックするべし

ＦＦＰを活用するためにもうひとつ大切なことは、各航空会社のホームページで、常に最新情報をチェックするということ。

入会前に注意事項や特典の詳細を熟読することは言うまでもないが、特典航空券の交換に必要なマイル数や、その他の特典利用条件などが変更されることがあるからだ。目標マイル数を決めてマイルを貯めて、いざ特典航空券と交換しようとしたら足りなかった、などということにならないよう、マメにチェックをしておこう。

また、ボーナスマイルキャンペーンが行われることも多い。たいがいは登録したメールアドレスに知らせが届くが、以前から継続しているキャンペーンなど見落としがちなものもある。

他にも、ＪＡＬの携帯用アプリには、１日１回マイルがもらえるかもしれないゲームがある。航空会社のホームページを、隅から隅までひと通り確認してみよう。

機内食はファーストクラスの楽しみのひとつ。
写真提供：ルフトハンザドイツ航空

ワンワールドで世界一周するなら ＪＡＬの上級会員ステイタス「サファイア」を目指す

最初が肝心な クレジットカード選び

ファーストクラスで世界一周旅行をするために、ワンワールドの世界一周航空券を使うと決めたなら、まずはＪＡＬのＦＦＰ「ＪＡＬマイレージバンク（ＪＭＢ）」に登録しよう。

最初はこれだけでもいいのだが、後から得られる特典をあますことなく受け取りたいなら、クレジット機能がついた「ＪＡＬカード」を作りたい。選択肢は広いが、選ぶのは「ＣＬＵＢ－Ａカード」というもの。これが上級ステイタスを獲得した後、翌年以降ステイタスを継続する際に必要となる。

「ＣＬＵＢ－Ａカード」にはいくつかの提携カードがあり、２０１８年６月現在の年会費は1万円台から。ＪＡＬのホームページ内にある「ＪＡＬカード」のページをよく読んでから、オンラインで申し込みをするか、電話で入会申込書を取り寄せよう。提携カードの種類やブランドによってはゴールドカードやプラチナカードもある。特典や年会費が違うので、自分のライフスタイルに合ったカードを選びたい。

目指すのは「サファイア」のステイタス

左下の表に記載した4種類のうち、ＪＡＬで目指すのは「ＪＭＢサファイア」というステイタス。「ＪＭＢサファイア」以上を獲得すると、ＪＡＬのラウンジの利用など様々なサービスを利用することができる。同時にワンワールドの上級ステイタス「ワンワールドサファイア」も獲得できるので、ワンワールド加盟航空会社のサービスも享受できるのだ。

また、ＪＡＬグローバルクラブ（ＪＧＣ）の入会資格を得ることができるのも「ＪＭＢサファイア」以上のステイタス。ＪＧＣについては次のページで詳しくご説明するが、ＪＧＣに入会することによって「ＪＭＢサファイア」のステイタスが終了しても様々なサービスの継続が可能となるのだ。

「サファイア」を獲得するために必要な条件は、フライトの距離か回数の2種類の選択肢がある。詳細は後述するが、ざっくり説明すると、1～12月までの1年間に5万マイル（ＦＬＹ ＯＮポイント）以上搭乗するか、50回以上搭乗することだ。ファーストクラスで世界一周する際には長距離フライトを優先させることになるので、距離でステイタス獲得を目指そう。

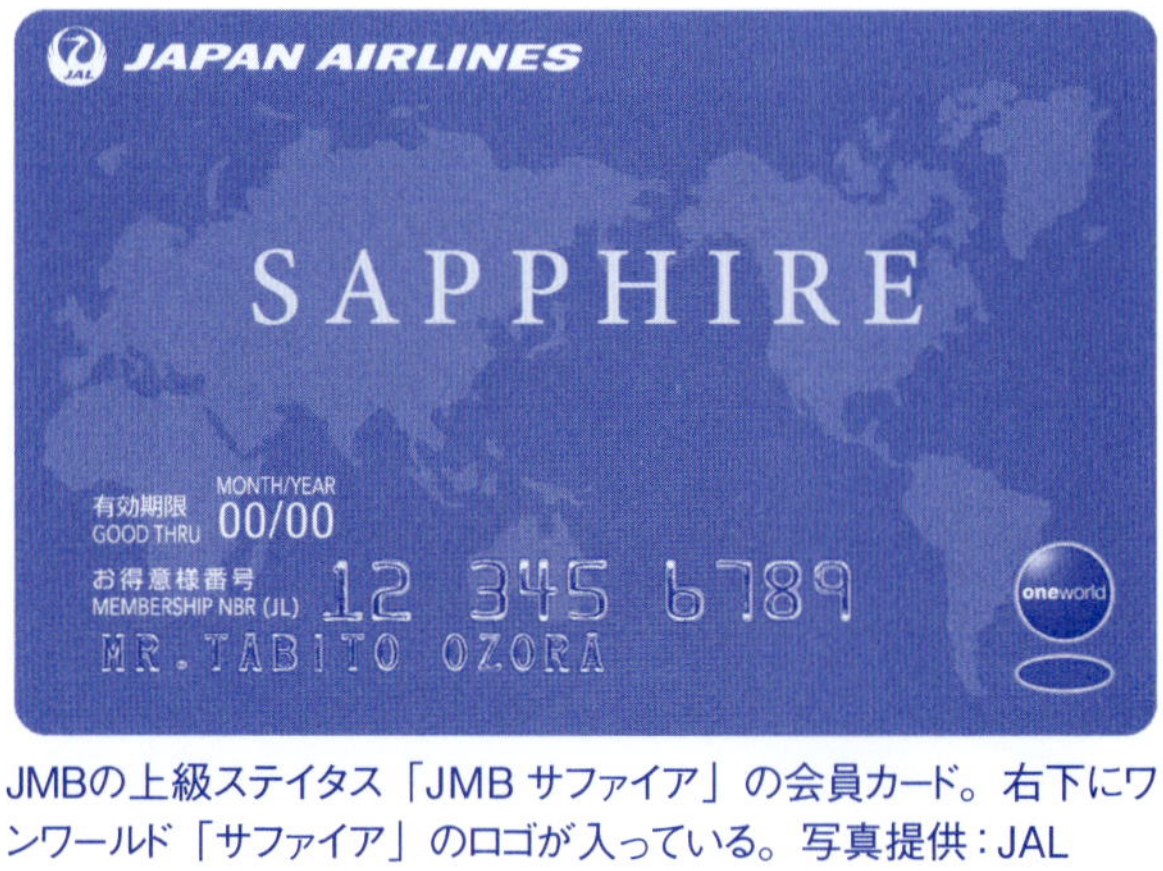

JMBの上級ステイタス「JMB サファイア」の会員カード。右下にワンワールド「サファイア」のロゴが入っている。写真提供：JAL

上級会員ステイタス獲得条件は実際の飛行距離

JALの上級ステイタス獲得条件となる距離は、マイルではなく「FLY ONポイント」としてカウントされる。これは、フライトマイルをもとにカウントされるポイント。ショッピングマイル等のフライト以外で貯まるマイルは除外される。

ワンワールドのファーストクラス世界一周航空券を使って世界一周した場合、距離制を選べば3万4000マイル近くのFLY ONポイントをもらうことができる。大陸制でもっとも運賃が安い3大陸を選ぶと3万マイル程度飛ぶことができるので、約3万FLY ONポイントの獲得が可能だ。

すべてのフライトをファーストクラスで飛んだ場合は50%のボーナスポイントが加算されるので、前者は5万1000FLY ONポイント、後者なら4万5000FLY ONポイントを獲得できる計算だ。実際にはすべてのフライトにファーストクラスの設定があるとは限らないが、「JMBサファイア」に必要な5万FLY ONポイントは目前だ。

ステイタス獲得にはJAL便を選ぶ

ファーストクラスで世界一周すれば、JALのステイタス「JMBサファイア」が楽々手に入りそうだが、そこにはもうひとつの条件がある。ステイタス獲得に必要なFLY ONポイントのうち、半分以上をJALグループ便の利用で獲得しなければならないのだ。

つまり、「JMBサファイア」獲得に必要な5万FLY ONポイントのうちの2万5000以上、50回のうち25回以上をJALグループ便で飛ばなければならない。さらに後者は回数だけでなく、1万5000FLY ONポイント以上の獲得が必要だ。

ファーストクラスで世界一周する場合は距離で上級ステイタスを目指すことになるので、鍵となるのは、いかにJALグループ便を増やすかということ。ワンワールドの世界一周航空券を使ってJALの上級ステイタスを目指すなら、日本発着便はJAL便を選ぼう。

FLY ONポイントの不足分は国内線で

190ページでも書いたが、ファーストクラスで世界一周しただけで「サファイア」を獲得するのは難しい。日本発着便をJAL長距離路線のヨーロッパ線、アメリカ線のファーストクラスを使っても、「JMBサファイア」の獲得に必要なJALグループ便2万5000FLY ONポイントに届かないからだ。

その際にうれしいのは、JALカード会員限定の「FLY ONポイントボーナスキャンペーン」。キャンペーン中の初回搭乗に対し、5000FLY ONポイントが積算される。このキャンペーンは2018年も継続中だが、2019年以降はJALのホームページで確認してほしい。

それでも足りない場合は、帰国後に国内線で飛ぶことをお勧めする。なぜなら、国内線はFLY ONポイントの換算率が1マイル＝2ポイントのため、飛行距離の2倍のFLY ONポイントを獲得することができるからだ。上級ステイタス獲得を目指すなら、この機会に確実に獲得するべし！

□ JAL マイレージバンク サービス ステイタス獲得資格

ステイタス ＼ 獲得資格	必要 FLY ON ポイント		必要搭乗回数		JAL グローバルクラブ（JGC）入会資格
	総 FLY ON ポイント	うち JAL グループ便	総搭乗回数	うち JAL グループ便（かつ必要 FLY ON ポイント）	
JMBクリスタル	30,000	15,000 以上	30	15（10,000以上）	－
JMBサファイア	50,000	25,000 以上	50	25以上（15,000以上）	○
JGCプレミア	80,000	40,000 以上	80	40以上（25,000以上）	○※
JMBダイヤモンド	100,000	50,000 以上	120	60以上（35,000以上）	○

※ JGC プレミアは JAL グローバルクラブ会員限定のステイタス

上級会員ステイタスを早く獲得すると特典期間が延びる

ＪＡＬのＪＡＬマイレージバンク（ＪＭＢ）で目指す上級ステイタスは「ＪＭＢサファイア」。世界一周旅行で条件に満たなかったときのために1年（1月～12月）の前半での獲得をお勧めした。早く獲得したい理由はもうひとつある。

ＪＡＬの上級ステイタスは、１～12月までのＦＬＹ ＯＮポイントで資格獲得となり、翌年４月～翌々年３月までの１年間が特典の有効期間となる。

ところが、ステイタスを早く獲得すれば、その時点でほとんどのサービスを利用することができるのだ。たとえば８月にステイタスの資格を満たせば、翌年４月を待たずにステイタス達成約１週間後から一部のサービスを利用することができる。通常よりも７カ月も早く特典を享受できるのだ。

ＪＧＣには即入会しよう

「ＪＭＢサファイア」の資格獲得条件に達すると、ＪＡＬからＦＬＹ ＯＮ ステイタスカードが届く。そして、さらにＪＡＬグローバルクラブ（ＪＧＣ）の入会案内が届く。これが届いたらすぐに入会を申し込もう。

ＪＧＣ会員の最大の利点は、翌年からはＪＡＬカードの年会費を払うだけでワンワールドの上級ステイタス「ワンワールド サファイア」が維持されるということ。資格獲得のためのＦＬＹ ＯＮポイントを貯めなくても様々なサービスを継続して享受できるのだ。

ＪＧＣに入会するためには、前述の通り「ＣＬＵＢ－Ａカード」以上のクレジットカードをもっていることが条件となる。こちらも早めに申し込んでおこう。

旅手配から特典が始まる

「ＪＭＢサファイア」を獲得するとどのような特典が待っているのだろうか。左下に主なサービスを表にしたが、その他にもサービスはいくつもある。

まずは、航空券の手配からしてスペシャルだ。一般の予約窓口とは違う専用予約デスクがあり、ピーク時でも比較的電話が繋がりやすい。さらに、希望のフライトが満席だった場合には優先的にキャンセル待ちをすることができる。また、予約時には前方の座席指定ができるので（国内線は「ＪＭＢサファイア」の場合ＪＧＣ会員のみ）、快適なフライトのために忘れずに指定しよう。

ＪＡＬ系列のホテルニッコー＆ＪＡＬシティでも特典がある。ＪＡＬ経由で予約、もしくは直接ホテルへ予約した場合、マイルをもらえたり、空室があればアーリーチェックインやレイトチェックアウトがサービスされたり。フライトだけでなく、宿泊先でも特典を利用することができるのだ。ホテル選びの際に特典利用も含めて検討したい。

マイルを4倍もらえる！

ＪＡＬのホームページにログインしてから前述のＪＡＬカードを使って航空券の支払いを済ませると、マイルを2倍、もしくは4倍もらうことができる。

通常、ＪＡＬカードでの支払いでもらえるマイルは２００円につき１マイル。そこにショッピングマイル・プレミアム（有料）に入会すると、倍の１００円につき１マイルとなる。ゴールドカードやプラチナカードを選んでいればもともと１００円につき１マイルだ。

また、航空券をＪＡＬのホームページで購入すると、「ＪＡＬカード特約店」の対象となり、マイルがさらに2倍となる。ファーストクラスの世界一周航空券ならこの倍率を利用しない手はない。航空券以外でも適用されるので、「ＪＡＬカード特約店」となっている店舗で買い物をすれば、効率よくマイルを貯めることができる。

搭乗までスムーズで快適

フライト当日は、空港の専用カウンターでチェックインすることができる。「ＪＭＢサファイア」なら、国際線はファーストクラス（もしくはビジネスクラス）のカウンター、国内線は羽田空港などにあるＪＧＣ専用カウンターへ。これらのカウンターはほとんど並ぶことがないので時間のロスがない。空港によっては専用保安検査場へと繋がる優先レーンがあるので、搭乗口への導線がとてもスムーズだ。

時間がなければそのまま搭乗口まで行けばいいのだが、「ＪＭＢサファイア」を獲得すれば、「サクラウンジ」を利用することができる。国際線なら飲み物だけでなく、食事も充実しているので楽しみたい。

搭乗口では、上級クラスの搭乗客と同様の優先搭乗となるので、ここでも待ち時間がほとんどない。

降機してからも特典は続く

上級ステイタスをもっていれば、目的地に着いてからもスムーズだ。エコノミークラスに搭乗したとしても、機内預け手荷物を優先的に受け取ることができる。国際線の大型の機材ならなおさらのこと。荷物が出てこなくてイライラすることもなくスムーズに到着ロビーに出ることができる。

出発空港でのチェックインの際には、優先受け取りを示すプライオリティタグをつけてくれたか確認しておきたい。とくに海外の空港では忘れられる可能性がゼロではないからだ。

ワンワールドの「サファイア」

ＪＡＬの上級ステイタス「ＪＭＢサファイア」を獲得すると、同時にワンワールドの「ワンワールド サファイア」を獲得することができるというのは前述の通り。ＪＧＣ入会で継続されるのは後者のほうだ。

このステイタスは、ワンワールドに加盟しているすべての航空会社を利用するときに威力を発揮する。優先チェックインやビジネスクラスラウンジの利用など、ＪＡＬの「ＪＭＢサファイア」のサービスとほぼ同じ特典を世界各地で享受できるというもの。

ＪＧＣに入会してＪＡＬカードを継続するだけで（年会費を支払うだけで）、この特典を維持することができる。年に1回でも海外旅行をするならもっておきたいステイタスだ。

ワンワールド以外のあの、ファーストクラスも狙える

ＪＡＬのＪＭＢで貯めたマイルは、ワンワールド加盟各社の特典航空券と交換することができるが、実は、非加盟のいくつかの航空会社の特典航空券とも交換ができる。

豪華なインテリアのファーストクラスで知られるドバイのエミレーツ航空は、航空アライアンスに加盟していないが、ＪＡＬとはマイレージ提携を行っているため、ＪＭＢで貯めたマイルを特典航空券に交換できるのだ。

このような提携は変更されることもあるので、ＪＡＬのホームページで交換可能な航空会社と交換に必要なマイル数を確認しておこう。次に乗りたいファーストクラスの特典航空券に交換するためのマイル数を目標として、コツコツとマイルを貯めるのも楽しいというものだ。

□ JAL マイレージバンクの主な特典

特典 ＼ サービスステイタス	JMB クリスタル	JMB サファイア	JGC プレミア	JMB ダイヤモンド	JAL グローバルクラブ (JGC)	ワンワールド サファイア
専用予約デスク	○	○	○	○	○	–
専用チェックインカウンター	○※1	○	○	○	○	●
受託手荷物の無料許容量優待	○	○	○	○	○	●
ファストセキュリティレーンの利用※2	–	○	○	○	○	–
JALファーストクラスラウンジ(国際線)の利用	–	–	○	○	–	–
ダイヤモンド・プレミアラウンジ(国内線)の利用			○	○		
空港ラウンジの利用(カード提示による)	–	○	○	○	○	●
優先搭乗※3	○※3	○	○	○	○	●
受託手荷物優先受け取り	△※4	○	○	○	○	●

※ ●は、ワンワールド加盟航空会社便（国際線）利用時のサービス
※1 国内線はクラスＪ利用時のみ
※2 成田第2ターミナルからJAL国際線利用時のみ
※3 国際線搭乗時のみ
※4 国内線クラスＪ利用時のみ

スターアライアンスで世界一周するならANAの上級会員ステイタス「プラチナ」を目指す

まずはベースとなるクレジットカード選び

ファーストクラスでの世界一周旅行を、スターアライアンスの世界一周航空券を使うことに決めたなら、ANAのFFP「ANAマイレージクラブ（AMC）」に登録しよう。前述のJALのページと重複する内容も多いけれど、このページだけ必要な人のためにひととおりご説明する。すべての特典が同じではないからだ。不要な人は読み飛ばしてほしい。

ANAで上級ステイタスを目指す場合、作っておきたい提携クレジットカードに、JALの「CLUB-A」カードのような、特定のカードが必要という条件はない。今まで使っていたクレジットカードを、カード会社（JCB、VISAなど）をそのままにして、ANAカードに切り替えることもできる。

いずれにしろ、「ANAスーパーフライヤーズ（SFC）」に入会する際にはカードを切り替えることになるのだが、様々な特典を手にするためには、早めにANA提携カードを作っておきたい。「ANAスーパーフライヤーズ」については後述するが、JALの「JALグローバルクラブ」に相当する。

目指すステイタスは「プラチナ」だ

ANAのFFPで目指すのは「プラチナ」というステイタス。3種類あるステイタスのうちの真ん中だ。「プラチナ」以上を獲得すると、ANAのラウンジの利用など様々なサービスを利用することができる。

「プラチナ」を獲得するために必要な条件は、次のページで詳しく説明するが、「プラチナ」を獲得すると、同時にスターアライアンスの最上級ステイタス「ゴールド」も獲得できる。つまり、スターアライアンスに加盟する航空会社のサービスも享受できるのだ。

また、SFCの入会資格を得ることができるのも「プラチナ」以上のステイタス。SFCについては次のページで詳しくご説明するが、これに入会することによってステイタスの有効期限（1年間）が切れてもほぼ同等のサービスの継続が可能となるのだ。

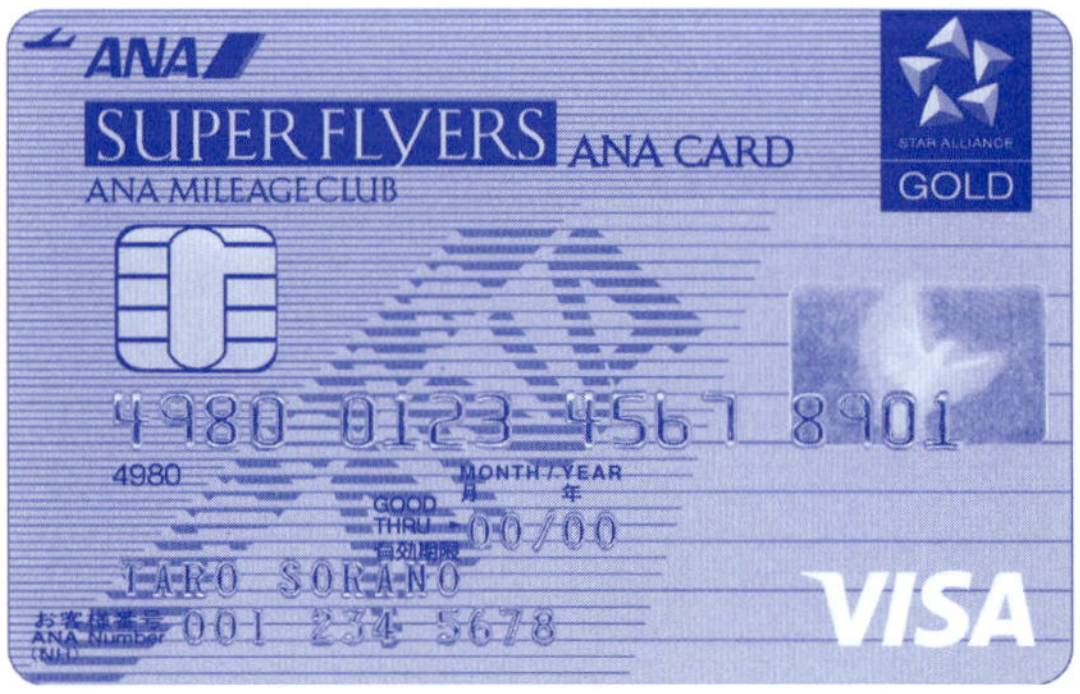

ANAスーパーフライヤーズ提携クレジットカード。右上にスターアライアンス「ゴールド」のロゴが入っている。
写真提供：ANA

実際に飛んでステイタスを獲得

ＡＮＡの上級ステイタスは、フライトマイルやショッピングマイルとは別に加算される「プレミアムポイント」の獲得数によって決まる。これは、基本の飛行マイル数に、予約クラスや運賃種別ごとの積算率、路線による倍率を掛け合わせ、搭乗ポイントを加算して計算されるポイントだ。

スターアライアンスのファーストクラス世界一周航空券を使って旅した場合、もっとも距離の短い航空券でももらえるプレミアムポイントは2万9000ポイント近い。

すべてのフライトをファーストクラスで飛んだ場合は150％の積算率なので、4万3500ポイントを獲得できる計算だ。実際にはすべてのフライトにファーストクラスの設定があるとは限らないが、もっと距離を飛ぶことができる航空券ならもらえるポイントも増えるというもの。「プラチナ」に必要な5万プレミアムポイントが視野に入ってくる。

ＡＮＡ便を選んでステイタスを目指す

プレミアムポイントの積算率が高いファーストクラスで世界一周すれば、すぐにＡＮＡの上級ステイタス「プラチナ」が手に入るように思えるが、もうひとつクリアするべき条件がある。

ＪＡＬと同様に、ステイタス獲得に必要なプレミアムポイントのうち、半分以上をＡＮＡグループ運航便で飛ぶ必要があるのだ。つまり、「プラチナ」獲得に必要な5万ポイントのうちの2万5000以上をＡＮＡグループ便で飛ばなければならない。

スターアライアンスの世界一周航空券を使ってＡＮＡの上級ステイタスを目指すなら、日本発着便は必ずＡＮＡ便を選ぼう。

ポイントの不足分は国内線で飛ぶ

前述の通り、ファーストクラスで世界一周しただけで「プラチナ」を獲得するのは難しい。日本発着便をＡＮＡ長距離便のヨーロッパ便、アメリカ便のファーストクラスを使っても、「プラチナ」の獲得に必要なＡＮＡグループ便2万5000プレミアムポイントに届かないからだ。

それでも足りない場合は、帰国後に国内線で飛ぶことをお勧めする。なぜなら、国内線は飛行距離の2倍のマイルをもらえて、プレミアムポイントも倍となるからだ。上級ステイタス獲得を目指すなら、わずかな不足分は何としてでも補いたいというものだ。

AMCの上級ステイタス「プラチナ」の会員カード。
写真提供：ANA

□ ANA マイレージクラブ サービス ステイタス獲得資格

ステイタス ＼ 獲得資格	必要プレミアムポイント		ANA スーパーフライヤーズ入会
	プレミアムポイント	うち ANA グループ便	
ブロンズ	30,000	15,000 以上※	−
プラチナ	50,000	25,000 以上	○
ダイヤモンド	100,000	50,000 以上	○

※または、30,000 プレミアムポイントを獲得した時点で、ANA ゴールドカード、もしくは ANA カード プレミアムを保有していればOK。

ステイタス獲得は早めが正解

ＡＮＡのＡＮＡマイレージクラブ（ＡＭＣ）で目指す上級ステイタスは「プラチナ」。ファーストクラスで世界一周しても条件に満たなかったときのために1年の前半での獲得をお勧めするのはＪＡＬと同じ。そして、特典期間が長くなるというのも同様だ。

ＡＮＡの上級ステイタスは、1～12月までのプレミアムポイントで資格獲得となり、翌年4月～翌々年3月までの1年間が特典の有効期間となる。

ところが、ステイタスを早く獲得すれば、その時点でほとんどのサービスを利用することができるのだ。たとえば8月に上級ステイタスの資格を満たせば、翌年4月を待たずに「事前サービス」を利用することができ、通常よりも7カ月も早く特典を享受できる。

事前サービスは内容によっては、早ければ約2～3日後から利用できるものも。座席クラスのアップグレードや会員誌無料購読などを除いて、2～3週間後のカード到着時にはほとんどを利用することができる。

少しでも早く特典を利用したい場合は、「ＡＮＡマイレージクラブアプリ」をダウンロードすればいい。デジタルカードを提示することができ、カード到着前にサービスを受けることができる。

ＳＦＣの入会申込書を即取り寄せて入会

「プラチナ」の資格獲得条件に達すると、ＡＮＡからプレミアムステイタスカードが届く。受け取ったら、すぐにＡＮＡスーパーフライヤーズ（ＳＦＣ）の入会申込書を取り寄せて、入会手続きを済ませよう。

ＳＦＣ会員の最大の利点は、翌年からは提携クレジットカードの年会費を払うだけでＡＭＣの「プラチナ」とほぼ同等のサービスと、スターアライアンスの「ゴールド」ステイタスが維持されるということ。資格獲得のためのプレミアムポイントを貯めなくても様々なサービスを継続して享受できるのだ。

この時点でクレジットカードをＳＦＣカードに切り替えることになる。

旅を思い立ったら特典を利用

ＡＭＣの「プラチナ」を獲得して得られる特典をご説明しよう。左下に主なサービスを表にしたが、その他にもいろいろある。

まずは、航空券の手配からしてスペシャルだ。一般の予約窓口とは違うプレミアムメンバー専用サービスデスクがあり、ピーク時でも比較的電話が繋がりやすい。さらに、希望のフライトが満席だった場合には優先的にキャンセル待ちをできたり、国際線特典航空券の予約が優先されたりする。

ＡＮＡ系列のホテル、インターコンチネンタル、ＡＮＡクラウンプラザホテル、ホリデイ・イン、ＡＮＡホテルなどで優待サービスがある。旅行会社や予約サイトを経由しないで直接予約することが条件となるが、宿泊先でも特典を利用することができるのだ。

航空券購入で効率よくマイル獲得

ＳＦＣカードを使ってＡＮＡのホームページ、または同社の各予約・案内センター、カウンターで航空券を購入した場合、通常のクレジットカードのポイントとは別に、１００円につき1マイル（プレミアムカードなら１００円につき2マイル）をもらうことができる。ショッピングマイルの特典を高額な航空券購入時に活かそう。

ＡＮＡカードの場合、クレジットカードのポイントをマイルに移行するかどうか選べるようになっていることが特徴。入会時に自動移行にしてしまえば簡単だ。カードの種類によって１００円につき0.5マイルから2.5マイルまであり、加算率が高いカードは年会費も上がる。貯まるマイルと年会費を比較してカードを選び、効率よくマイルを貯めたい。

搭乗まで時間ロスなし

フライト当日は、空港の専用カウンターでチェックインすることができる。「プラチナ」なら、国際線はビジネスクラスのカウンター、国内線は主要空港ならＡＮＡプレミアムチェックインのカウンターへ。これらのカウンターはほとんど並ぶことがないので時間のロスがない。空港によっては専用保安検査場へと繋がる優先レーンがあるのでこちらも利用したい。

「プラチナ」を獲得すれば、空港で「ANAラウンジ」を利用することができる。国際線なら飲み物だけでなく、食事も充実しているので楽しみたい。

搭乗口では、上級クラスの搭乗客と同様、最初に機内に案内される優先搭乗となるので、ここでも待ち時間がほとんどない。

降機後も続く 上級ステイタスの特典

上級ステイタスをもっていれば、目的地に着いてからもスムーズだ。エコノミークラスに搭乗したとしても、預け手荷物を優先的に受け取ることができる。待ち時間が少なく、スムーズに到着ロビーに出ることができるのだ。

出発空港でのチェックインの際には、機内預け手荷物に優先受け取りを示すプライオリティタグをつけてくれたかを確認しよう。とくに海外の空港のチェックインカウンターでは忘れずに確認したい。

スターアライアンスの「ゴールド」の継続

ANAの上級ステイタス「プラチナ」を獲得すると、同時にスターアライアンスの「ゴールド」ステイタスを獲得することができる。

このステイタスは、スターアライアンスに加盟しているすべての航空会社を利用するときに威力を発揮する。優先チェックインやビジネスクラスラウンジの利用など、ANAの「プラチナ」のサービスとほぼ同じ特典を世界各地で享受できるというもの。

SFCカードを維持するだけで（年会費を支払うだけで）、この特典を維持することができる。年に1回でも海外旅行をするなら維持しておきたいステイタスだ。

特典航空券は スターアライアンス だけじゃない

AMCで貯めたマイルは、スターアライアンス加盟各社の特典航空券と交換ができる他、非加盟の11社の提携航空会社の特典航空券と交換もできる。

なかでもお勧めのファーストクラスは、中東アブダビのエティハド航空とインドネシアのガルーダ・インドネシア航空。どちらもパーテーションを閉じることができてプライベート感たっぷり。

前者は航空アライアンスに加盟していないが、後者はスカイチームに加盟している。AMCのマイルを使えばこれらのフライトに搭乗することができるのだ。

提携航空会社は変更されることもあるので、今後もっと素敵なファーストクラスに搭乗できるかもしれない。ANAのホームページで交換可能な航空会社を確認しておこう。乗りたいファーストクラスを目標としてマイルを貯めていくというのも、ゴールが見えていて楽しいというものだ。

□ ANAマイレージクラブの主な特典

特典 ＼ サービスステイタス	ブロンズ	プラチナ	ダイヤモンド	スーパーフライヤーズ（SFC）	スターアライアンスゴールド
専用サービスデスク	○	○	○	○	−
優先チェックインカウンター	○※1	○	○	○	●
プレミアムエコノミーへの無料アップグレード※2	−	○	○	○	−
受託手荷物の無料許容量優待	−	○	○	○	●
専用保安検査場の利用	−	○	○	○	●
ANA SUITE LOUNGEの利用	−	−	○	−	−
空港ラウンジの利用	○※2	○	○	○	●
優先搭乗	○※3	○	○	○	●
受託手荷物優先受け取り	△※4	○	○	○	●

※ ●は、スターアライアンス加盟提携航空会社便（国際線）利用時のサービス
※1 プレミアムエコノミー チェックインカウンターのみ
※2 チェックイン時に空席がある場合のみ
※3 国際線利用時のみ
※4 マイルまたはアップグレードポイントで利用可

その他のワンワールド加盟航空会社の主なフリークエントフライヤープログラム

外資系航空会社のFFP入会を検討する

日本の航空会社のフリークエントフライヤープログラム（FFP）を詳しくご説明したが、FFPは、ほぼすべての航空会社が設定している。航空アライアンスに加盟していない航空会社も独自のFFPをもっていることが多い。

たとえば、1年に1度も海外旅行をしないという人や、特定の国に頻繁に旅行するという人、カード年会費すら支払いたくないという人には、維持費がかからずにマイルの有効期限もない外資系航空会社のFFPを活用したほうが使い勝手がいいこともある。

日本の航空会社のように、カード年会費だけで継続できるというしくみはないが、ワンワールド加盟航空会社のなかで、日本人に使い勝手のいいFFPをいくつかご紹介しよう。

もうプログラムに参加している人は、大量にマイルを獲得できるこの機会に、その利点を最大限に利用しよう。まだ参加していない人はすぐに申し込み手続きを済ませるべし！

アメリカ方面ならアメリカン航空の「AAdvantage」

アメリカの航空会社、アメリカン航空にはファーストクラスはないけれど、FFP「AAdvantage」は、獲得したマイルの有効期限がないことが最大の魅力。日本の航空会社のFFPでは、マイルは獲得後約3年経つと消えてしまうからだ。

実際には18カ月以内に口座の有効マイル数に動きがないと失効してしまうが、ショッピングマイルを加算するだけもその時点から18カ月延長されるので、実質無期限といえる。このプログラムなら、数年かけて少しずつマイルを貯めて、同じワンワールドに加盟する他の航空会社のファーストクラスに乗るために使うということもできる。

マイルの獲得先は、航空会社だけでなく、ホテルやレンタカー、クルーズなど、1000種類以上。FFP提携のクレジットカードを使えば、日々の支払いでもマイルを貯めることができるし、アメリカン航空のフライトを利用した際の搭乗ボーナスもあるので、うまく使えばかなりマイルを貯めやすい。

特典航空券に交換する際には、日本の航空会社と比較すると多くのマイルが必要となるが、ホームページ上で様々なルートから選ぶことができるので使い勝手はいい。

ワンワールドの「サファイア」の特典も利用できるステイタスは「プラチナ」。獲得条件は、資格獲得対象マイル5万マイル、または60回のフライトのどちらかと、提携クレジットカードでの5万ドル分の支払いだ。必ずしもアメリカン航空グループのフライトに乗る必要はないので、世界一周旅行だけでステイタスを獲得できる可能性は高い。

また、日本の航空会社のようなステイタスを継続できる提携カードはないが、アメリカン航空でのフライトが100万マイルを超えると「ミリオンマイラープログラム」が適用され、上級ステイタスが生涯継続される。

香港を拠点にキャセイパシフィック

香港は、日本からも比較的近く、食にショッピングに、旅先としても人気が高い。香港をはじめとするアジアによく行くという人なら、キャセイパシフィックのFFPも検討に値する。香港から先のフライトも多彩だし、空港ラウンジは世界有数の充実度だ。

キャセイパシフィックのロイヤリティプログラム、「マルコポーロクラブ」は、入会すると、トラベル&ライフスタイルの特典プログラム「アジア・マイル」の会員となるのが特徴。「アジア・マイル」の提携先は、航空アライアンスの枠を超えた27の航空会社をはじめ、ホテル、レンタカー、レストラン、金融、通信など、700を超える。航空会社では、ワンワールドではないルフトハンザドイツ航空やニュージーランド航空、オーストリア航空、中国国際航空も含まれているのだ。

「マルコポーロクラブ」は、フライトの利用ごとに貯まるクラブ・ポイントの総計によって次年度のステイタスが決まり、様々なサービスを受けることができる。ステイタスは4種類あり、ワンワールドのサファイアを獲得できるのは「ゴールド」から。フライトでもらえるクラブ・ポイント数によって毎年更新される。特典航空券に交換できるマイルが貯まるのは「アジア・マイル」のほうだ。

「マルコポーロクラブ」の入会に際しては100USドルが必要だ。提携クレジットカードをもっていれば入会金は免除されるが、200クラブ・ポイント以上のフライト利用がない場合は次年度の更新時に支払いが必要になる。また、入会無料の「アジア・マイル」のほうは獲得したマイルの有効期限は3年なので、注意が必要だ。

ヨーロッパなら女王様の国イギリスを拠点に

ブリティッシュ・エアウェイズは、イギリスのロンドンを拠点としてヨーロッパ有数の路線数を誇る航空会社。ロンドンのヒースロー空港にあるファーストクラスラウンジには、高級スパがあったり、コンシェルジュがいたりして豪華なことでも知られている。

FFPは「エグゼクティブクラブ」。ここで貯めるのはマイルではなく、アヴィオス（Avios）と呼ばれるクラブ内通貨だ。航空券購入の際に一部支払いに使えるのも「通貨」ならでは。有効期限は36カ月以内だが、残高に動きがあればそこから36カ月更新されるので、実質無期限だ。

ステイタスは、フライトごとに獲得できる同社独自のティアポイントによって毎年更新される。

石油王気分なら中東系航空会社

オイルマネーを背景にファーストクラスやラウンジの豪華さを競うかのような中東の航空会社。そのなかで唯一航空アライアンスに加盟しているのがカタール航空だ。2016年にリニューアルオープンしたドーハの豪華ファーストクラスラウンジ（87、162ページ参照）は一見の価値がある。

FFPの「プリビレッジクラブ」は、受賞歴もある充実した内容のプログラム。頻繁に格安セールを行ったり、マイルを2~3倍もらえるキャンペーンをしたりしてマイルを貯めやすい。しかも、上級クラスのマイル加算率が高く、ファーストクラスは運賃によって200~300%、ビジネスクラスなら125~200%のマイルが加算される。

中東を拠点とする航空会社は使いづらいと思うかもしれないが、日本からドーハまでは直行便が飛んでいるし、空港は24時間稼働していて、ドーハからヨーロッパ各都市やアフリカ各地へのフライトがあったり、ドーハ経由のモルディブ行きというルートがあったりして多彩だ。

マイルを貯めやすい反面、特典航空券の交換に必要なマイル数が多いなど、いくつか使いづらい点はあるが、2017年には「プリビレッジクラブ」の日本語公式ページもできたし、ヨーロッパやアフリカ方面に行くことが多い人には利点が多い。

その他のスターアライアンス加盟航空会社の主なフリークエントフライヤープログラム

外資系航空会社の特典の種類や利用しやすさも秀逸

スターアライアンスには、３つの航空アライアンスでもっとも多い28の航空会社が加盟している。つまり、獲得したマイルの使い勝手がいいのだ。外資系の航空会社のＦＦＰは、ＡＮＡの「ＡＮＡスーパーフライヤーズ」のような継続プログラムはないが、別の利点もあるので、使い方によっては重宝することも。

スターアライアンスに加盟している外資系航空会社のなかで、お勧めのＦＦＰをご紹介しよう。

ユナイテッド航空の新ビジネスクラス「ユナイテッド・ポラリス」。写真提供：ユナイテッド航空

使い勝手がいいユナイテッド航空の「マイレージプラス」

スターアライアンスに加盟している航空会社のなかで、もっともマイルの使い勝手がいいＦＦＰのひとつが、アメリカのユナイテッド航空の「マイレージプラス」。

最大の特徴は、特典航空券のルートをかなり自由に選べること。たとえばニューヨークまでの航空券なら、直行便と同じマイル数でカナダ経由やヨーロッパ経由を選ぶことができる。昼間のトランジット時間が長いフライトを選べば、乗り継ぎ地の観光までできてしまうのだ。

ホームページ上で特典航空券を探すと、空席状況が反映された様々なフライトが表示される。希望のフライト、ルートがなくても翌日には出てくることも。スターアライアンス加盟航空会社の一部のフライトはオンラインで特典航空券を予約でき、手数料を支払えば、搭乗24時間前まではオンラインで変更手続きが可能だ。

公式ホームページ上にあるショッピングモールも充実していて、４００店以上のオンラインショップで買い物ができる。もちろんすべての支払時にはマイルが加算されるしくみだ。マイルの有効期限は、18カ月以内に残高に動きがあれば自動的に延長されるので、ときどきショッピングをするだけで、実質は無期限となる。

「プレミアゴールド」以上の上級ステイタスなら、スターアライアンスの「ゴールド」のステイタスが付随している。一部のフライトでは、空席があれば無料でアップグレードが約束されるなど、魅力的な特典も多い。

「プレミアゴールド」の資格獲得条件は、ユナイテッド航空グループのフライトで5万マイル、かつ4区間飛ぶこと。アメリカ大陸は大きいので、うまくルートを組み合わせれば、ファーストクラスで世界一周するだけで「プレミアゴールド」を達成できることも。

さらに、ユナイテッド航空でのフライトが１００万マイルを超えると「ミリオンマイラープログラム」が適用されて、上級ステイタスが生涯継続される。

シンガポール航空の上質サービスなら「PPSクラブ」

スターアライアンスには、豪華なファーストクラスラウンジや高いホスピタリティで人気のアジアのふたつの航空会社も加盟している。シンガポール航空とタイ国際航空だ。

ファーストクラスを超えた特別なキャビンクラスである「スイート」をもつシンガポール航空のFFPは「クリスフライヤー」。目指すのは、3種類のステイタスのうち、5万マイルの「エリートマイル」で獲得できる「エリート・ゴールド」のステイタス。スターアライアンスの「ゴールド」として加盟他社のラウンジを利用できる他、シンガポール航空グループのフライト搭乗客のみが使えるシルバークリス・ラウンジも利用することができる。

「エリート・ゴールド」は、「クリスフライヤー」プログラムの最上級のステイタス。5万マイルで最上級のステイタスが獲得できてしまうことを不思議に思うかも知れないが、シンガポール航空にはFFPとは別に「PPSクラブ」という会員組織がある。「PPS」は、プライオリティ・パセンジャー・サービスの略。「エリート・ゴールド」よりも、さらに上質なサービスを受けることができるのだ。

「PPSクラブ」の資格獲得条件は、年間2万5000シンガポールドル相当のフライト利用。FFPに関しては「クリスフライヤー」で、さらに上質なサービスは「PPSクラブ」で、ということになる。

また、会員年度1年間に5万シンガポールドル相当の利用で「ソリティアPPSクラブ」会員となり、さらに多くのサービスを受けることができるというしくみだ。

シンガポールによく行く人、シンガポール経由のフライトをよく利用する人は、「PPSクラブ」を目指すのもいいだろう。

無償で維持しやすいターキッシュエアラインズのFFP

トルコのイスタンブールを拠点とするターキッシュ エアラインズ。ファーストクラスがないのでここまでご紹介しなかったが、就航都市数が多く、数々の受賞歴をもつ航空会社だ。ヨーロッパやアフリカ、中東方面によく行く人は検討に値する。

とくに、イスタンブールのビジネスクラスラウンジは設備が充実していて、すべてを目の前で調理する食事に関しての受賞歴もあるほど。機内食も評価が高く、ビジネスクラスにはフライングシェフが同乗していて、料理の仕上げや盛りつけをしてくれる。

FFPは「マイルズ&スマイルズ」。ステイタスは4種類あり、目指すのは「エリート」だ。比較的維持がしやすいので、クレジットカード会員費などの維持費をかけずにステイタスを継続したい人にはお勧めだ。

「エリート」の資格獲得条件は、フライトマイルである「ステータスマイル」を、年間4万マイル貯めること。ほとんどの航空会社が年間5万マイルで、かつ自社のフライトが半分以上という条件なのに対し、総マイル数も少ないし、自社のフライトという条件もない。つまり、ファーストクラスで世界一周するだけで「エリート」の資格を獲得できる数少ないFFPのひとつなのだ。

他社に比べてステイタスの有効期限もしやすい。ステイタスの維持限が2年間と、一般的な有効期限の倍。その2年間で3万7500ステータスマイルを獲得すればいい。しかも、「エリート」のステイタスを獲得すると、2年目からは「ステータスマイル」を1万マイルまで購入することができる。つまり、スターアライアンス加盟の航空会社で、2年間で2万7500マイルを飛べば「エリート」を維持できるのだ。獲得したマイルには3年間という有効期限があるが、有料で期限をさらに3年間延長することができる。

旅行回数が少ないからステイタスの維持費はかけたくないけれど快適に旅をしたい、という人にはお勧めのFFPだ。

ターキッシュ エアラインズのイスタンブールのラウンジ。

スカイチーム加盟航空会社の主なフリークエントフライヤープログラム

それぞれの特典や使い勝手が個性的

スカイチームには日本の航空会社は加盟していない。日本の航空会社のように会員制の上級ステイタス継続プログラムはないが、実は別の形で継続することもできる。世界一周航空券のアライアンスを選ぶ際に、ＦＦＰの使い勝手は気になるが、日本の航空会社以外でもかなり使える内容となっているので大丈夫。

スカイチーム加盟航空会社のなかで、日本人にとって使いやすいＦＦＰをご紹介しよう。

デルタ航空なら上級ステイタス獲得と継続は裏技で

アメリカ南部を代表する都市、アトランタを拠点とするデルタ航空。現在のアメリカの航空会社のなかではもっとも古い歴史をもつ航空会社だ。世界一周航空券ではデルタ航空のファーストクラスに乗ることができないのでここまでご紹介できなかったけれど、マイルを貯めることによってファーストクラスに乗ることができる。

ＦＦＰは「スカイマイル」。「メダリオン」と名付けられた上級ステイタスは、「シルバー」、「ゴールド」、「プラチナ」、「ダイヤモンド」の4種類となっている。

「スカイマイル」の最大の特徴は、「デルタ スカイマイル アメリカン・エキスプレス®・ゴールド・カード」という提携カードを作ると、自動的に上級ステイタス「ゴールド・メダリオン」が手に入るということ。入会から1年以内に１５０万円以上利用すれば、ショッピングマイルだけで「ゴールド・メダリオン」を継続することができる。通常は5万マイル飛ぶ必要がある上級ステイタスだ。

さらに、２０１９年3月まで（延長の可能性あり）なら、日本の国内定期路線の搭乗券のコピーを送れば、なんと、1回につき５００マイルをもらうことができる（上限あり）。しかも、どの航空会社のフライトでもＯＫという太っ腹ぶり。日本の航空会社のＦＦＰにも負けないほど多くの特典が用意されている。

ホームページ上で出発直前まで特典航空券の予約ができるなど、使い勝手はかなりのもの。空席があれば事前に無料でアップグレードが約束されるという特典もある。

また、マイルには有効期限がないので大量のマイルを貯めやすい。時間をかけてコツコツとマイルを貯めて２５０万マイル以上になると、なんとプライベートジェット（4人乗り）をチャーターすることまでできるのだ。

「ゴールド メダリオン」を獲得すると、スカイチームの「エリート・プラス」も自動的に獲得することになる。スカイチーム加盟航空会社のフライトの際には世界各地のラウンジを利用できたり、優先チェックインや優先搭乗ができたり、様々な特典を利用することができるのだ。

デルタ航空のビジネスクラス「デルタ・ワン」。

ヨーロッパ方面なら エスプリが光る エールフランス航空

ファッションの都パリを拠点とするエールフランス航空。ＦＦＰは「フライング・ブルー」だ。ヨーロッパによく行くのであれば、パリを拠点にしたエールフランス航空も検討したい。ファッションの街の航空会社らしく、ラウンジも機内のインテリアもファッショナブル。とくにファーストクラスの座席は、赤が効いたおしゃれなインテリアが印象的だ。

そのファーストクラスの特典航空券と交換できるのは、「フライング・ブルー」のマイルのみ。さらに、「シルバー」以上の上級ステイタスを取得している必要がある。ハードルが高いように思えるが、空席がある限り特典航空券と交換できるし、必要マイル数の25％までは現金で支払うことも可能だ。

エールフランス航空のファーストクラス「ラ・プルミエール」。写真提供：エールフランス航空

「フライング・ブルー」のステイタスは、「シルバー」、「エクスプローラー」、「ゴールド」、「プラチナ」の4種類。フライトの距離、キャビンクラスによって得られる「ＸＰ（経験ポイント）」で決定される。たとえば、フランス国内線エコノミークラスは2ＸＰ、日本からヨーロッパまでのエコノミークラスは12ＸＰ、ファーストクラスは60ＸＰといった具合だ。

ファーストクラスの特典航空券を目指すなら、少なくとも１００ＸＰを貯めて「シルバー」を取得する必要があり、ラウンジを利用するためには１８０ＸＰで「ゴールド」のステイタスが必要となる。「ゴールド」を取得すれば、スカイチームの「エリート・プラス」のステイタスも取得できる。

マイルの獲得は、支払った金額に応じて決まるというシステム。ステイタスが「エクスプローラー」なら1ユーロにつき4マイル、「プラチナ」なら8マイルだ。マイルの有効期限は、2年以内にスカイチーム加盟航空会社のフライトに乗れば延長される。

また、「フライング・ブルー」は、同系列のＫＬＭオランダ航空と共通のＦＦＰ。ステイタスを獲得すると、通常は有料となっている前方や足もとの広い座席の指定が割引、または無料になるが、このような特典を2社共通で利用できる。座席指定の特典は、デルタ航空のフライトでも同様だ。

アジア好きなら 台湾を拠点とする チャイナ エアライン

日本から近い台湾は、ショッピングにグルメにマッサージにと、週末を使って気軽に遊びに行くことができる人気の旅先。チャイナ エアライン（中華航空）は、台湾の台北を拠点にして世界各地へと飛んでいる航空会社。

ファーストクラスはないが、フルフラットになるシェルタイプのプレミアムビジネスクラスはかなり快適度が高い。長距離路線の機内には「スカイラウンジ」があり、スナックや飲み物、書籍が置かれていて、自由に利用できるようになっていて快適だ。

ＦＦＰは「ダイナスティ・フライヤー・プログラム」。4種類のステイタスのうち、目指すのは「エメラルド」。スカイチームのステイタス「エリート・プラス」も同時に獲得できる。優先チェックイン、受託手荷優先受け取り、空港ラウンジ利用などに加えて、条件はあるものの満席時でも予約を確保してくれるという特典も。

資格獲得条件は、最初の月から12番目の月の末日までに、チャイナ エアライングループの運航便で6フライト飛び、かつスカイチーム加盟の航空会社の積算対象フライトで5万マイル飛ぶこと。回数での資格獲得もあるが、ファーストクラスで世界一周したマイルを積算するなら距離での資格取得が現実的だ。

有効期限は2年間で、その間に8万マイル飛べば更新となる。「ダイナスティ」の特徴は、65歳以上のシニア会員には、継続や優待にさらなる特典が用意されているということ。恒久的な継続プログラムはないので、台湾によく行くという人は検討するのもいいだろう。

Column

マイルを使って ファーストクラスで世界一周

世界一周に必要なマイル数は?

航空会社のFFPについては第5章でご説明した。FFPを活用すれば、1度も飛ばなくても買い物をするだけでマイルを貯めることはできる。

日系航空会社は獲得マイルに3年間の有効期限があるので計画的に貯める必要があるが、ほとんどの外資系航空会社では無期限だ。何年もかけてコツコツとショッピングマイルを貯めれば、特典航空券でのファーストクラスで世界一周も夢ではない。

では、ファーストクラスで世界一周するためには、何マイル必要なのだろうか。

JALとANAの場合は、飛行距離によって必要なマイル数が変わる。たとえば、29,000マイルのファーストクラス世界一周航空券と同じ距離を飛ぶことができる特典航空券は、JALは28万マイル、ANAは26万マイルで交換することができる。34,000マイルの特典航空券なら、両社とも30万マイルが必要だ。

特典航空券は、本書でご紹介している世界一周航空券とは条件が少し異なり、利用可能なフライト数、滞在可能な都市数などに制限があり、航空会社によってもこれらの条件は異なる。それぞれの会社の特典航空券が、目的の旅に合っているかどうか、事前によく確認したい。

FFPに参加すると、会員番号、氏名などが入ったカードが送られてくる。

ファーストクラスの世界一周特典航空券

世界一周の特典航空券を設定している航空会社は多くはない。特典航空券が、片道ごとに発券できるようになったり、交換に必要マイル数が距離によって変わるようになったり、汎用性が高まったことで需要が減ったためだ。

つまり、ほとんどの航空会社で、ファーストクラスで世界一周できる特典航空券をマイルと交換できる。距離によって必要マイルが変わるというだけのことなのだ。

そんななか、シンガポール航空には「スターアライアンス」のファーストクラス世界一周特典航空券の設定がある。交換できるのは、シンガポール航空のFFP「クリスフライヤー」の36万クリスフライヤー・マイルのみ。

いずれにしろ、大量のマイルを貯めることができれば、ファーストクラスで世界一周特典旅行は可能だ。

Column

旅立つ前に覚えておきたい エアライン用語集

E/D カード（Embarkation / Disembarkation Card）
出入国カード。イミグレーションカードとも呼ばれ、たいがいは到着前に機内で配られる

Eチケット（E-tickert）
Eメールで送られてくるペーパーレスの航空券

FFP、マイレージプログラム
（Frequent Flyer Program, Mileage Program）
航空会社のポイントサービス。飛行したマイル数（距離）が対象

RTW チケット（Round The World Ticket）
世界一周航空券

アイル・シート（Aisle Sheet）　通路側席

アッパーデッキ（Upper Deck）
飛行機の2階席。1階はメインデッキ

アップグレード（Upgrade）
本来の予約クラスよりも上位のクラスに変更すること

アメニティー・キット（Amenity Kit）
機内で配られるアイマスクや歯ブラシなどのセット

アライバル（Arrival）　到着

イグジット・ロウ（Exit Row）
非常口の前の座席。ファーストクラスにはない

イミグレーション（Immigration）　出入国審査

ヴァカンシー（Vacancy）
空き、空席、空室。機内のトイレに表示される

ウインドウ・シート（Window Sheet）　窓側席

エクセス・チャージ（Excess Charge）
機内預け荷物超過料金

オキュパイド（Occupied）
使用中、満席、満室。機内ではトイレに表示される

カスタム（Customs）　税関

キャビン（Cabin）
客室（搭乗客が座る座席がある部分）

キャビン・アテンダント（Cabin Attendant）
客室乗務員。略してCA。キャビンクルー、スチュワーデス（女性）、スチュワート（男性）と呼ばれることも

ギャレー（Galley）
機内で飲み物や機内食の準備をする場所

クレーム・タグ（Claim Tag）
預け荷物引換証。チェックイン時に航空券やパスポートに貼られることが多い

スルー・チェックイン（Through Check in）
２便以上の乗り継ぎフライトを同時にチェックインすること

ダウングレード（Downgrade）
本来の予約クラスよりも下位のクラスに変更すること。ファーストクラスの世界一周航空券を使ってビジネスクラスに乗るときはダウングレードとなる

チケット・ナンバー（Ticket Number）
航空券番号

ディレイ（Delay）　出発・到着時刻の遅延

デパーチャー（Departure）　出発

ドメスティック・フライト（Domestic）　国内線

トランジット、トランスファー（Transit, Transfer）
乗り継ぎ。飛行機を乗り換えない場合はトランジット

ブッキング（Booking）　予約

ブッキングクラス（Booking Class）
航空券の予約区分。運賃や条件が違う

ボーディングパス（Boarding Pass）　搭乗券

ラバトリー（Lavatory）　トイレ

リコンファーム（Reconfirm）　搭乗便予約再確認

リファレンス・ナンバー（Reference Number）
航空券予約番号。数字とアルファベットで6桁

ロスト・バゲージ、ロスト・ラゲージ
（Lost Baggage, Lost Luggage）
預け荷物の紛失

ファーストクラス世界一周航空券
利用可能航空会社 URL 一覧

ワンワールド
www.oneworld.com

JAL（日本航空）	www.jal.co.jp
ブリティッシュ・エアウェイズ	www.britishairways.com
カタール航空	www.qatarairways.com
マレーシア航空	www.malaysiaairlines.com
キャセイパシフィック航空	www.cathaypacific.com
アメリカン航空	www.americanairlines.jp
カンタス航空	www.qantas.com

スターアライアンス
www.staralliance.com/ja

ANA（全日本空輸）	www.ana.co.jp
ルフトハンザ ドイツ航空	www.lufthansa.com
スイス インターナショナル エアラインズ	www.swiss.com
エア・インディア	www.airindia.in（英語）
シンガポール航空	www.singaporeair.com
タイ国際航空	www.thaiairways.com
中国国際航空	www.airchina.jp
アシアナ航空	jp.flyasiana.com

スカイチーム
www.skyteam.com/ja

エールフランス航空	www.airfrance.co.jp
中国東方航空	www.chinaeastern-air.co.jp
大韓航空	www.koreanair.com
中国南方航空	global.csair.com

掲載ホテル等URL、予約・問い合わせ先一覧

掲載ページ	ホテル・旅行会社	URL、問い合わせ先
p22-23	アクア・エクスペディションズ（アリア・アマゾン）	URL www.aquaexpeditions.com（英語） 日本 ICM URL icmjapan.co.jp (インターナショナル・クルーズ・マーケティング) ☎ 03-5405-9213
p24-25	ベルモンド ハイラム・ビンガム ベルモンド ホテル・リオ・サグラド	URL www.belmond.com/ja/ 日本 ベルモンド リザベーションセンター Free 0066-3381-3732
p26-27	ルナ・サラーダ・ホテル	URL lunasaladahotel.com.bo（英語）
	中南米専門現地旅行会社オンリーワン・トラベル（ウユニ塩湖日帰り観光ツアー）	URL onlyone.travel ☎ +507-62300445（パナマ・日本語）
p28-29	モンタナ・マジカ・ロッジ ノーソファガス・ホテル	URL huilohuilo.com/en（英語）
p34-35	リトル・クララ	URL www.wilderness-safaris.com（英語）
p36-37	キャンプ・ジャブラニ	URL campjabulani.com（英語） 日本 リゾートアンドサファリ www.tanzania-tour.com ☎ 03-3547-3181 日本 ルレ・エ・シャトー http://www.relaischateaux.jp Free 0800-888-3326
p38-39	シンギタ・ボールダーズ・ロッジ	URL singita.com（英語） 日本 リゾートアンドサファリ www.tanzania-tour.com ☎ 03-3547-3181
p42-43	アナンタラ・カスール・アル・サラブ・デザート・リゾート	URL qasralsarab.anantara.jp
p44-45	シックスセンシズジギーベイ	URL jp.sixsenses.com 日本 シックスセンシズ ホテル リゾート スパ Free 0120-92-1324
p50-51	ヘイマン アイランド	URL hayman.com.au
p54-55	ザ・ペニンシュラ香港	URL www.peninsula.com 日本 予約センター（日本） Free 0120-348-288
p60-61	アマンジウォ	amanjiwo.com 日本 アマン Free 0120-951-125 （日本語は平日 11:00 ～ 19:00)

ファーストクラス就航都市コード、空港コード一覧

国・地域名	都市名	都市コード	空港コード
シンガポール	シンガポール	SIN	SIN
マレーシア	クアラルンプール	KUL	KUL
ブルネイ	バンダルスリブガワン	BWN	BWN
インドネシア	ジャカルタ	JKT	CGK
ネパール	カトマンズ	KTM	KTM
ミャンマー	ヤンゴン	RGN	RGN
	デリー	DEL	DEL
	ムンバイ	BOM	BOM
	ハイデラバード	HYD	HYD
インド	バンガロール	BLR	BLR
	コーチ	COK	COK
	ラクナウ	LKO	LKO
バングラデシュ	ダッカ	DAC	DAC
スリランカ	コロンボ	CMB	CMB
モルディブ	マレ	MLE	MLE
ヨーロッパ			
チェコ	プラハ	PRG	PRG
オーストリア	ウィーン	VIE	VIE
ドイツ	フランクフルト	FRA	FRA
	ミュンヘン	MUC	MUC
オランダ	アムステルダム	AMS	AMS
スイス	チューリッヒ	ZRH	ZRH
イタリア	ローマ	ROM	FCO
	ミラノ	MIL	MXP
フランス	パリ	PAR	CDG
イギリス	ロンドン	LON	LHR
スペイン	マドリード	MAD	MAD
	バルセロナ	BCN	BCN
中東			
トルコ	イスタンブール	IST	IST

国・地域名	都市名	都市コード	空港コード
アジア			
	東京（成田）	TYO	NRT
	東京（羽田）	TYO	HND
日本	札幌	SPK	CTS
	名古屋	NGO	NGO
	大阪	OSA	KIX
	モスクワ	MOW	SVO
ロシア	サンクトペテルブルク	LED	LED
	ウラジオストク	VVO	VVO
モンゴル	ウランバートル	ULN	ULN
韓国	ソウル	SEL	ICN
	済州（チェジュ）	CJU	CJU
	北京	BJS	PEK
	上海	SHA	PVG
	瀋陽	SHE	SHE
	天津	TSN	TSN
	青島	TAO	TAO
中国	西安	SIA	XIY
	広州	CAN	CAN
	大連	DLC	DLC
	武漢	WUH	WUH
	長沙	CSX	CSX
	深圳	SZX	SZX
	ウルムチ	URC	URC
香港	香港	HKG	HKG
台湾	台北	TPE	TPE
フィリピン	マニラ	MNL	MNL
ベトナム	ハノイ	HAN	HAN
	ホーチミン	SGN	SGN
タイ	バンコク	BKK	BKK

国・地域名	都市名	都市コード	空港コード
アメリカ	アトランタ	ATL	ATL
	マイアミ	MIA	MIA
	ダラス	DFW	DFW
	オースティン	AUS	AUS
	ヒューストン	HOU	IAH
	フェニックス	PHX	PHX
	ラスベガス	LAS	LAS
	サンフランシスコ	SFO	SFO
	サンノゼ	SJC	SJC
	ロサンゼルス	LAX	LAX
	シアトル	SEA	SEA
	ホノルル	HNL	HNL
メキシコ	メキシコシティ	MEX	MEX
キューバ	ハバナ	HAV	HAV
バミューダ諸島	バミューダ	BDA	BDA
南米			
ブラジル	サンパウロ	SAO	GRU
	リオデジャネイロ	RIO	GIG
アルゼンチン	ブエノスアイレス	BUE	EZE
チリ	サンティアゴ	SCL	SCL
オセアニア			
オーストラリア	アデレード	ADL	ADL
	ブリスベン	BNE	BNE
	シドニー	SYD	SYD
	メルボルン	MEL	MEL
ニュージーランド	オークランド	AKL	AKL
	クライストチャーチ	CHC	CHC
フィジー	ナンディ	NAN	NAN

国・地域名	都市名	都市コード	空港コード
レバノン	ベイルート	BEY	BEY
ヨルダン	アンマン	AMM	AMM
サウジアラビア	ジェッダ	JED	JED
クウェート	クウェート	KWI	KWI
バーレーン	バーレーン	BAH	BAH
カタール	ドーハ	DOH	DOH
アラブ首長国連邦	ドバイ	DXB	DXB
	アブダビ	AUH	AUH
オマーン	マスカット	MCT	MCT
アフリカ			
コートジボワール	アビジャン	ABJ	ABJ
カメルーン	ヤウンデ	YAO	NSI
ガボン	リーブルヴィル	LBV	LBV
ルアンダ	ルアンダ	LAD	LAD
ケニア	ナイロビ	NBO	NBO
タンザニア	ダルエスサラーム	DAR	DAR
南アフリカ	ヨハネスブルグ	JNB	JNB
	ケープタウン	CPT	CPT
北米			
カナダ	モントリオール	YMQ	YUL
	キングストン	YGK	YGK
	トロント	YTO	YYZ
	バンクーバー	YVR	YVR
	カルガリー	YYC	YYC
アメリカ	ワシントンDC	WAS	IAD
	ニューヨーク(JFK)	NYC	JFK
	ニューヨーク(ニューアーク)	NYC	EWR
	ボストン	BOS	BOS
	シカゴ	CHI	ORD

ファーストクラス就航空港コードさくいん

空港コード	都市名	国・地域名
D		
DFW	ダラス	アメリカ
DLC	大連	中国
DOH	ドーハ	カタール
DXB	ドバイ	アラブ首長国連邦
E		
EZE	ブエノスアイレス	アルゼンチン
EWR	ニューヨーク（ニューアーク）	アメリカ
F		
FCO	ローマ	イタリア
FRA	フランクフルト	ドイツ
G		
GIG	リオデジャネイロ	ブラジル
GRU	サンパウロ	ブラジル
H		
HAN	ハノイ	ベトナム
HAV	ハバナ	キューバ
HKG	香港	香港
HND	東京（羽田）	日本
HNL	ホノルル	アメリカ（ハワイ）
HYD	ハイデラバード	インド
I		
IAD	ワシントンDC	アメリカ
IAH	ヒューストン	アメリカ
ICN	ソウル	韓国
IST	イスタンブール	トルコ
J		
JED	ジェッダ	サウジアラビア
JFK	ニューヨーク（JFK）	アメリカ
JNB	ヨハネスブルグ	南アフリカ
K		
KIX	大阪	日本
KTM	カトマンズ	ネパール
KUL	クアラルンプール	マレーシア
KWI	クウェート	クウェート

空港コード	都市名	国・地域名
A		
ABJ	アビジャン	コートジボワール
ADL	アデレード	オーストラリア
AKL	オークランド	ニュージーランド
AMM	アンマン	ヨルダン
AMS	アムステルダム	オランダ
ATL	アトランタ	アメリカ
AUH	アブダビ	アラブ首長国連邦
AUS	オースティン	アメリカ
B		
BAH	バーレーン	バーレーン
BCN	バルセロナ	スペイン
BDA	バミューダ	バミューダ諸島
BEY	ベイルート	レバノン
BKK	バンコク	タイ
BLR	バンガロール	インド
BNE	ブリスベン	オーストラリア
BOM	ムンバイ	インド
BOS	ボストン	アメリカ
BWN	バンダルスリブガワン	ブルネイ
C		
CAN	広州	中国
CDG	パリ	フランス
CGK	ジャカルタ	インドネシア
CHC	クライストチャーチ	ニュージーランド
CJU	済州（チェジュ）	韓国
CMB	コロンボ	スリランカ
COK	コーチ	インド
CPT	ケープタウン	南アフリカ
CSX	長沙	中国
CTS	札幌	日本
D		
DAC	ダッカ	バングラデシュ
DAR	ダルエスサラーム	タンザニア
DEL	デリー	インド

空港コード	都市名	国・地域名
S		
SEA	シアトル	アメリカ
SFO	サンフランシスコ	アメリカ
SGN	ホーチミン	ベトナム
SHE	瀋陽	中国
SIN	シンガポール	シンガポール
SJC	サンノゼ	アメリカ
SVO	モスクワ	ロシア
SYD	シドニー	オーストラリア
SZX	深圳	中国
T		
TAO	青島	中国
TPE	台北	台湾
TSN	天津	中国
U		
ULN	ウランバートル	モンゴル
URC	ウルムチ	中国
V		
VIE	ウィーン	オーストリア
VVO	ウラジオストク	ロシア
W		
WUH	武漢	中国
X		
XIY	西安	中国
Y		
YGK	キングストン	カナダ
YUL	モントリオール	カナダ
YVR	バンクーバー	カナダ
YYC	カルガリー	カナダ
YYZ	トロント	カナダ
Z		
ZRH	チューリッヒ	スイス

空港コード	都市名	国・地域名
L		
LAD	ルアンダ	ルアンダ
LAS	ラスベガス	アメリカ
LAX	ロサンゼルス	アメリカ
LBV	リーブルヴィル	ガボン
LHR	ロンドン	イギリス
LED	サンクトペテルブルク	ロシア
LKO	ラクナウ	インド
M		
MAD	マドリード	スペイン
MCT	マスカット	オマーン
MEL	メルボルン	オーストラリア
MEX	メキシコシティ	メキシコ
MIA	マイアミ	アメリカ
MLE	マレ	モルディブ
MNL	マニラ	フィリピン
MUC	ミュンヘン	ドイツ
MXP	ミラノ	イタリア
N		
NAN	ナンディ	フィジー
NBO	ナイロビ	ケニア
NGO	名古屋	日本
NRT	東京（成田）	日本
NSI	ヤウンデ	カメルーン
O		
ORD	シカゴ	アメリカ
P		
PEK	北京	中国
PHX	フェニックス	アメリカ
PRG	プラハ	チェコ
PVG	上海	中国
R		
RGN	ヤンゴン	ミャンマー
S		
SCL	サンティアゴ	チリ

おわりに

パソコンの画面を見つめながら、あとワンクリックというところで手が止まった。心臓はドキドキしているし、マウスを持つ手は心なしか震えている。あとほんの少し指を動かすだけで、ファーストクラスの世界一周航空券が私のものになるのだ。

その日から遡ること約2年、ファーストクラスに乗りたいという思いが強くなっていた。旅の仕事を長年続けていたけれど、一度もファーストクラスに乗ったことがなかった。そろそろ自分へのご褒美という意味も込めてファーストクラスに乗りたいと思ったのだ。その思いは日に日に強くなっていった。

ファーストクラスをまともに買ったらパリ往復が250万円もする。いくつもの航空会社に取材を申し込んでは断られた。諦めかけたとき、ふと世界一周航空券のファーストクラス運賃を調べてみた。そこに、私が購入できる（かもしれない）運賃があった！　もっとも安い航空券は100万円程度。16区間乗ることができるので、単純計算で1フライトにつき6万円台だ。とはいえ、安い買い物ではない。どのタイミングでどこに行くのか、決めかねていた。

そんなある日、久しぶりの友人とランチをすることになった。日本と海外を頻繁に行き来している彼女は、南米行きを計画していた。そして、ボリビアにあるウユニ塩湖の雨季の新月という、もっとも星が美しく輝き、もっとも予約困難な日程のホテルを特別なルートで予約していた。塩のブロックで造られたそのホテルは雨季は2年先まで満室だという。思わず「それ、もう1部屋予約できないかしら！」と、彼女に詰め寄った。その場から携帯で旅行会社に電話してもらい、ランチを終える前には私の南米の日程が決まっていた。

その日から、進行中だった書籍の原稿を猛スピードで書き上げ、その合間に現地ホテルと取材交渉をしつつ、全体の旅程を組み立てていった。そして、出発の約1カ月前にドキドキしながら航空券を購入し、あの日のランチから4カ月弱で、書籍の校正紙の束をバッグに詰め込んで機上の人となったのだ。

ファーストクラスの旅は、それまで私が経験した約150回超の旅とはまったく違うものだった。チェックインカウンターも、空港ラウンジも、機内も、そのすべてが素晴らしかった。旅した10カ国12カ所は、ずっと行きたかったのに機会がなかった（これからも可能性が低い）国・場所を選んだ。宿泊先もファーストクラスにふさわしいホテル・リゾートを選んだ。思い出すたび、未だに夢だったのではないかと思うほど楽しい旅だった。

でも、これは私が特別だからできた旅なのではない。ファーストクラスの世界一周航空券は誰でも同じ価格で購入することができる。「1フライト6万円台から」ということを知らないというだけ。ならば、私が得た旅のノウハウを皆さんにお伝えして、1人でも多くの方に、同じようにファーストクラスを楽しんでいただきたいと思った次第である。

本書には、ファーストクラスで世界一周の準備にあたって私が欲しかった情報をぎっしり詰め込んだ。ファーストクラスで旅することが別世界の出来事ではなく、手が届く範囲にあると思っていただけたら幸いだ。そして、本書を参考にして、次はあなたがファーストクラスの旅を楽しんでほしい。

最後に、書籍企画を採用してくださったブックマン社編集長の小宮亜里さん、美しくデザインしてくださったビュープラニングの大井田恵美さん、複雑な手書きの地図指定をわかりやすく仕上げてくださったムネプロの高棟博さん、膨大なリサーチを助けてくださった竹内あやさん、編集作業を手伝ってくださった黒澤麻子さん、本書のもととなった企画を採用してくださった文藝春秋クレアウェブ編集長の井上孝之さん、そして、世界各地で私の取材をサポートしてくださった皆さま、ありがとうございました！

２０１８年夏　たかせ藍沙

たかせ藍沙（たかせ あいしゃ）

トラベル＆スパジャーナリスト
東京生まれ。PR誌、女性誌、旅行誌の編集を経てフリーランスに。南太平洋から北極圏まで渡航150回超・70カ国超。海外スパ取材250軒超、ホテル取材900軒超、ダイビング歴800本超、上陸した島数知れず。著書は『美食と雑貨と美肌の王国 魅惑のモロッコ』ダイヤモンド社刊、MOOK『LOVE ROSE!　薔薇のチカラでもっとキレイになる！』宝島社刊など。楽園写真家・三好和義著『死ぬまでに絶対行きたい 世界の楽園リゾート』ＰＨＰ研究所刊他1冊に執筆協力。ファーストクラス情報を下記にて発信中。

公式facebook：たかせ藍沙のファーストクラスで世界一周
http://www.facebook.com/WRT.by.FirstClassFlight
ツイッター：@aisha_t
ブログ：http://ameblo.jp/aisha
ホームページ：http://www.aisha.jp

※本書掲載の航空ダイヤ等に変更があった場合、著者の公式facebookにてお知らせします。

ファーストクラスで世界一周

2018年9月19日　初版第一刷発行
2019年11月7日　初版第四刷発行

著者	たかせ藍沙	Author	Aisha Takase
デザイン	大井田恵美（株式会社ビュープランニング）	Designer	Megumi Oida (View Planning Co., Ltd.)
地図製作	高棟博（ムネプロ）	Map Designer	Horoshi Takamune (Mune Pro)
執筆協力	竹内あや	Contribute Writer	Aya Takeuchi
撮影・編集	たかせ藍沙	Photograqpher and Editor	Aisha Takase
編集	小宮亜里　黒澤麻子	Editors	Ari Komiya, Asako Kurosawa

発行者　田中幹男
発行所　株式会社ブックマン社
〒101-0065　千代田区西神田3-3-5
TEL 03-3237-7777　FAX 03-5226-9599
http://bookman.co.jp

ISBN 978-4-89308-908-3
印刷・製本　大日本印刷株式会社